> *Ich habe meinen Vater verloren, wir haben unsere Familienangehörigen verloren. Lasst uns verhindern, dass das auch anderen Familien passiert.*"

SEMIYA ŞIMŞEK AM 23. FEBRUAR 2012

CORRECTIV

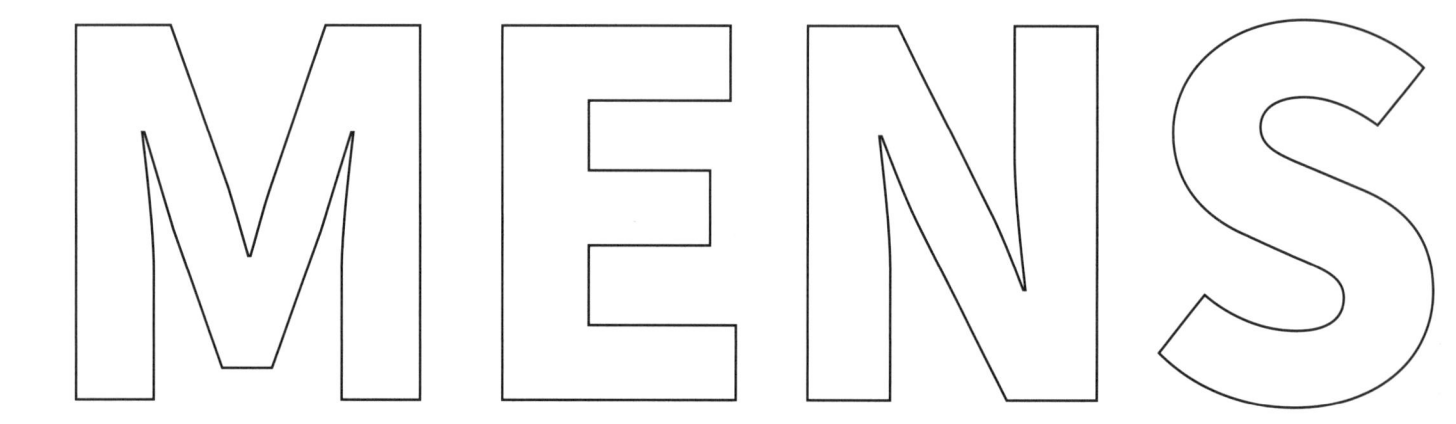

MENS

menschen-im-fadenkreuz.de

CHEN

Im Fadenkreuz des rechten Terrors

CORRECTIV

Inhalt

Es geht gegen uns alle: Rechtsextreme und Neonazis greifen das Kostbarste an, das unsere Gesellschaft hat – Menschen 8

Wenn Menschen zu Feinden gemacht werden 10

Hoffnung 20

Der WEISSE RING: Tun, was getan werden kann. 58

Erschreckende Ungewissheiten: Was rechter Terror erreichen will 64

Zwischen Gedenken und Gefahr: Günter Morsch und der Kampf gegen
den Rechtsextremismus 66

Ayse Yozgat: „Für mich ist jeder Tag 6. April" 70

Von den Lücken bei der Erfassung rechter Gewalttaten 74

Friedrich Küppersbusch: Ein TV-Moderator im Blick des „Thule-Netzwerks" 76

Jahrzehnte des Hasses: Deutscher Rechtsterrorismus im Wandel der Zeit 80

Serpil Temiz Unvar: „Wir müssen uns auf die Menschlichkeit konzentrieren" 96

Lübcke-Mord: Kontakte ins NSU-Umfeld 100

„Anti-Antifa-Arbeit": Eine besonders brutale Strategie der Neonazis –
vor allem in Nordbayern 104

Liebe 108

Die patriotischen Aktivisten: Wie die Neue Rechte versucht, Hass und Rechtsextremismus
zur Popkultur zu machen 148

Die Zentrale der Rechten. Auf den Spuren des Lübcke-Mörders Stephan Ernst –
die Kneipe „Stadt Stockholm" 154

Rechtsextreme in Sicherheitsbehörden: Terror, der ein ganzes Gesellschaftsbild ins
Wanken bringen kann 156

Rückzugsort und Lautsprecher zugleich: Die Bedeutung von Messengerdiensten für
die rechtsextreme Szene 158

Unzureichende Aufklärung der NSU-Morde: Das Desaster der offenen DNA-Spuren 162

Texte, Töne, Terror: Über die Bedeutung rechtsextremer Musik 166

Rossi Kaliber 38 Spezial: Die Mordwaffe im Mordfall Lübcke ist seit
Jahrzehnten beliebt unter Neonazis 170

Verschwörungserzählungen – wer an sie glaubt, wie sie sich verbreiten und welche
Folgen sie haben 172

Von rechtsextremen Netzwerken in der Bundeswehr 180

Waffengeschäfte von AfD-Mitgliedern 184

Kreuz, Kapuze, Klan: Der KKK in Baden-Württemberg 186

Freude 194

Das kann im Umgang mit Feindeslisten helfen 234

Wie Menschen unterstützt werden können, wenn sie von rechter Gewalt betroffen sind –
und warum ihre Perspektive wichtig ist 238

Wenn der Schwanz mit dem Hund wackelt – der NSU und das Drama des nicht
aufgearbeiteten Rechtsterrorismus in Deutschland 244

Was muss passieren, damit wir uns sicher fühlen können?
Übernehmt endlich Verantwortung! 248

Danksagung 258

Menschen – Im Fadenkreuz des rechten Terrors 259

Begriffserklärungen 260

Autoren 264

Literaturtipps 268

Wir danken allen Partnern 270

CORRECTIV

VORWORT

Es geht gegen uns alle: Rechtsextreme und Neonazis greifen das Kostbarste an, das unsere Gesellschaft hat – Menschen

von David Schraven und Till Eckert

Sie haben sich vielen von uns schmerzhaft ins Gedächtnis gebrannt: die Morde des NSU. Der Mord an Walter Lübcke. Die rechtsterroristischen Anschläge in Halle und jüngst in Hanau.

Noch immer morden Neonazis und Rechtsextreme in Deutschland. Sie reißen Menschen aus unserer Mitte. Sie attackieren unsere Demokratie. Seit der Gründung von CORRECTIV beschäftigen wir uns deshalb mit Rechtsterrorismus, seinen Ausprägungen und seinem Vorfeld. Mit der grafischen Reportage „Weisse Wölfe" rekonstruierten wir 2015 etwa die Gewalttaten der Neonazis in Dortmund. Mit der investigativen Datenrecherche „Kein Filter für Rechts" zeigten wir 2020, wie netzaffine Rechtsextreme junge Menschen mittels Instagram in ihre Ideologie ziehen.

Auch mit diesem Buch wollen wir aufklären, über Strategien, über Kontinuitäten, über die Ideologie der Rechtsextremen. Dafür arbeiteten wir mit mehr als 15 Journalistinnen und Journalisten lokaler Medienhäuser zusammen, die alle seit Jahren zu diesen Themen recherchieren und hier ihre Ergebnisse teilen. Vor allem aber wollen wir Aufmerksamkeit auf die richten, die hauptsächlich betroffen sind.

Auf diejenigen, die durch rechte Gewalt geliebte Familienmitglieder verloren. Deren Tage sich durch die Taten Rechtsextremer verdunkelten. Auf die, die Rechtsextreme als Feinde markieren, mit Namen auf Listen setzen, die dann in der Szene kursieren, quasi zum Abschuss freigegeben sind. Wir nennen sie „Feindeslisten". Monatelang haben wir recherchiert, wer in Deutschland auf solchen Listen steht und wen die Neonazis da eigentlich auslöschen wollen. Die Menschen auf diesen Listen bilden nicht weniger als einen Querschnitt unserer Gesellschaft. Frauen, Männer, jung, alt, Lehrerinnen, Politiker, Journalistinnen, Aktivisten, Wissenschaftler und immer wieder solche, die man gar nicht als ein solches Ziel vermuten würde: Menschen wie Du und ich.

Wir haben 57 dieser Menschen besucht, mit ihnen über ihr Leben, ihre Wünsche und Pläne gesprochen und sie porträtiert. In drei Teilen im Buch stellen wir sie vor. Sie bilden das Herzstück unseres Projekts. Sie sind die „Menschen im Fadenkreuz des rechten Terrors".

In drei Kapiteln informieren wir darüber hinaus über die rechtsextreme Szene, geben Einblick in ihre hasserfüllte Welt, zeigen auf, welches Ausmaß ihr Handeln erreicht hat, wie schwerwiegend die Auswirkungen sind – und wie lückenhaft die Aufklärung und Aufarbeitung zum Thema.

Wir sind der Überzeugung, dass man sich durch Engagement gegen rechten Terror nicht auf „eine Seite" schlägt, wie rechtsideologische Vordenker das gerne darstellen.

Das Grundgesetz bestimmt das Fundament unseres Rechtsstaates. Es ist ein Dokument der Freiheit: Menschenrechte und der Wert einzelner Leben sind nicht diskutier- oder verhandelbar.

Wir haben alle das Recht auf Unversehrtheit und die Achtung unserer Würde. Diese Grundlage unserer Demokratie gilt es zu verteidigen, gerade in diesen Zeiten, in denen die Gesellschaft unter dauerhaftem Beschuss steht. Das verstehen wir unter dem antifaschistischen Auftrag des Grundgesetzes. Die Morde des NSU und all der anderen rechten Terroristen erinnern uns daran, dass die freiheitlich-demokratische Grundordnung und die Sicherheit der Menschen in unserem Land nicht selbstverständlich sind.

Unser Buch ist deshalb – vor allem anderen – eines: eine Warnung.

Wir danken Ihnen für Ihre Unterstützung und wünschen Ihnen eine lehrreiche Lektüre.

Wenn Menschen zu Feinden gemacht werden

von Nathan Niedermeier und Sophia Stahl

Ein Autor und ein Anruf in der Mittagszeit. Beim Kochen erfährt der Mann, dass er auf einer Feindesliste der Rechten steht, ohne davon zu wissen. Die Rechtsextremen kennen seinen Namen, seine E-Mail-Adresse, seine Telefonnummer und seine Anschrift. Aber: Die Daten sind nicht mehr aktuell. Der Mann am Herd hat Glück gehabt. Andere Menschen auf der Liste hat es schlimmer getroffen, ihre aktuellen Adressen sind erfasst. Oder sie bekommen Drohanrufe. Es geht um die Liste „#wirkriegeneuchalle". Knapp 200 Personen stehen darauf. 2019 wurde sie im Internet veröffentlicht.

Dass Betroffene nicht von Behörden informiert werden, sondern durch Bekannte, Beratungsstellen oder die Presse von den Listen erfahren, ist keine Ausnahme. Eine Informationspflicht, die Menschen geltend machen können, gibt es nicht. Ob die Behörden eine Gefährdungslage sehen und daraufhin Betroffene informieren, hängt von den Feindeslisten, aber auch den einzelnen Ländern und der Polizei ab.

Bei den Listen des NSU mit rund 10.000 Einträgen kamen die Ermittler zu der Einschätzung, dass die Daten darin als „Planungsgrundlage für Straftaten jeglicher Qualität bis hin zu terroristischen Straftaten" geeignet seien. Als die Listen gefunden wurden, hatte der NSU bereits aus rassistischen Motiven zehn Menschen ermordet, Sprengstoffanschläge verübt und Banken ausgeraubt.

Bei der rechtsextremen Gruppe „Nordkreuz" wurden über 23.000 Namen auf Listen gefunden. Das BKA informierte die Landeskriminalämter, doch die Betroffenen wurden zwei Jahre lang nicht unterrichtet. Als dann das Landeskriminalamt Mecklenburg-Vorpommerns doch noch Betroffene per Brief aufklärte, hieß es in dem Schreiben, dass sich „keine Anhaltspunkte dafür ergeben, dass die Betroffenen einer konkreten Gefährdung unterliegen".

Im Gegensatz zum NSU hatten die Nordkreuz-Mitglieder das Töten von Menschen zwar geplant, aber noch nicht umgesetzt. Sie hatte nur Namen gesammelt und Waffen sowie Munition gehortet. Macht das ihre Liste weniger gefährlich?

Jeder kann ins Fadenkreuz geraten

Das Problem mit solchen Feindeslisten ist nicht neu. Seit den 90ern sammeln und verbreiten Rechtsextreme verstärkt Daten von ihren Feinden. Aktuell sind der Bundesregierung 24 solcher Feindeslisten in Deutschland bekannt, 20 davon wurden im Internet verbreitet. Betroffen sind Zehntausende Menschen.

Ins Fadenkreuz können wir alle geraten: Manchmal reicht es auch aus, sich bei einem Onlineshop bunte Haarfarbe zu bestellen oder auf Facebook eine Meinung zu teilen. Ist der Name einmal im Umlauf, ist es praktisch unmöglich, die weiteren Verbreitungswege zu kontrollieren. Die Menschen auf den Listen werden herabgewürdigt, bedroht und angegriffen.

Sie sind Menschen, die unsere Gesellschaft ausmachen und stärken. Es ist Zeit, sich für Betroffene starkzumachen.

Neue Verbreitungswege für den Hass

Aktuell tauchen auch auf Telegram-Kanälen von Coronaleugnern immer wieder Feindeslisten auf. Manche der darin enthaltenen Daten und Namen sind nicht neu. Sie entstammen zum Beispiel einer im Jahr 2015 gehackten Kundendatenbank von einem Punkrock-Versandhandel. 25.000 Namen mit zugehörigen Adressen, Mailadressen und Handynummern enthält die Liste.

Es sind aber nicht die einzigen Namen, die als Feindeslisten auf Telegram die Runde machen. Nach einer Abstimmung über eine Änderung des Infektionsschutzgesetzes kursierten im April 2021 in Corona-Telegram-Kanälen Listen mit Namen aller Abgeordneter, die sich für die Änderung ausgesprochen hatten. In einem Kanal heißt die Liste „Todesliste deutscher Politiker".

Der lokale Fokus

Feindeslisten werden auch immer wieder in einem lokalen Kontext angelegt, veröffentlicht und verbreitet. Selbst ernannte „Anti-Antifa"-Gruppen führten diverse solcher Listen. In Berlin etwa gerieten 2011 lokal engagierte Menschen ins Fadenkreuz von Rechtsextremen. Auf der Internetseite des „Nationalen Widerstands Berlin" wurden linke Hausprojekte mit Fotos und Adressen als „gute Anschlagsziele" genannt. Außerdem gab es in Berlin-Neukölln immer wieder rechte Anschläge, besonders häufig: Brandstiftung. Bei Durchsuchungen zur Serie der Angriffe fand die Polizei drei Listen mit über 900 Namen.

2016 traf es in Kiel engagierte Personen, die Rechtsextreme mit einem Profil inklusive Foto im Internet auflisteten. Die Seite nannte sich „Kieler Liste", dort waren 15 Personen zu finden. Die Liste beinhaltete auch sensible Daten, wie Orte, wo sich Betroffene aufhalten.

Auch die Querdenken- und Corona-Leugnerszene verbreitet über Messengerdienste Feindeslisten mit lokalem Fokus. Dafür wurden Ausschnitte der bereits erwähnten Kundendatenbank lokal aufbereitet und die Adressen auf Google Maps markiert. Neonazis bezeichnen die Menschen auf den Listen als „Zecken", „Maden" oder „Läuse".

Namenslisten in der Hand von Terroristen: eine lange Tradition

Feindeslisten haben unter Rechtsextremen und rechten Terroristen eine weit zurückreichende Tradition. Seit Jahrzehnten sammeln sie Informationen über ihre vermeintlichen Feinde. Besonders in den 90ern und Nullerjahren beschäftigten sich eine ganze Reihe von selbst ernannten „Anti-Antifa"-Kameradschaften mit dem Sammeln und Verbreiten von privaten Informationen über ihre Feinde.

Seit den Nullerjahren finden sich solche Listen mit persönlichen Daten wie Adressen oder anderen Kontaktdaten auch vermehrt im öffentlich zugänglichen Internet. Eine dieser Internetseiten verantwortete die Kameradschaft „Arische Bruderschaft" um den führenden Neonazi Thorsten Heise. Dort waren einem Bericht des Verfassungsschutzes zufolge Anleitungen zum Bombenbau und eine „Todesliste mit teils detaillierten Angaben zu Namen, persönlichen Daten und Wohnorten der Zielpersonen" zu finden. Auch heute noch spielen Internetseiten und Online-Pranger eine große Rolle bei der Verbreitung von Feindeslisten. Sie sind öffentlich zugänglich, und bei einem rechten Prangerportal, das rund 200 Personen als Feinde markiert, wird sogar eine Mitarbeit an der Liste angeboten.

Auch bei rechten Terroristen wie Manfred Roeder oder dem Mörder Walter Lübckes wurden Feindeslisten sichergestellt. Bei den Anschlägen der Terrorzelle Roeders, der „Deutschen Aktionsgruppe", waren 1980 zwei Asylsuchende ums Leben gekommen.

Eine der umfangreichsten Sammlungen mit über 10.000 Einträgen wurde 2011 bei den Terroristen des NSU gefunden. Die Daten, die von akribisch beschrifteten Kartenausschnitten mit markierten Anschlagszielen über handschriftliche

Notizen bis hin zu digital geführten Texttabellen reichen, wurden in den Überresten der letzten Wohnung des Terror-Trios gefunden. Die Vielzahl der Einträge gilt bis heute als Indiz für mögliche Mittäter des Trios.

Die aber wohl älteste Feindesliste in der Geschichte der BRD wurde 1952 bei dem inzwischen verbotenen antikommunistischen und rechtsterroristischen „Bund Deutscher Jugend" und seiner Unterorganisation „Technischer Dienst" gefunden. Überwiegend Politiker der SPD und KPD waren darauf gelistet, die an einem „Tag X" beseitigt werden sollten. Anders als bei Nordkreuz war damals mit Tag X ein Angriff der Sowjetunion gemeint, oder allgemeiner, die Übernahme der Macht durch Kommunisten.

Wer steht im Fadenkreuz?

In jüngerer Vergangenheit sind vermehrt Frauen und Feministinnen zu Feindbildern von Rechtsextremen geworden. So wird auf einem rechten Prangerportal Feminismus als Verschwörung gegen Männer bezeichnet. Unter der Kategorie „Feministin" werden Frauen aufgelistet, in einer Art Steckbrief wird ihr „Vergehen" beschrieben. Auch Wissenschaftler geraten im Zuge der Coronapandemie immer häufiger auf Feindeslisten. Sie werden als „Hochstapler" oder „Mittäter bei Mord" bezeichnet.

Personen, die sich in der Seenotrettung oder in Deutschland vor Ort für Geflüchtete engagieren, wie etwa Walter Lübcke, stehen immer mehr im Fokus von Rechtsextremen. Menschen, die sich antifaschistisch engagieren, sind seit Jahrzehnten Ziel von Einschüchterungen, Bedrohungen und Angriffen von Rechtsextremen.

Journalisten, Bundes- und Kommunalpolitiker sind ebenfalls betroffen. Sie werden als „Terrorunterstützer", „Volksverhetzer" und „Landesverräter" aufgelistet. Gerade Kommunalpolitiker leiden zunehmend unter Anfeindungen, nicht wenige entscheiden sich deswegen aus Angst um ihre Familien, aus der Politik auszusteigen.

Es reicht aber auch schon, einen St.-Pauli-Pullover zu bestellen, um mit Name und weiteren privaten Daten in den Listen von rechten Terroristen zu stehen, wie der Fall des gehackten Punkrock-Versandhandels zeigt.

Häufig werden aber auch Menschen jüdischen oder muslimischen Glaubens gelistet. Es sind Personengruppen, die immer wieder auch Ziel von Anschlägen werden, die mitunter tödlich verlaufen, wie der rechtsextreme Terror von Halle und Hanau gezeigt hat.

Neue Gruppen, neue Listen, dieselben Namen

Die elektronische Kommunikation hilft seit einigen Jahren beim Sammeln und Verbreiten der privaten Daten von vermeintlichen Feinden. Über das „Thule-Netz" verschickt der V-Mann Andree Z. Ende der 90er-Jahre „Zum Verwenden und Verbreiten" eine Liste mit 200 Personen und Adressen an den verdeckten Ermittler des Verfassungsschutzes und Anti-Antifa-Aktivisten Kai Dalek. Mit der Überschrift „Organisationen gegen Deutschland" wird diese Liste dann im Thule-Netz veröffentlicht. Unter den Adressen sind solche, die später auch in den rund 10.000 Einträgen umfassenden Listen des NSU als potenzielle Anschlagsziele geführt wurden.

Ebenfalls auf der Liste standen Name und Adresse eines Kasseler Lehrers. 2003 wird auf diesen Lehrer in seinem Wohnhaus geschossen, die Kugel verfehlt nur knapp seinen Kopf. Auf den Feindeslisten des verurteilten Lübcke-Mörders, Stephan Ernst, taucht die Adresse des Lehrers wieder auf. Ernst beteuerte jedoch, dass nicht er auf den Lehrer geschossen habe und dass er den Schützen nicht kenne.

Der Lübcke-Mörder sammelte noch weitere Informationen zu Personen jüdischen Glaubens, Politikern, politisch Engagierten und Journalisten, und das in einer Zeit, in der auch der NSU seine Opfer auswählte, auskundschaftete und ermordete, und es gibt weitere Überschneidungen: Die jüdische Gemeinde in Kassel etwa notierten die NSU-Terroristen neben weiteren Kasseler Adressen in ihren Listen, und zu dieser Gemeinde wurden auch bei Ernst detaillierte Ausspähnotizen gefunden.

Dass Feindeslisten weiterverbreitet, von anderen rechtsextremen Gruppen aufgegriffen und neu zusammengesetzt werden, zeigt sich auch am Beispiel des schon erwähnten Hacks der Kundendatenbank des Punkrock-Versandhandels, die 2015 von Rechtsextremen erbeutet und veröffentlicht wurde. Nicht nur ein baden-württembergischer AfD-Landtagsabgeordneter veröffentlichte die Daten 2017 und rief zum Denunzieren der „Mitglieder der Antifa" auf. Die über 24.000 Namen inklusive Telefonnummern, Adressen und Mailadressen wurden auch bei rechtsterroristischen Vereinigungen wie Nordkreuz oder „Revolution Chemnitz" gefunden. Es sind die gleichen Namen und Daten, die seit der Coronapandemie auch Coronaleugner verbreiten.

Eine Auswertung des CORRECTIV-Rechercheteams konnte zudem zeigen, dass sich Online-Prangerportale sowohl untereinander überschneiden, als auch Schnittmengen mit weiteren Listen haben. So ergab die Datenauswertung, dass alleine zwei dieser Webseiten, die mehrere Hundert Personen als Feinde auflisteten, eine Schnittmenge von über 30 Namen hatten. Diese war mit anderen verbreiteten Feindeslisten geringer, aber auch hier zeigte sich, dass Personen immer wieder nicht nur auf einer Liste stehen.

Staatliche Behörden und Feindeslisten

Betroffene, die auf Feindeslisten stehen, fühlen sich häufig von der Polizei im Stich gelassen. Manchmal nicht ohne Grund: Bundesweit machen immer wieder Polizisten oder andere Mitarbeiter von staatlichen Sicherheitsbehörden Schlagzeilen, die im Verdacht stehen, entweder selbst Informationen an Rechtsextreme weitergegeben oder sogar direkt Drohungen verbreitet zu haben. Hinzu kommt der Verdacht auf rechtsextreme Netzwerke in Polizei und Bundeswehr.

Ein Beispiel dafür liefert das rechtsextreme Netzwerk Nordkreuz. Der Administrator der Chatgruppen, Marko G., arbeitete als Polizist. Zwischen 60 und 70 Mitglieder, darunter Bundeswehrsoldaten und weitere Polizisten, gehörten dazu. Bei Durchsuchungen fand man auch Feindeslisten. Die Gruppe plante vermutlich, Leichensäcke und Löschkalk zu besorgen. Ihr vermutliches Ziel: Im Krisenfall die Macht zu übernehmen und Politiker zu töten, die ihren Interessen widersprachen. Die bei Nordkreuz gefundenen Listen bestanden zum Großteil aus den über 24.000 Namen des genannten Hacks des Versandhandels. Die Namen aus der bereits erwähnten Liste „#wirkriegeneuchalle", bestehen hauptsächlich aus Künstlern, Politikern, Journalisten und Aktivisten. Ein Betroffener vermutet durch die Kombination seiner Daten, dass diese aus staatlichen Behörden stammen könnten. Das Innenministerium von Mecklenburg-Vorpommern hat die Datensammlung der Gruppe Nordkreuz mit knapp 25.000 Angaben anscheinend nicht besorgt, auf eine Kleine Anfrage antwortete das Ministerium 2019:

„Es gibt die weitgehend einheitliche Einschätzung, dass das (reine) Sammeln von Informationen zu politisch anders Denkenden im Bereich der politischen Auseinandersetzung, insbesondere im rechts- und linksextremistischen Bereich, nicht unüblich ist. Dies geht in der Regel nicht mit einer unmittelbaren Gefährdungslage einher. (…)"

Auch der Bundeswehr-Oberleutnant Franco A., der 2017 zwischenzeitlich wegen Terrorverdachts festgenommen wurde, führte eine Feindesliste mit 32 Namen und Organisationen, wie zum Beispiel der Amadeu Antonio Stiftung.

Per Gesetz gegen Feindeslisten

Die Bundesregierung hat inzwischen Handlungsbedarf erkannt und will das Verbreiten von Feindeslisten per Gesetzesänderung unter Strafe stellen. Die Listen könnten ein „Klima der Angst oder Verunsicherung" schüren und eine „bedrohliche und einschüchternde Wirkung" auf Betroffene haben, heißt es in dem Regierungsentwurf. Bisher konnten solche Listen aufgrund von Gesetzeslücken oft ungestraft veröffentlicht oder verschickt werden. Experten bezweifeln allerdings den Nutzen der Gesetzesänderung für Betroffene.

Den Plänen der Bundesregierung zufolge soll das Strafgesetzbuch um den neuen Paragrafen 126a erweitert werden: „Gefährdendes Verbreiten personenbezogener Daten" sieht für das Verbreiten von Feindeslisten eine Freiheitsstrafe von bis zu drei Jahren vor.

Damit der neue Paragraf greift, muss die Verbreitung der persönlichen Daten öffentlich geschehen, also zum Beispiel im Internet, auf einer Versammlung oder innerhalb eines größeren Personenkreises via Messengerdiensten wie WhatsApp oder Telegram.

Die Verbreitung der Daten muss ebenfalls dazu „geeignet" sein, die Person zu gefährden. Das ist zum Beispiel der Fall, wenn die Daten mit Drohungen versehen sind, wie die Person könne „ja mal Besuch bekommen", oder die Verbreitung der Daten einer verfassungswidrigen oder extremistischen Organisation oder Internetseite zugeordnet werden kann.

Was das neue Gesetz nicht beinhalten soll, ist eine Informationspflicht. So ist es auch in Zukunft den einzelnen Behörden überlassen, ob Betroffene informiert werden oder nicht.

Gefährliche Listen?

Feindeslisten sorgen für Angst und Einschüchterung. Dass Informationen über die eigene Person gesammelt und ausgetauscht werden, besorgt Betroffene und gibt gleichzeitig rechtsextremen Gruppen die Macht, über die Gefühle anderer zu bestimmen. Hinzu kommen Beleidigungen auf den Listen, welche die Betroffenen degradieren, wie „Volksverhetzer", „Terrorist" oder auch „Abschaum". Die weiteren Verbreitungswege können nicht kontrolliert werden, so müssen Betroffene sich häufig auch noch Jahre später mit den Bedrohungen aus den Listen auseinandersetzen. Das kann zu erheblichen psychischen Belastungen führen und zu Einschränkungen in der Bewegungsfreiheit von Betroffenen.

Es gibt immer wieder Überschneidungen von Markierungen auf den Listen und tatsächlichen Anschlägen. Ein Beispiel: Nachdem die Betreiber der Internetseite des Nationalen Widerstands Berlin verschiedene Projekte mit Foto und Adresse als „gute Anschlagsziele" genannt hatten, verübten Rechtsextreme Brandanschläge auf diese markierten Ziele, darunter linke Hausprojekte und ein Jugendzentrum.

Immer wieder werden Feindeslisten bei rechten Terroristen im Zusammenhang mit Waffen und Ausspähnotizen gefunden. Auf den Listen des NSU findet sich die Adresse eines jüdischen Friedhofes, auf den zwischen 1998 und 2002 drei Sprengstoffanschläge verübt wurden. Die Umstände dafür bleiben ungeklärt.

Wenn Menschen aufgrund ihrer Einstellung, Herkunft, Religion oder einfach nur bunter Haare um ihre Sicherheit fürchten müssen, dann ist das letzten Endes eine Gefahr für unsere Gesellschaft und Demokratie. Eine Gefahr, der wir uns stellen müssen.

Nordkreuz- »Feindesliste«

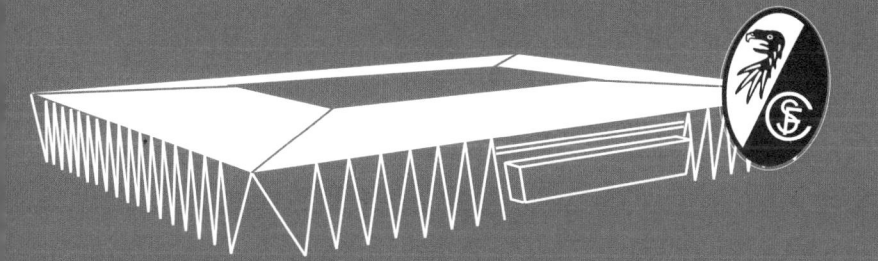

enthält **25.000 Personen**, das ist so viel wie ...

Kapazität des Stadions des SC Freiburg

oder

Studierende an der Universität Stuttgart

oder

Mitarbeiter von SAP in Deutschland

MENS

CHEN

BILDER EINER AUSSTELLUNG

Tausende von Menschen stehen auf den Listen der Rechtsradikalen. Frauen und Männer werden markiert als Feinde des Volkes, als legitime Angriffsziele – weil sie sich für andere einsetzen, weil sie fremde Namen haben. Ihre Adressen werden geteilt. Sie werden belästigt und bedroht, im Alltag, auf der Straße, zu Hause und per E-Mail. In den Berichten der Behörden tauchen sie oft nur als Zahlen und Statistiken auf.

Die rechten Terroristen versuchen, die Menschen auf den Listen zu Opfern zu machen, ihnen ihre Menschlichkeit zu nehmen.

Wir wollen den Menschen ein Gesicht geben. Wir wollen zeigen, dass sie wie Du und ich sind, wie wir alle. Einfache Menschen.

Ivo Mayr hat stellvertretend für all die Tausenden auf den Listen 57 Menschen porträtiert. Aus allen Schichten, aus allen Regionen. Die beigefügten Zitate geben einen kleinen Einblick in ihr Leben; in ihre Hoffnung; ihre Liebe; ihre Freude.

Wir wissen, dass die Bedrohung ernst ist.

CORRECTIV

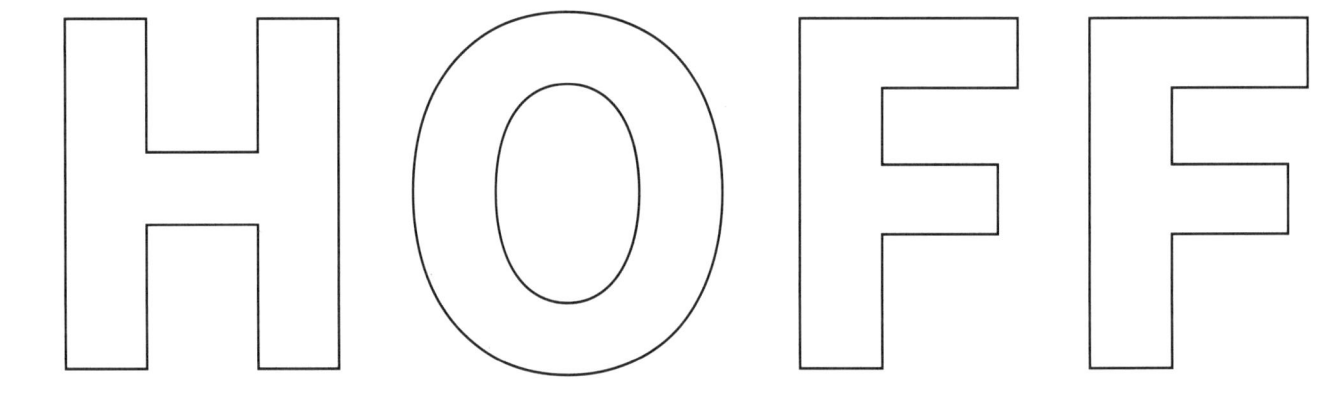

HOFF

Menschen – Im Fadenkreuz des rechten Terrors

NUNG

„

Wäre es nach dem bayerischen Schulsystem gegangen, wäre ich eigentlich in einer sogenannten Türkenklasse gelandet. Gastarbeiterkinder sollten damals nicht mit deutschen Kindern gemischt werden. Das Konzept der 80er-Jahre lautete: bereithalten zur Heimreise. Dass ich trotzdem in eine Regelklasse und später aufs Gymnasium kam, habe ich allein dem Protest meiner Mutter zu verdanken. Von ihr habe ich gelernt, nicht alles hinzunehmen und mich für gleiche Rechte für alle einzusetzen."

FERDA ATAMAN

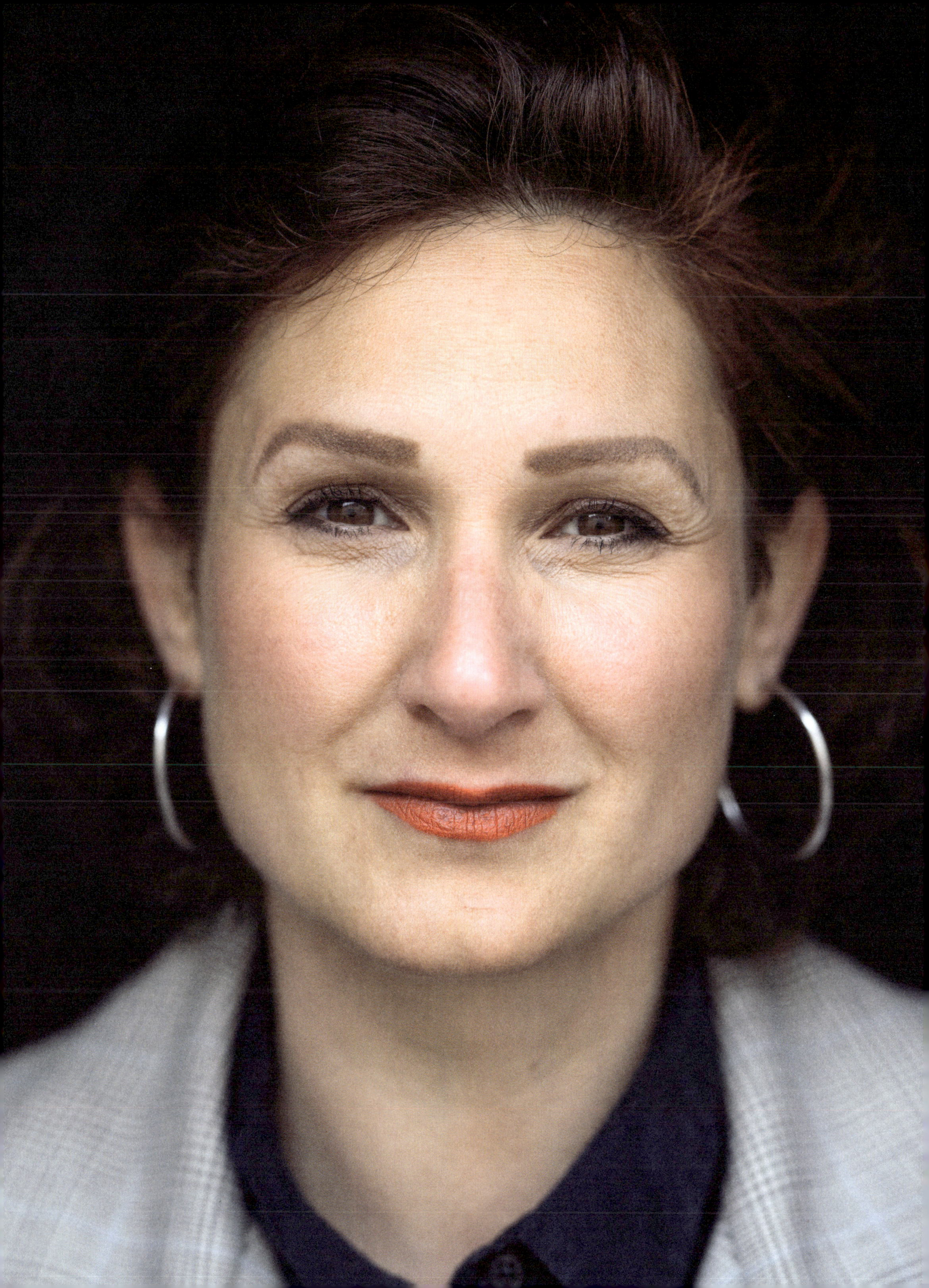

„

Ich bin Agnostiker. Ich betrachte Religionen mit Skepsis; sie haben alle auch ein Potenzial an Gewalttätigkeit. Das gilt auch für das Christentum, etwa mit Blick auf die Kreuzzüge. Aber ich sehe zugleich die wunderbaren Kulturleistungen, die Religionen hervorgebracht haben, wie die Architektur. Klar, es gibt viele Unterschiede: In der Moschee muss ich als Besucher die Schuhe ausziehen, in Kirchen kann ich sie anlassen. Ob mit oder ohne Schuhe — immer bewegt mich die Spiritualität vor Ort.

Ich spüre ein Gefühl der Hochachtung und des Respekts; jenseits von Unterschieden der Glaubenspraxis und der Politik. In ihrer Gläubigkeit sind die Menschen gleich; da gibt es keinen besseren oder schlechteren Menschen. Das ist für mich der Kern von Menschlichkeit."

UDO STEINBACH

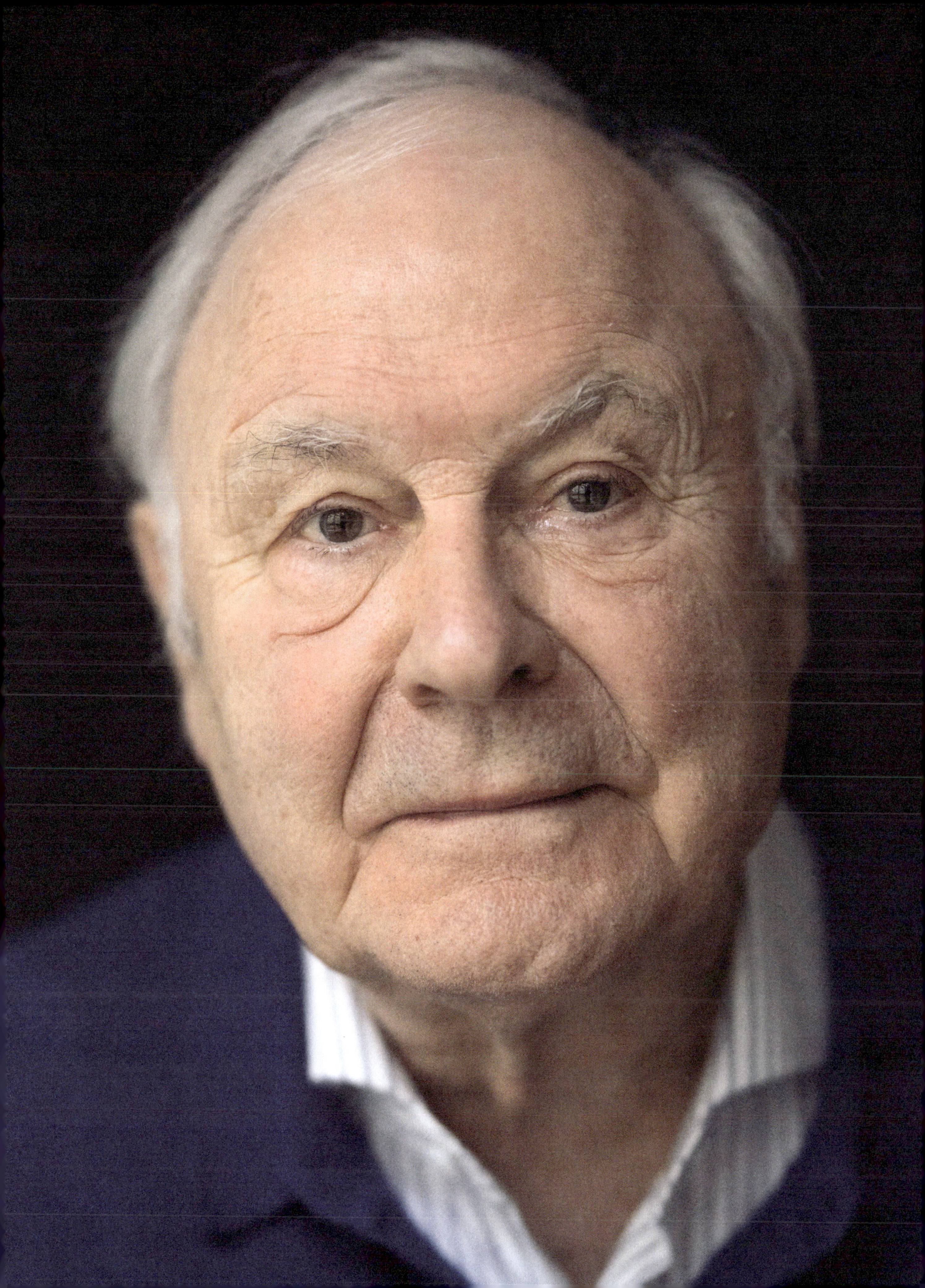

„

Einen Hang zum Blaulicht-Milieu hatte ich schon immer, weil mein Vater bei der freiwilligen Feuerwehr war. Direkt nach der Schule habe ich dann ein Freiwilliges Soziales Jahr in einem Krankenhaus gemacht. Da habe ich gemerkt: Ich möchte anderen Menschen helfen. Ich fasste den Plan, die Ausbildung zum Rettungsassistenten zu machen und so bei der Feuerwehr anzuheuern. Aber ich möchte auch immer wieder neue Sachen lernen: Deswegen mache ich meinen Master in Katastrophenvorsorge und Management. Ich lerne einfach gerne dazu, andere Denkansätze finde ich spannend."

LUTZ EICKHOLZ

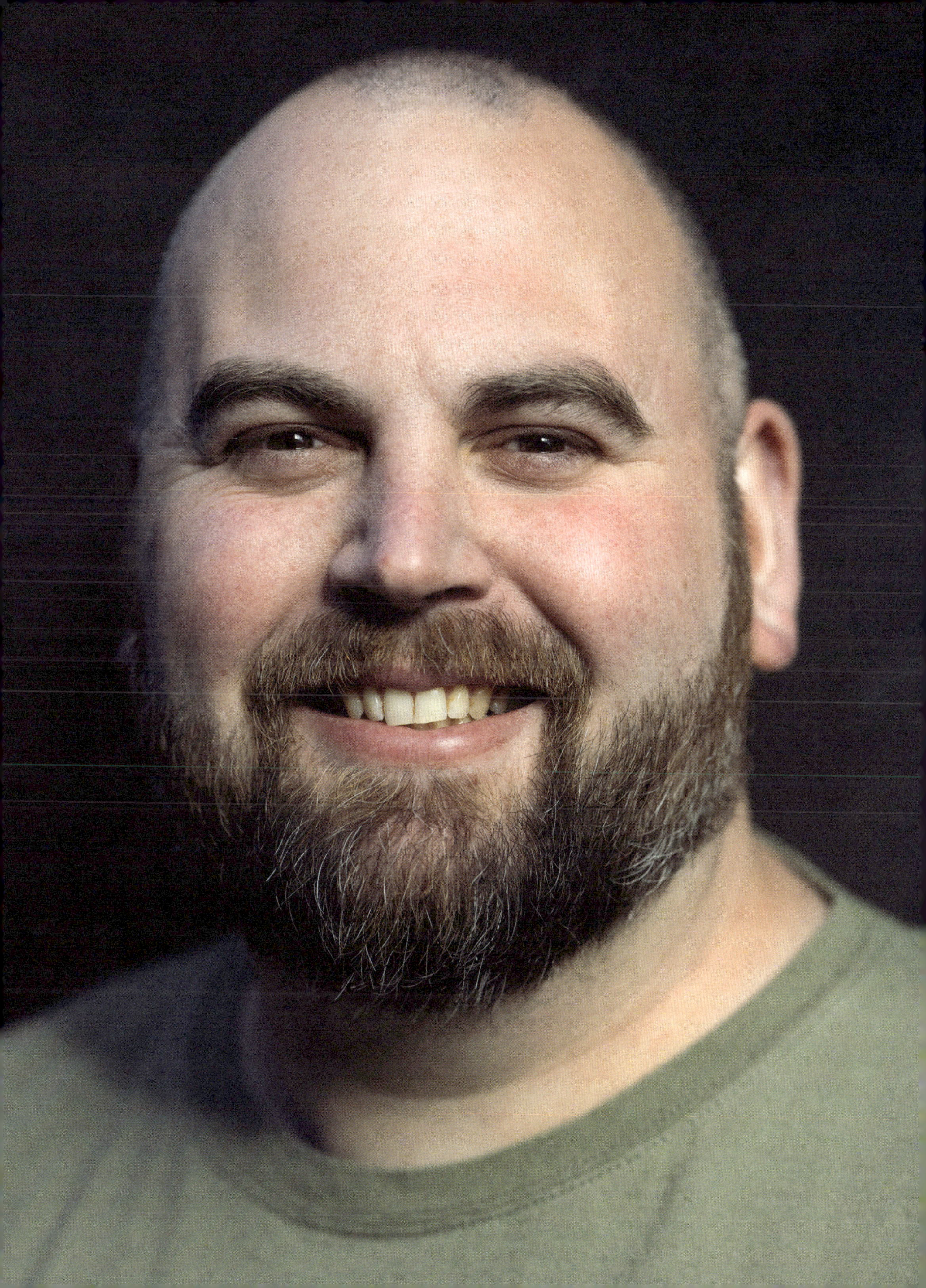

> *In der Türkei durften meine vier Geschwister und ich nur in unserem Haus kurdisch sprechen. Draußen wäre es zu gefährlich gewesen. Die Sprache war verboten. 1980 sind wir dann als Familie in einer Nacht-und-Nebel-Aktion aus der Türkei geflohen. Ich war neun Jahre alt. Ich glaube, ohne die Flucht wären wir heute nicht mehr am Leben. Viele Freunde, die in der Türkei geblieben sind, wurden nach dem Militärputsch umgebracht. An die ersten Worte meines Vaters auf den Straßen in Berlin kann ich mich noch genau erinnern: ‚Hêlîn, edî ne-tirse.' Das bedeutet: ‚Helin, keine Angst mehr.' Seitdem ist Deutschland mein Zuhause. Meine sichere Heimat."*

HELIN EVRIM SOMMER

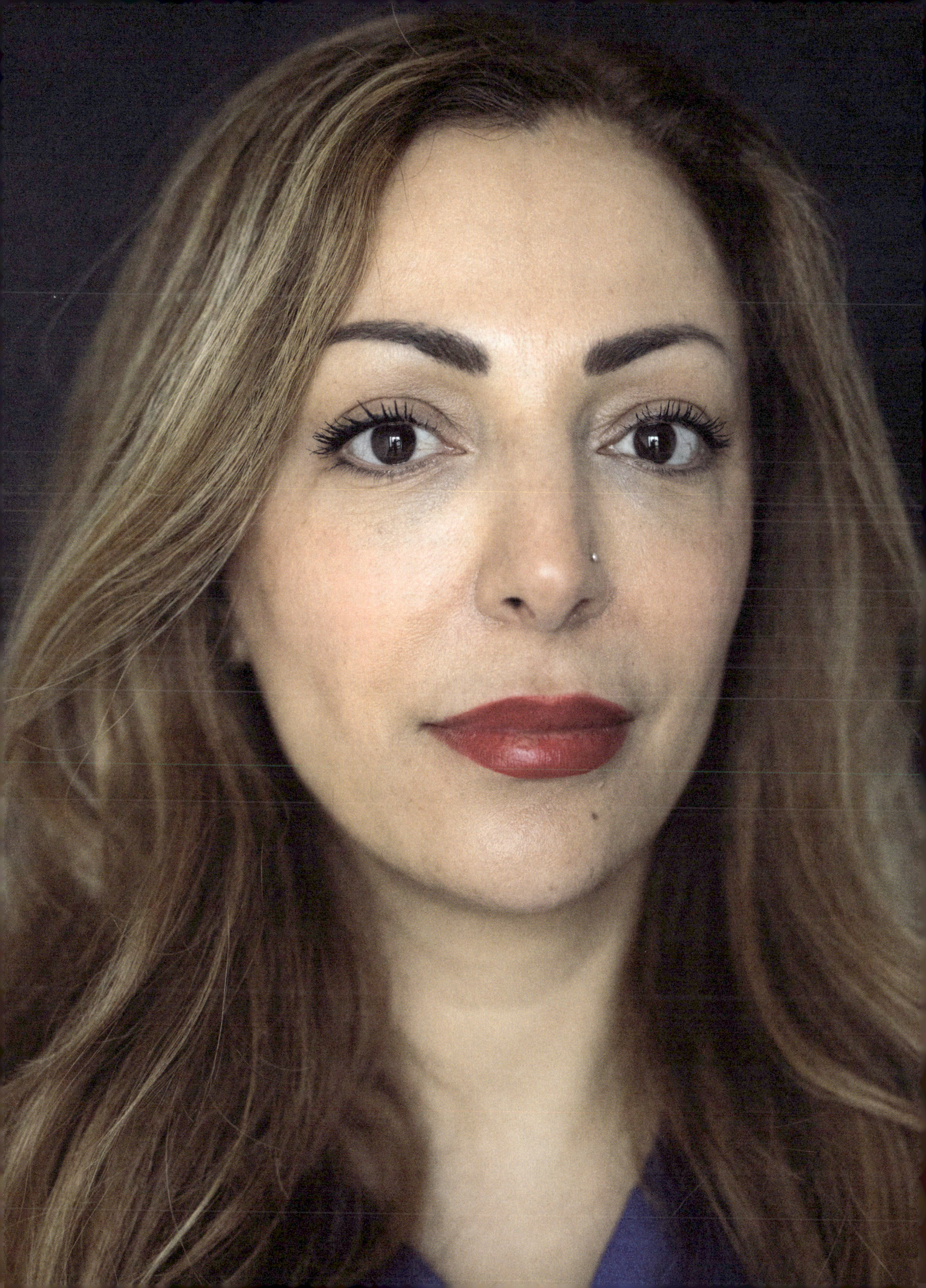

„

Bis April 2019 durfte ich 18 Jahre im Münchner Stadtrat sein und habe viel Zeit im schönen, im neugotischen Stil errichteten Rathaus verbracht. Langsam komme ich zur Ruhe und habe nun mehr Zeit für meine Familie. Ich lese viel und versuche, einige Erinnerungen aufzuschreiben. Ich stehe nun nicht mehr so in der Öffentlichkeit, werde aber nach wie vor mit antisemitischen Vorwürfen konfrontiert. Unlängst sagte eine Dame vor Zeugen, Juden hätten keine Menschenrechte. Aktuell wird im Rathaus beantragt, dass ich zum städtischen Beauftragten für den interkulturellen Dialog beauftragt werden soll. Ich freue mich auf diese wichtige Aufgabe."

MARIAN OFFMAN

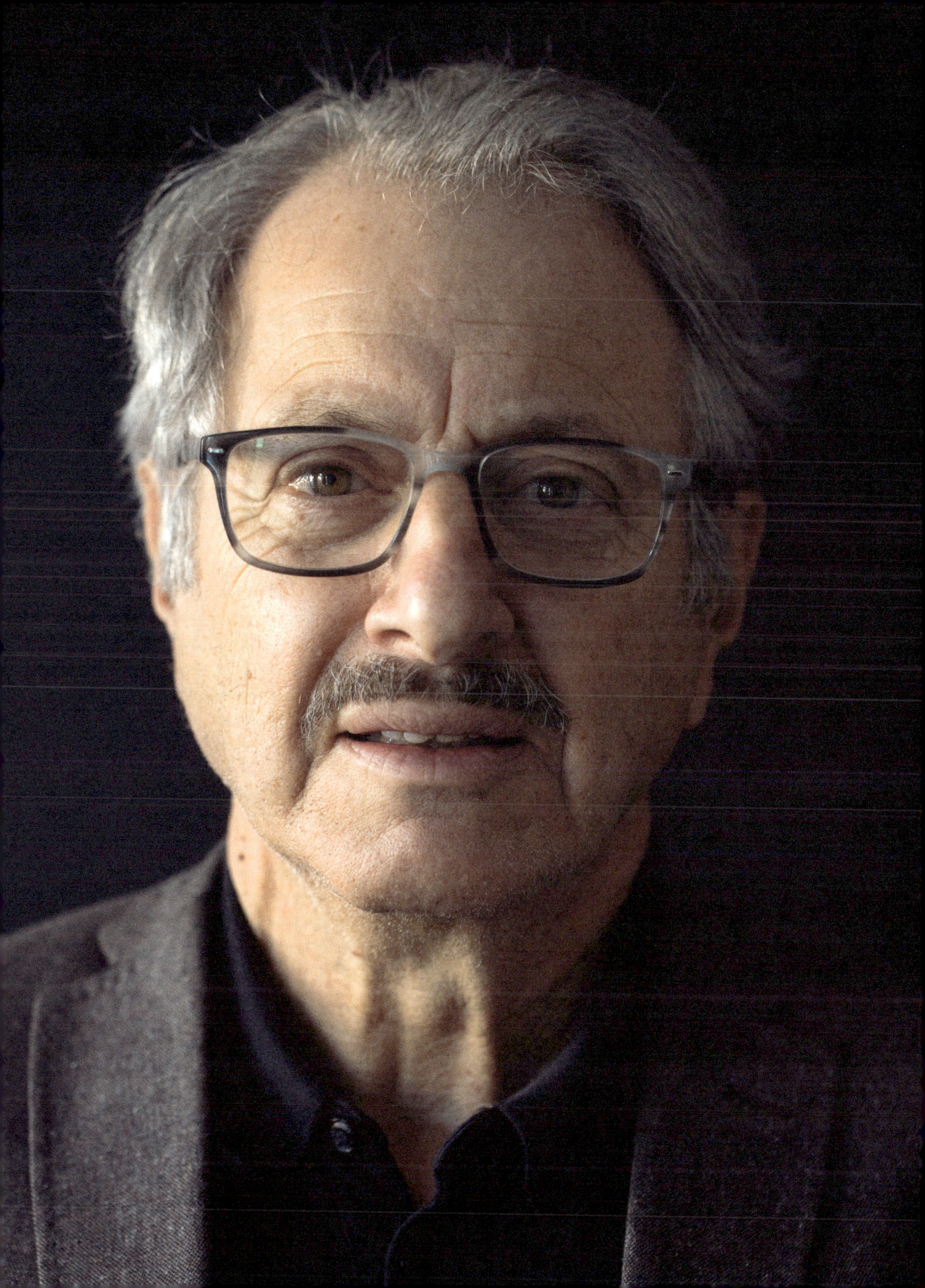

„

Ich mag Spaziergänge am Meer, an der Steilküste – sie geben mir Kraft. Von meiner Gemeinde sind es nur 20 Kilometer. Da ist man schnell dort. Der Blick in die Weite an der Küste hat für mich auch eine spirituelle Bedeutung. Natürlich frage ich mich: Was kommt hinter dem Horizont, auch hinter dem Horizont des Lebens? Wie geht es da weiter? Das Meeresrauschen, die Küste, die Farben des Wassers und die Spiegelungen sind zu jeder Tages- und Jahreszeit unterschiedlich. Immer gibt es etwas Neues zu entdecken; das fasziniert mich. Ich sammle gerne Steine, z. B. Hühnergötter, Versteinerungen, beobachte, wie das Wasser über den Strand gleitet oder rauscht. Und der Wind pustet mir dabei den Kopf frei."

MANFRED SCHADE

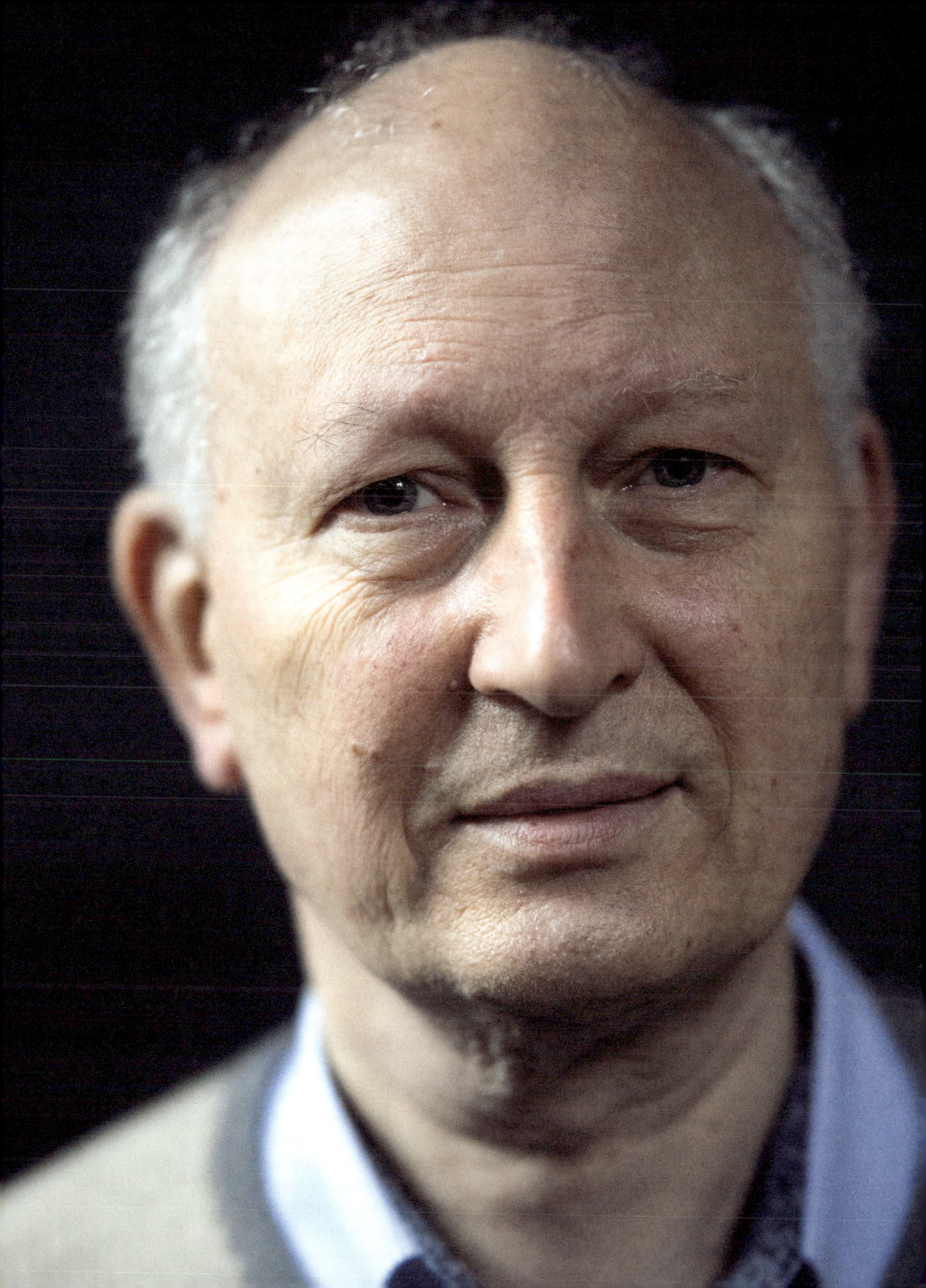

„

Ich kann mich noch genau an meinen Studienanfang erinnern. Ich habe mich für Göttingen entschieden, weil die juristische Fakultät einen sehr guten Ruf hat. Ich stand das erste Mal auf eigenen Beinen, habe gelernt, wie man mit seinem Geld umgeht. Ich wollte immer selbstständig sein und hatte verschiedene Aushilfsjobs. Irgendwie musste der graue VW-Käfer bezahlt werden. Außerdem wollte ich auch mal andere Sachen essen als Knäckebrot und Milchreis. Ich hatte auch einen Freund. Den durfte ich nachts nicht besuchen. Es gab da dieses Kuppelei-Verbot. Vermieter durften nicht zulassen, dass unverheiratete Menschen privat beisammen waren. Heute ist so ein Besuchsverbot kaum vorstellbar. Damit das so wurde, mussten wir viele alte Zöpfe abschneiden."

SABINE LEUTHEUSSER-SCHNARRENBERGER

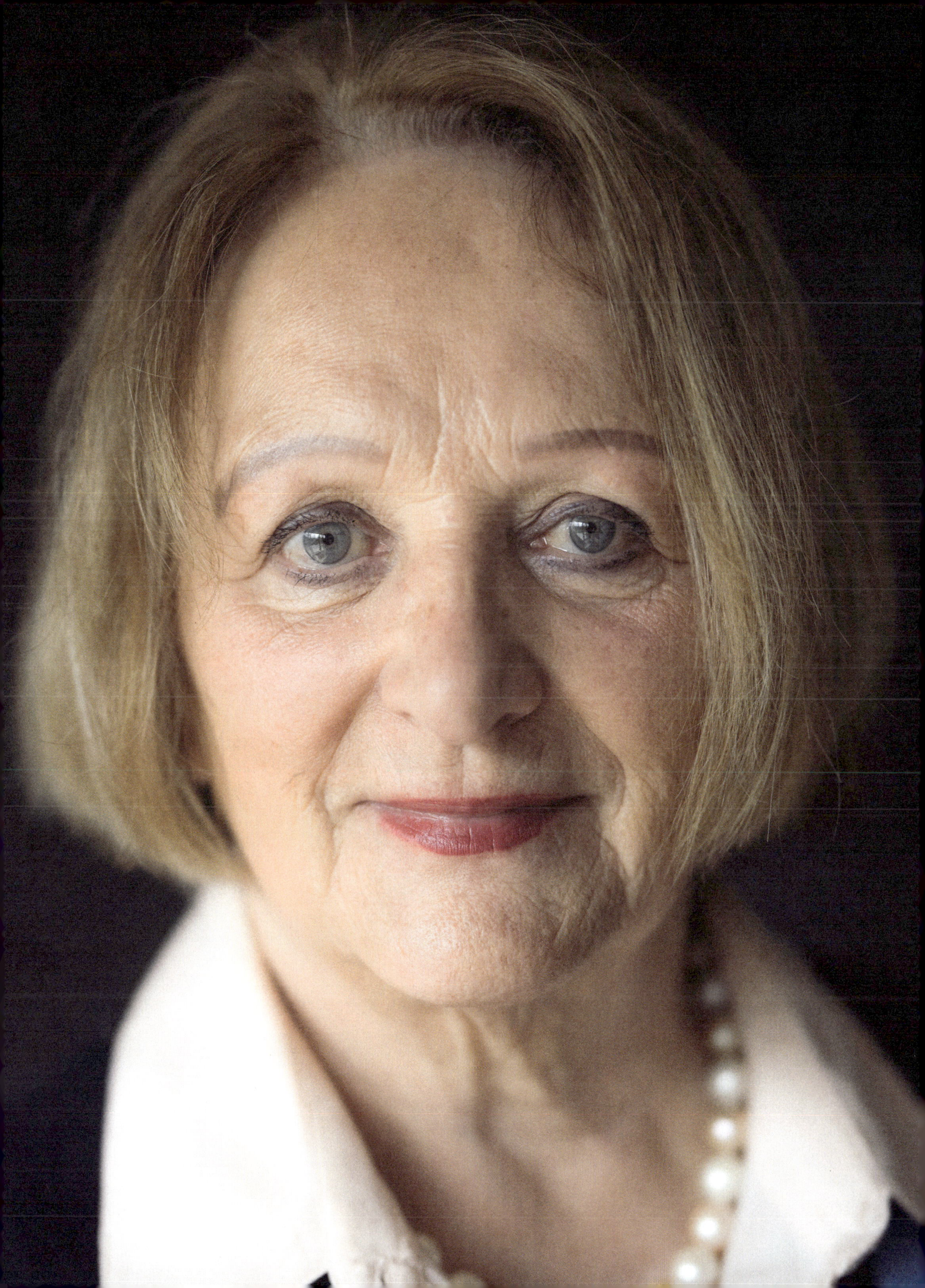

„

Meine Arbeit im Altenheim hat sich während der Pandemie komplett verändert. Das habe ich realisiert, als ich die Eingangstür zu unserem Heim zuschließen musste und wir keine Besucher mehr reingelassen haben. Unser Haus sollte immer ein lebendiger Ort sein, wo alte Menschen Spaß haben und leben. Und dann durfte plötzlich niemand mehr rein, die Tür ging zu und alles war still. Da dachte ich: Was passiert hier eigentlich gerade? Alles in mir hat sich gegen diesen Schritt gesträubt und gleichzeitig wusste ich, dass es nicht anders geht."

JOACHIM TREIBER

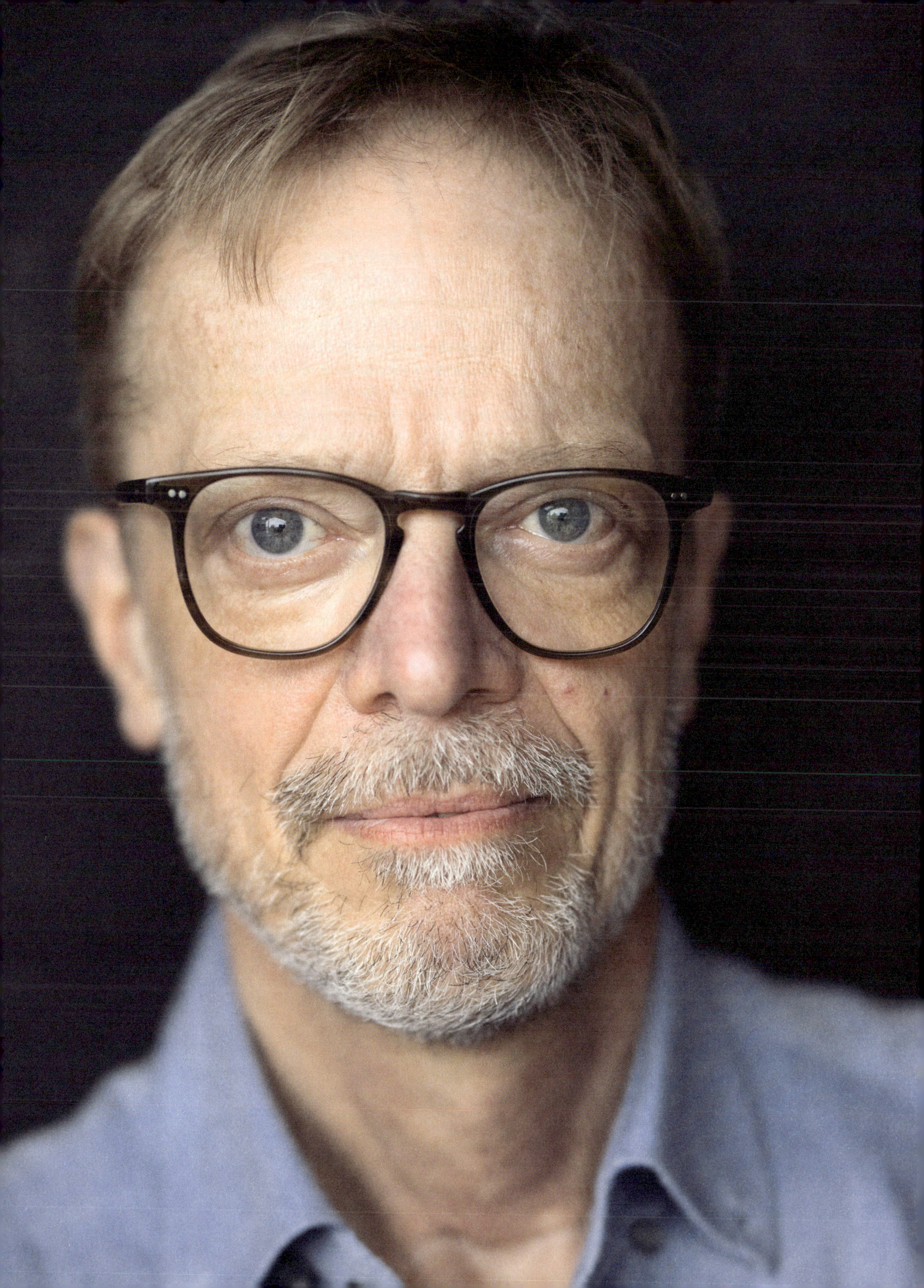

„

Ich mache immer weiter. Für die weiterführende Schule bekam ich keine Gymnasialempfehlung, obwohl ich damals Klassenbester war. Ich wechselte dann von der Hauptschule auf die Realschule und machte schließlich mein Abitur auf dem Gymnasium. Danach habe ich Humanmedizin studiert. Die ganze Zeit habe ich nebenher auf Intensivstationen gearbeitet. Das hat mich geprägt. Auch wenn man mit der Zeit abstumpft und sich an das Sterben gewöhnt, manche Schicksale prägen einen. Ich erinnere mich an einen Fall in San Antonio, Texas. Da ist ein junger Mann an Aids gestorben. Er bekam keine Luft mehr, wir mussten ihn beatmen. Zum Schluss versagte die Beatmung. In seiner Gemeinde war er sehr beliebt und sehr sportlich. Als er im Sterben lag, kamen seine Freunde, junge Männer standen um sein Bett, alle haben geweint. Ich kann mich noch genau an die Fassungslosigkeit seiner Angehörigen erinnern."

KARL LAUTERBACH

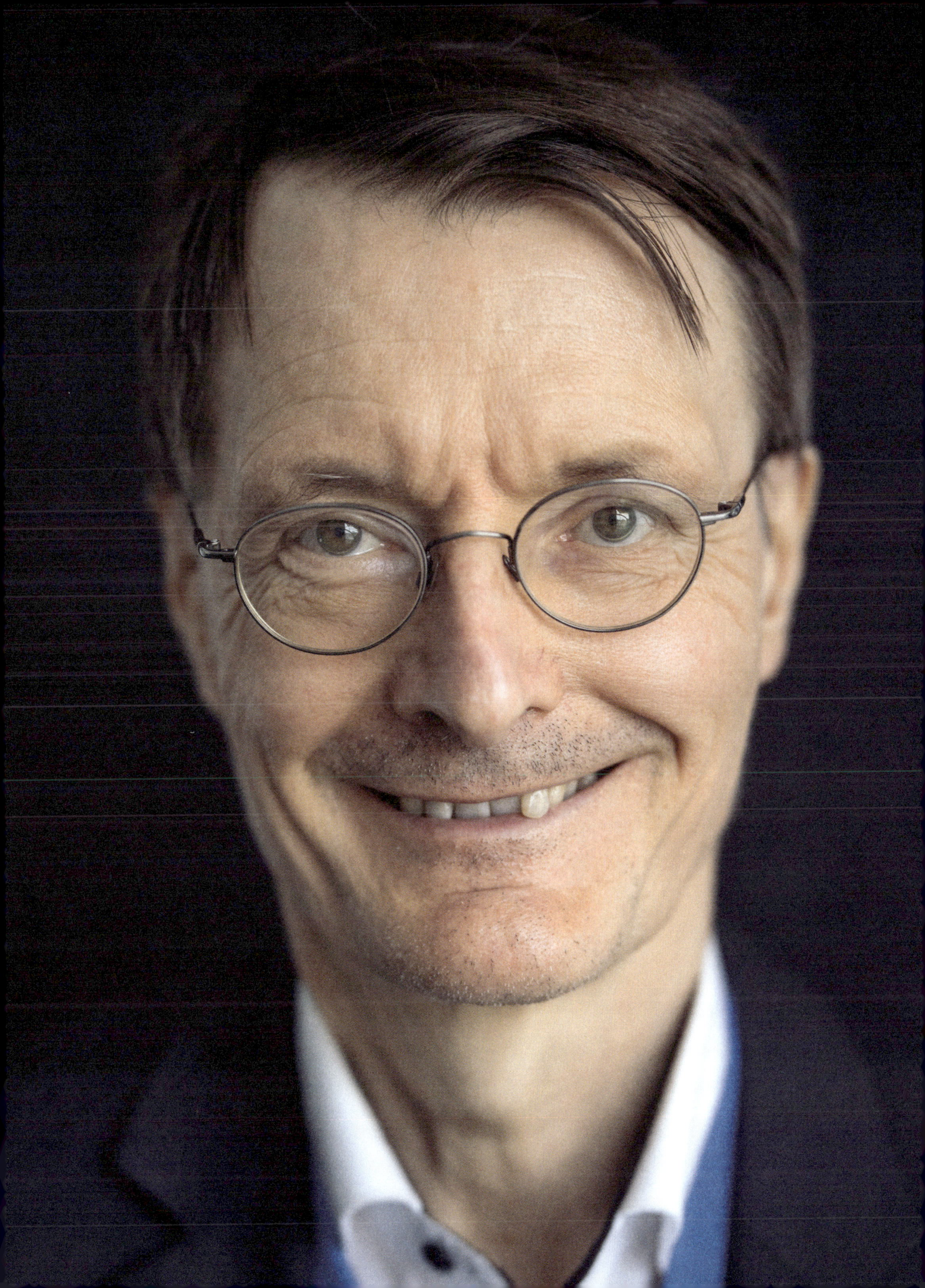

„

Die meisten Senioren, mit denen ich arbeite, haben ihre Heimat verloren, einige kommen aus der Sowjetunion, manche von ihnen sind Holocaust-Überlebende. Ein Weg, ihre Geschichten zu erzählen, ist, mit Fotos zu arbeiten. Mit einer alten Dame haben wir ein Bild von früher nachgestellt, sie hatte dort blanke Schultern und trug wunderschönen Goldschmuck. Für das neue Foto zog sie ihre Bluse runter und zeigte ihre nackten Schultern. Der Fotograf meinte: ‚Sie müssen sich nicht ausziehen.' Sie antwortete darauf: ‚Wieso? Ich habe doch sehr schöne Schultern.' Da war ich erstaunt."

ILANA KATZ

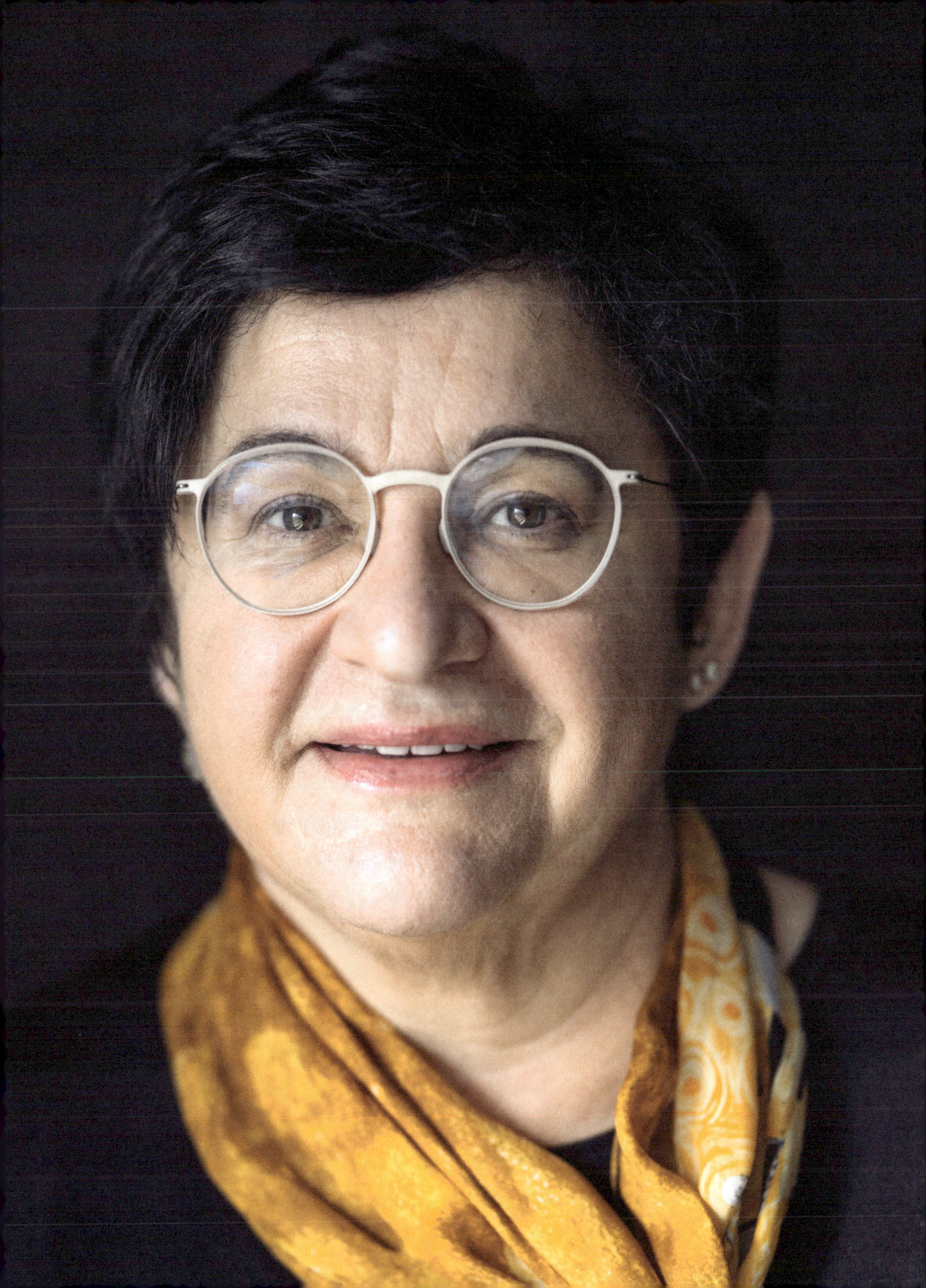

„

Ich habe viele Lieblingsbücher. Jetzt, mit 51 Jahren, ertappe ich mich dabei, dass ich noch mal Bücher aus meiner Jugend lese. Aber es ist, als läse ich sie mit anderen Augen. Zum Beispiel Faust von Goethe. Damals, mit 20 Jahren, dachte ich geradezu anmaßend, dass ich alles verstanden hätte. Heute verstehe ich das Buch ganz anders. Mit 70 Jahren werde ich – wenn ich noch lebe – es noch mal lesen. Ich bin gespannt, was dann herauskommt."

AIMAN A. MAZYEK

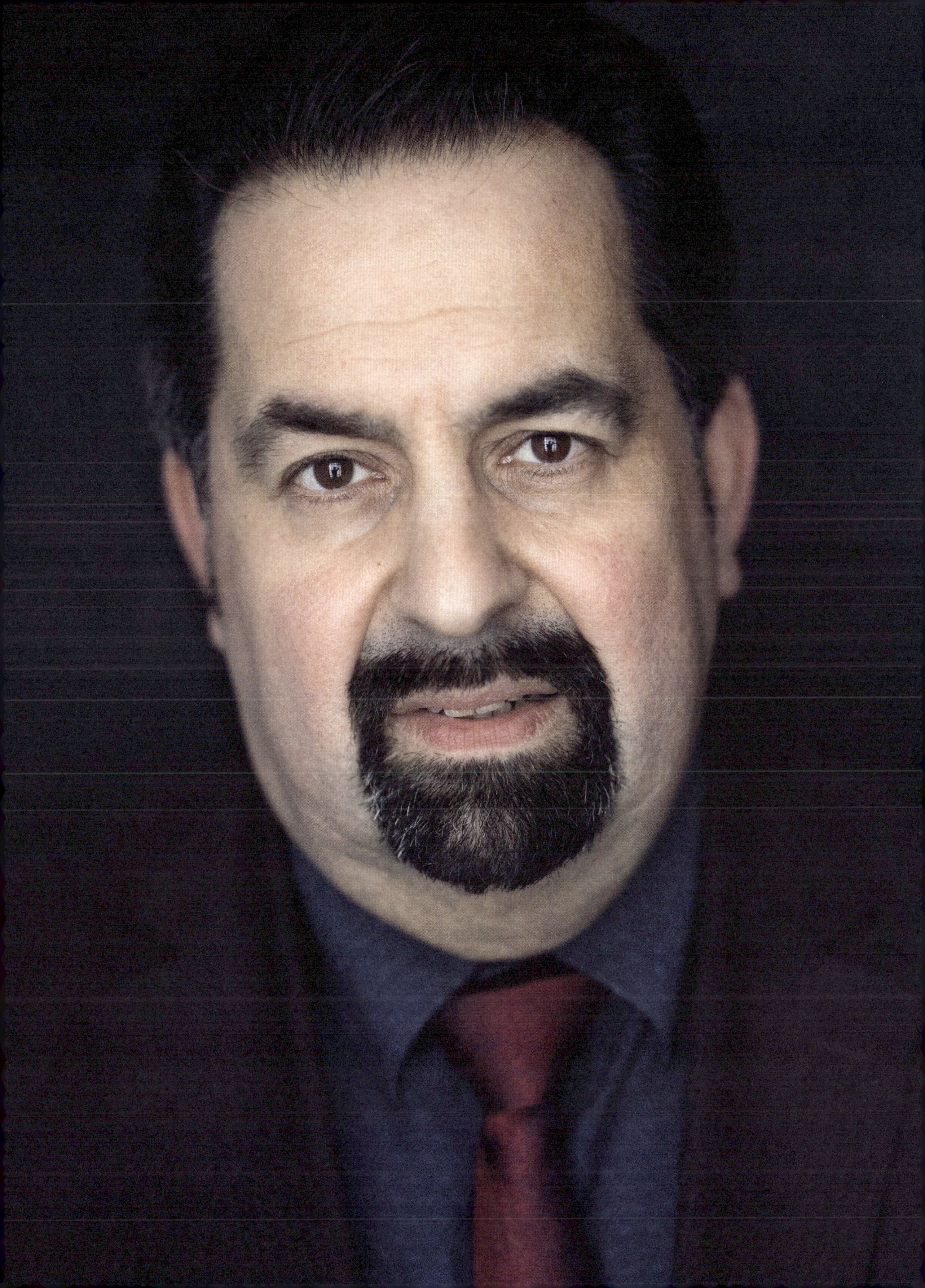

„

Ich habe seit zwei Jahren einen Goldendoodle, ein tolles Tier. Ich wollte ihn eigentlich Schröder nennen nach dem Kanzler, aber das fanden meine Kinder nicht so toll. Jetzt heißt er Kennedy – wie der Präsident. Wir haben ihn als Welpen bekommen, jetzt ist er schon 24 Monate alt. Ich bin viel mit dem Hund unterwegs an der frischen Luft und beobachte ihn gerne beim Laufen. Früher hätte ich nicht gedacht, dass mir das so ein gutes Gefühl gibt."

JOCHEN OTT

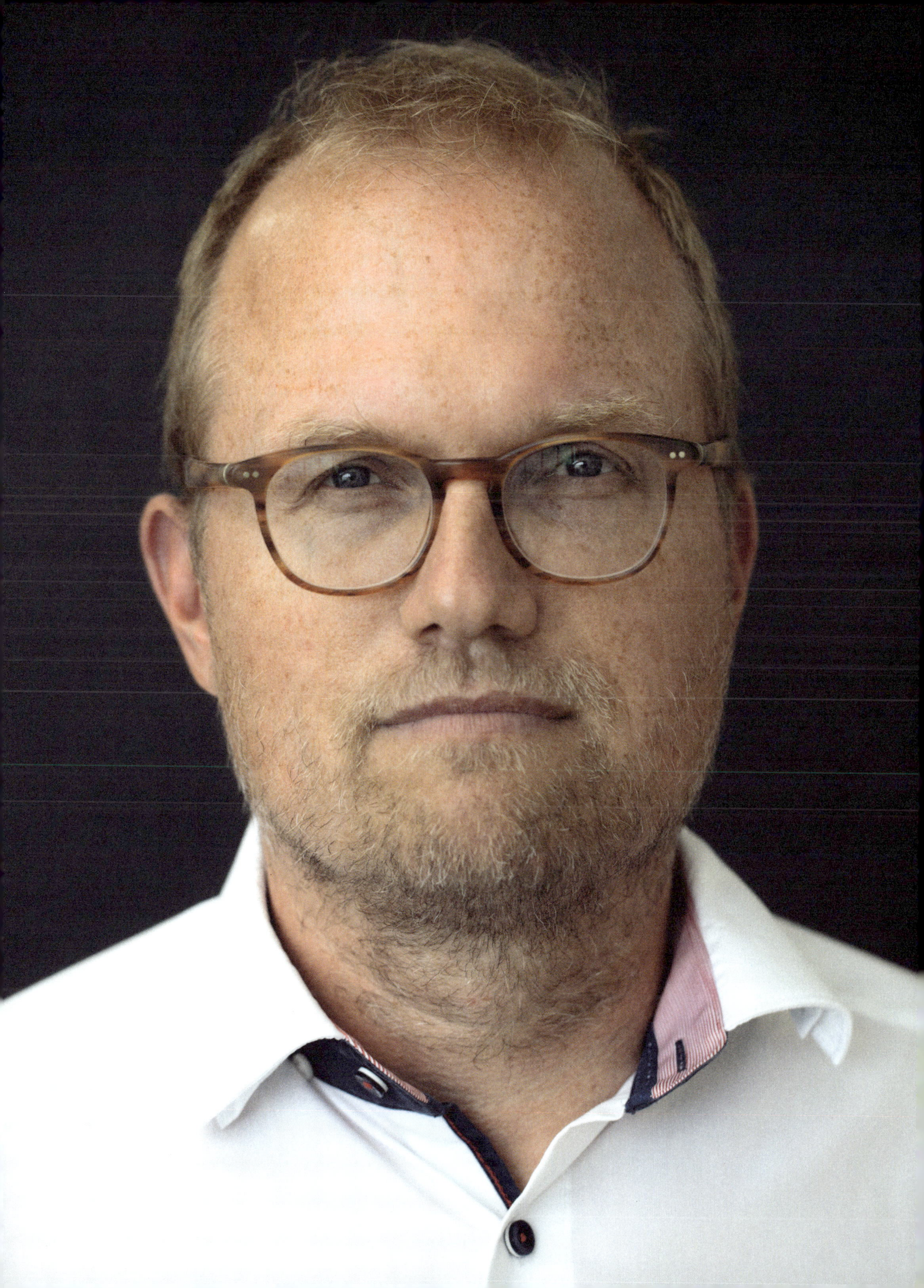

„

Ich lasse mir von niemandem meine Zugehörigkeit oder Loyalität zu diesem Land nehmen. Mein Vater war Einwanderer, hat als Chirurg Tausenden von Menschen das Leben gerettet. Unser Zuhause ist Bramsche. Bramsche, Niedersachsen, Deutschland — wir sind divers und vielfältig. Und das ist gut so, egal was die Ewiggestrigen sagen. Mein Vater hat mir und meiner Schwester genauso gesagt: ‚Kinder, ihr habt alle Chancen, gegen die Ungerechtigkeiten auf der Welt vorzugehen.' Und genau das ist meine Motivation, jeden Tag aufs Neue."

FILIZ POLAT

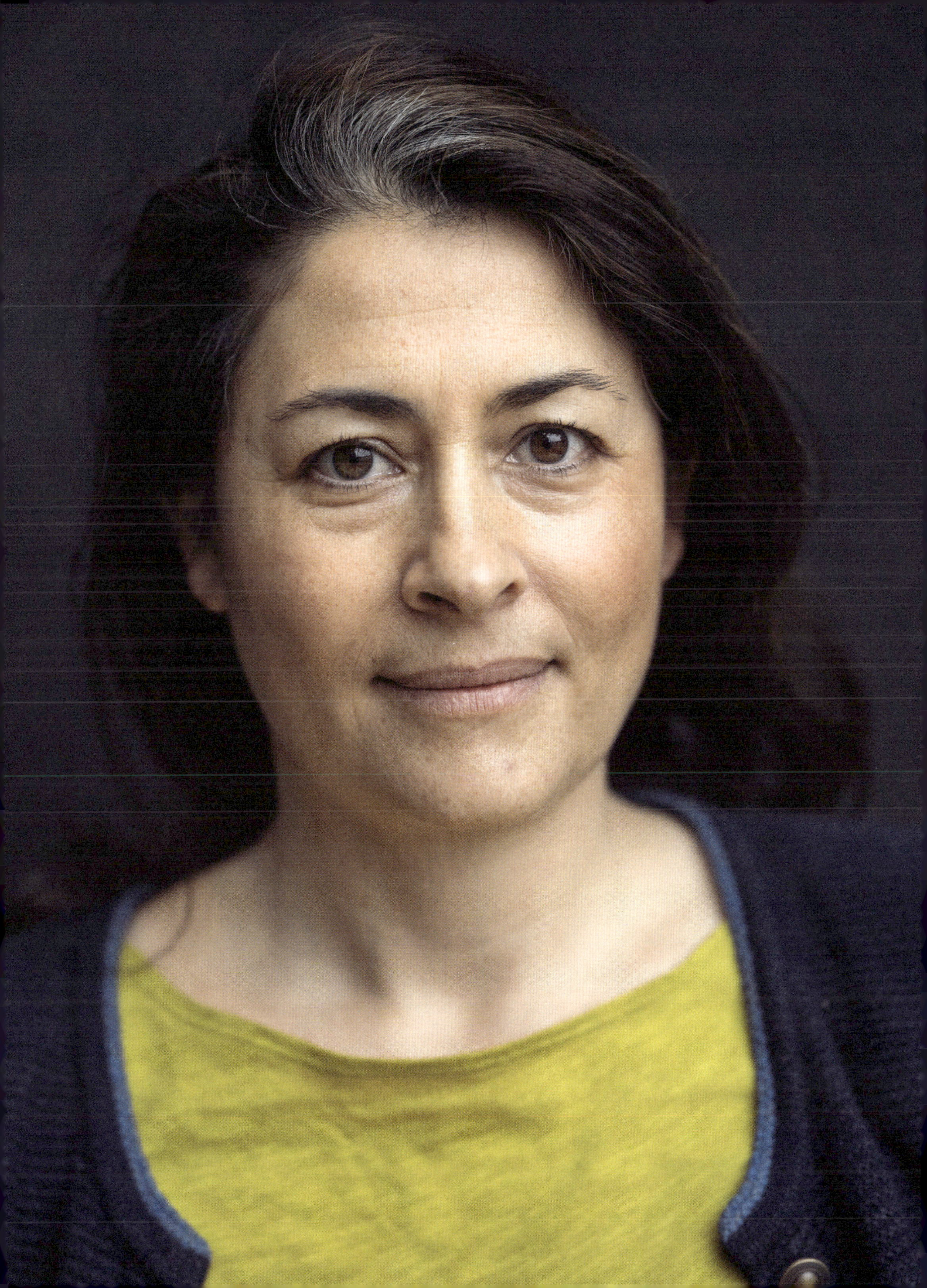

"

Im Brandenburger Speckgürtel, dicht am Stadtrand von Berlin, gibt es vielfältige Möglichkeiten, Natur und Kultur gemeinsam oder nacheinander als eine Einheit zu erleben. Ich schätze die Einsamkeit in den brandenburgischen Wäldern, die Stille über den zahlreichen Seen und die Weite der heideähnlichen Landschaft unter dem leicht bewölkten, blauen Himmel sehr. Im Frühjahr und Herbst landen zu Tausenden Kraniche auf Wiesen und Feldern."

GÜNTER MORSCH

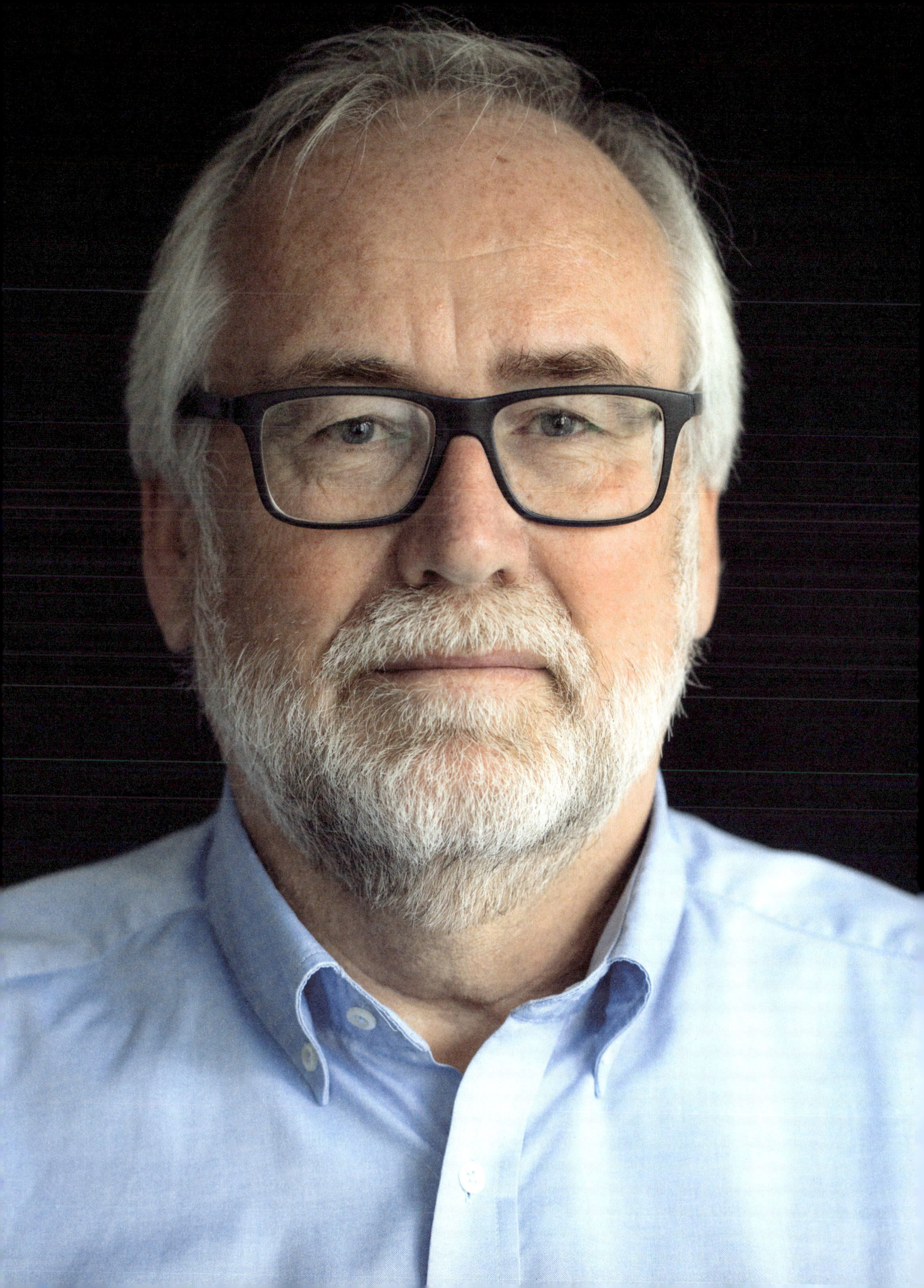

„

Ich liebe es, wenn mich jemand beleidigen will und dann ‚Du Hund' zu mir sagt. Das nehme ich als Kompliment. Hunde haben Superkräfte. Etwa die Fähigkeit, es sich jederzeit und überall bequem zu machen, selbst auf tristem Asphalt. Ich sah noch keinen Hund, der je ungemütlich lag. Sie sind auch Meister darin, vor Supermärkten zu warten. Sich würdevoll hinterm Ohr kraulen zu lassen. Die Macken anderer zu tolerieren. Hunde machen immer das Beste draus. Manche empfinden so viel Lebensfreude, dass sie nicht anders können, als flummigleich in die Luft zu springen. Die Freude muss dann irgendwohin. Es ist eindeutig: Auf meiner Liste der besten Lebewesen rangiert der Hund noch vor Alpakas und den Hängebauchschweinen."

SEBASTIAN LEBER

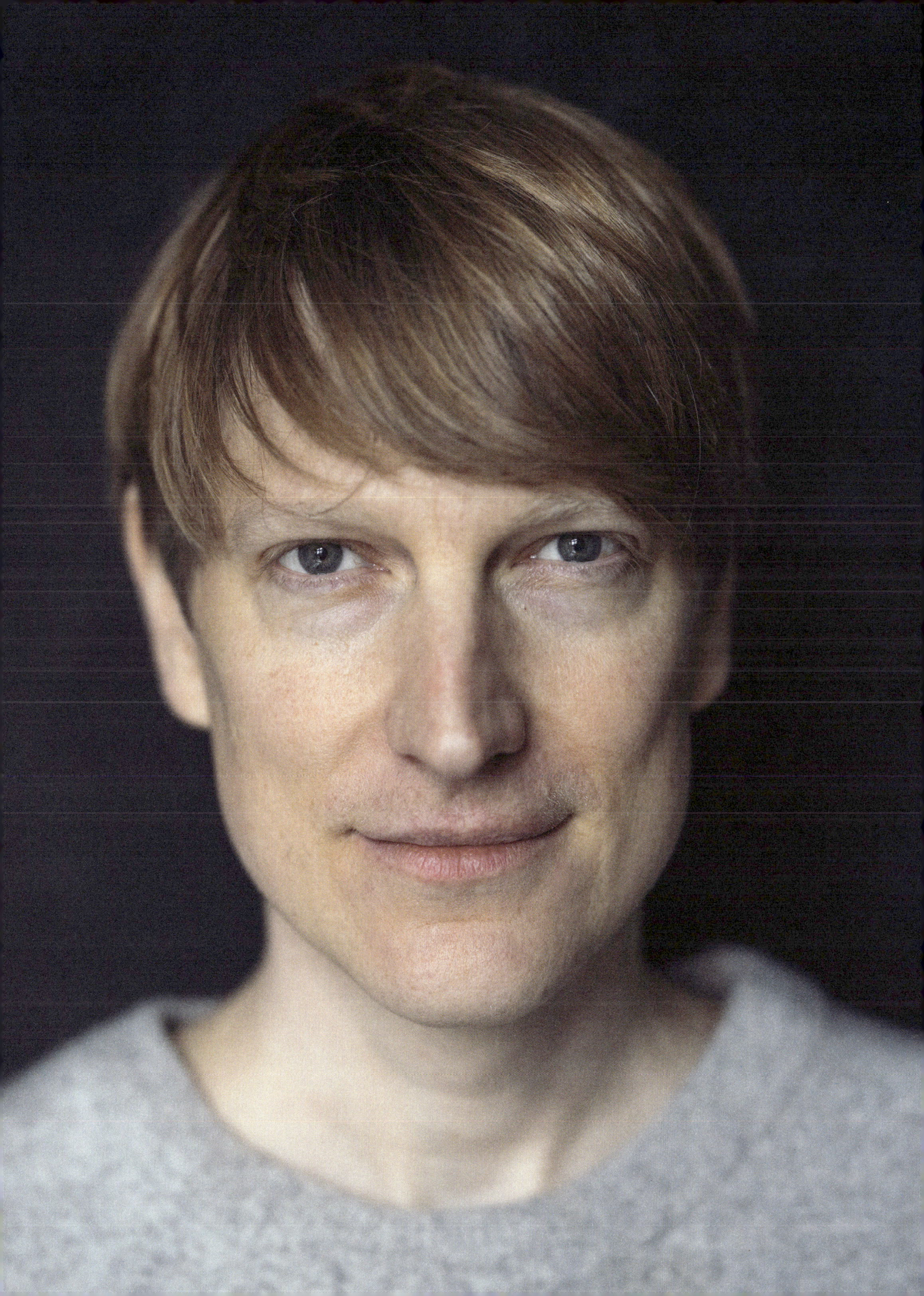

„

Um runterzukommen, fahre ich sehr gerne Zug. Ich steige vor dem Sonnenaufgang ein und erlebe dann die Dämmerstunden in der Bahn. Ich liebe diese friedliche Stimmung, manche lesen oder arbeiten, einige schlafen. Da kann ich gut nachdenken. Zu Hause wartet meine Hündin Juni auf mich. Sie ist schon 14 Jahre alt. Früher war sie wirklich 100 Volt, hat immer viel Quatsch gemacht, jetzt ist sie ruhiger geworden. Ich setze aber darauf, dass sie mindestens 19 Jahre alt wird."

SILKE WAGNER

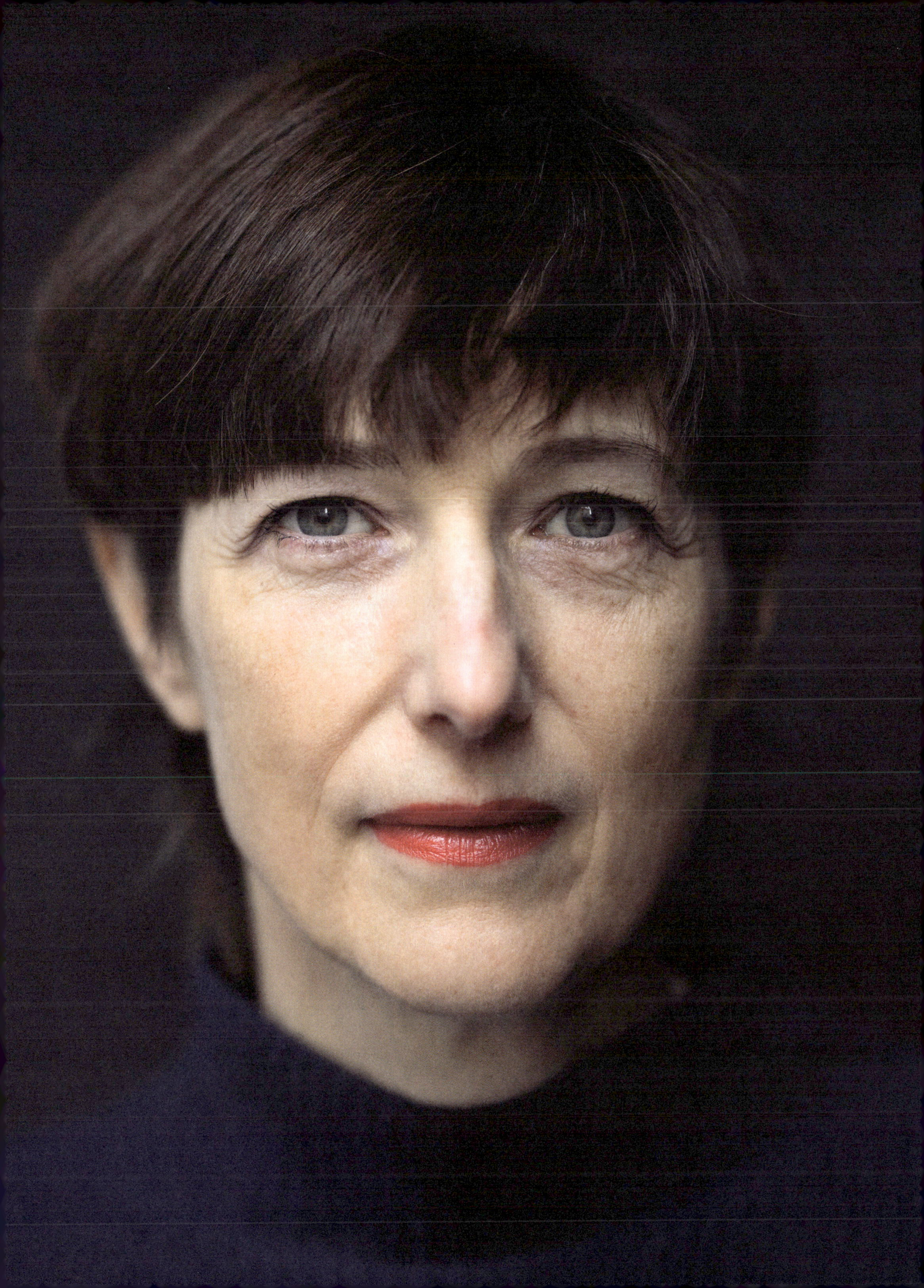

„

Mit 17 Jahren habe ich für Rap Feuer gefangen, und das brennt immer noch. Rap ist wütend und schreit nach Gerechtigkeit. Meine damalige Freundin hatte mir sogar eine Mütze gestrickt mit meinem Künstlernamen MC Omid. Die Mütze habe ich immer noch. Natürlich hätte ich gerne einen Plattenvertrag bekommen, welcher Musiker will das nicht? Aber ich war echt nie Weltklasse, ich rappe eher so vor mich hin. Wenn ich nachts aufwache, fällt mir manchmal ein dreisilbiger ‚Rhyme' ein. Den spreche in dann schnell in meinen Sprachrekorder im Handy. Eigentlich soll daraus ein Lied werden, aber das geht schon seit zehn Jahren so."

OMID NOURIPOUR

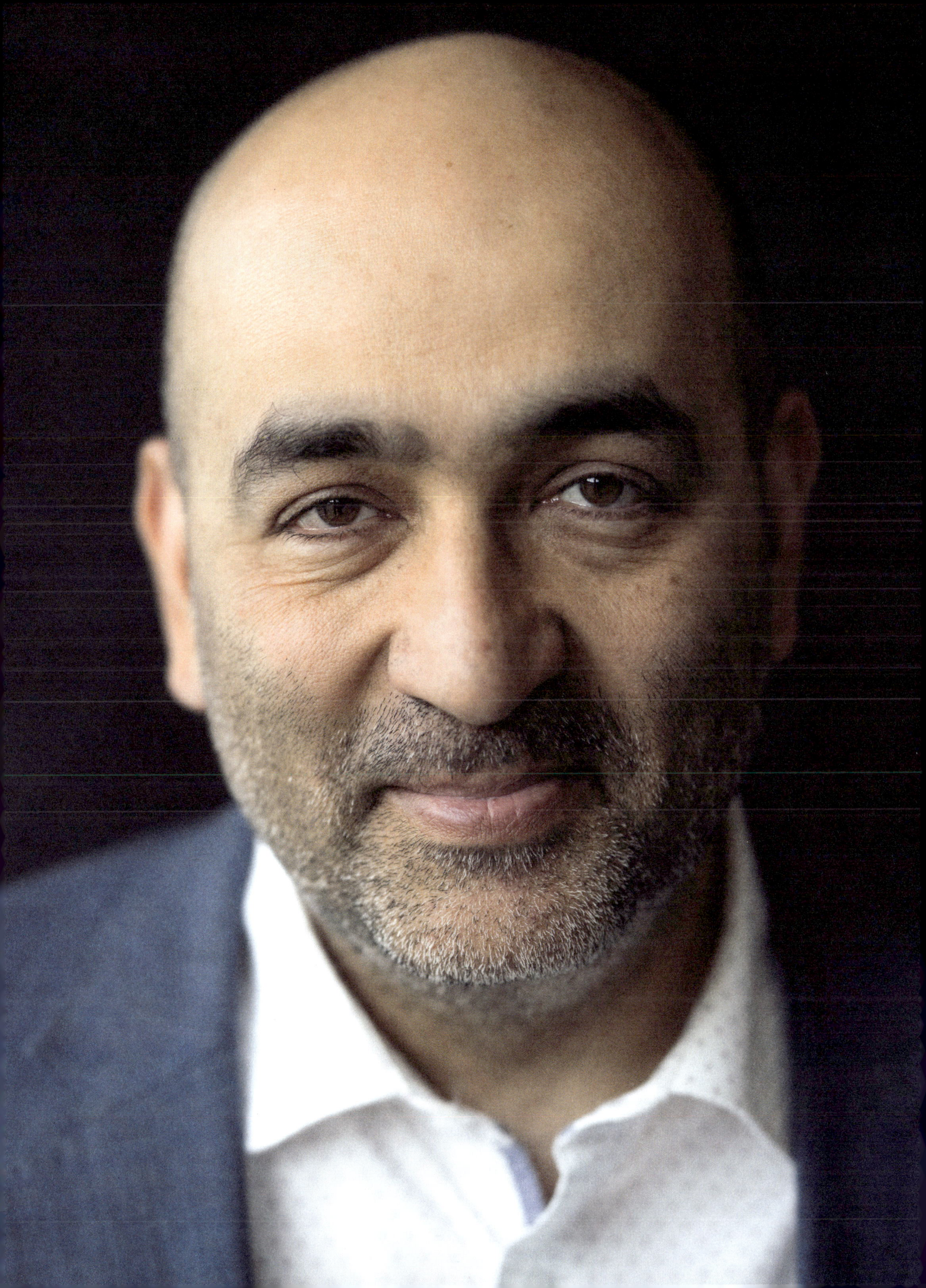

„

In den 70er Jahren bin ich in einem evangelischen Internat aufgewachsen. Die Härte und Strenge des Alltags dort hat mich sicher geprägt, aber auch weg von meinem Glauben getrieben. Erst als ich dann Ende der 80er Jahre in der DDR einen Pfarrer kennenlernte, der Glauben menschlich und überzeugend lebte, fand ich zurück. Heute engagiere ich mich ehrenamtlich in der evangelischen Kirche im Rheinland."

WOLFGANG ALBERS

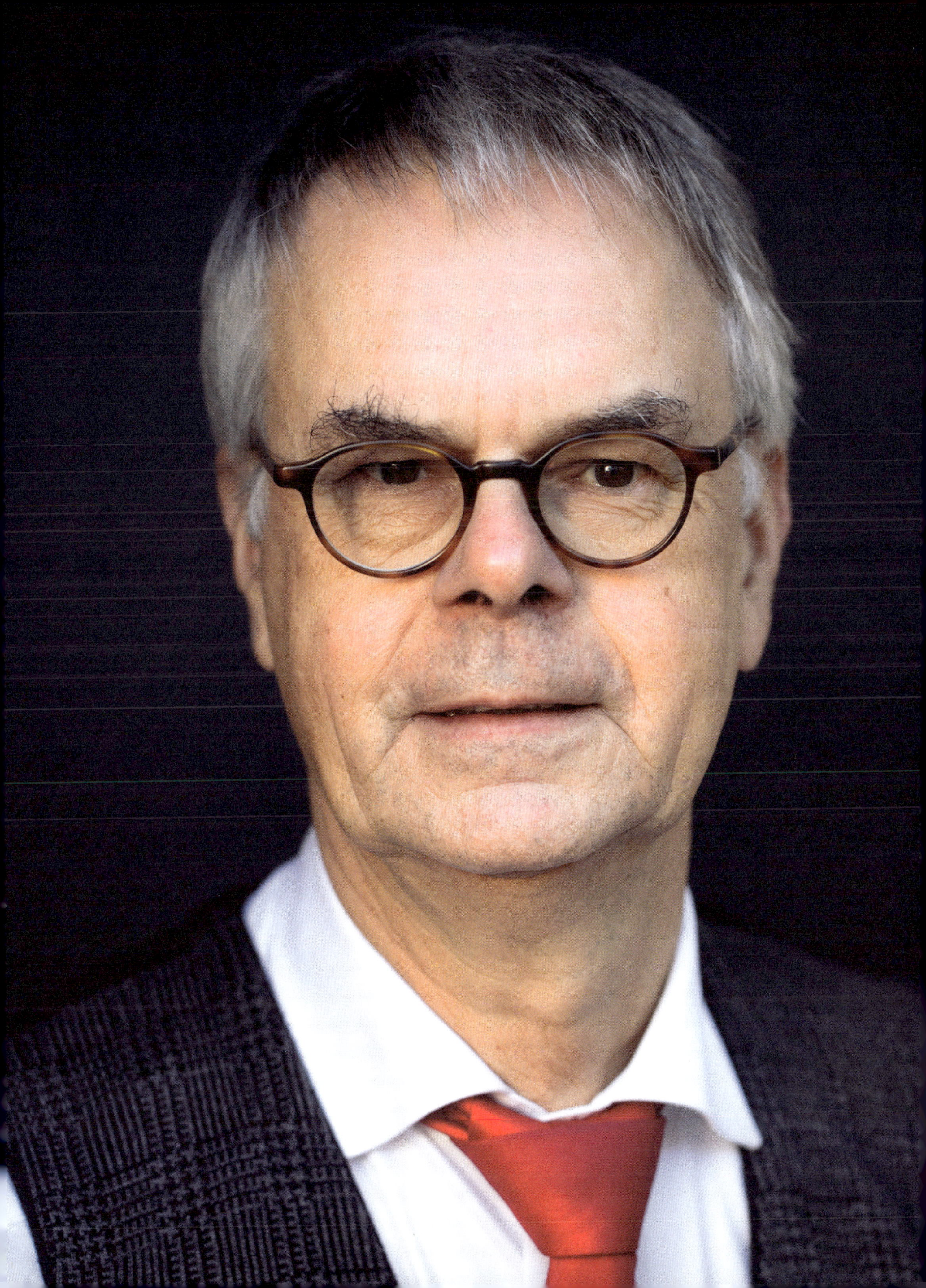

"

Mein Alter hat bei anderen Abgeordneten schon immer zur Verwirrung geführt, ich bin jetzt 24. Als ich im Berliner Parlament mit 19 Jahren anfing, war ich mit Abstand die Jüngste. Bei der ersten Sitzung vom Innenausschuss war ich zu früh. Überpünktlich zu sein, ist ein Kapitalfehler in der Politik. Aber das wusste ich da noch nicht. Lange saß ich alleine am u-förmigen Tisch. Dann kam ein älterer Kollege in den Raum. Er hat mich irritiert angeschaut und gesagt: ‚Entschuldigung, aber Gäste sitzen hinten.' Ich blieb sitzen und ging nicht weg. Irgendwann hatte er dann auf das Rätsel die Lösung."

JUNE TOMIAK

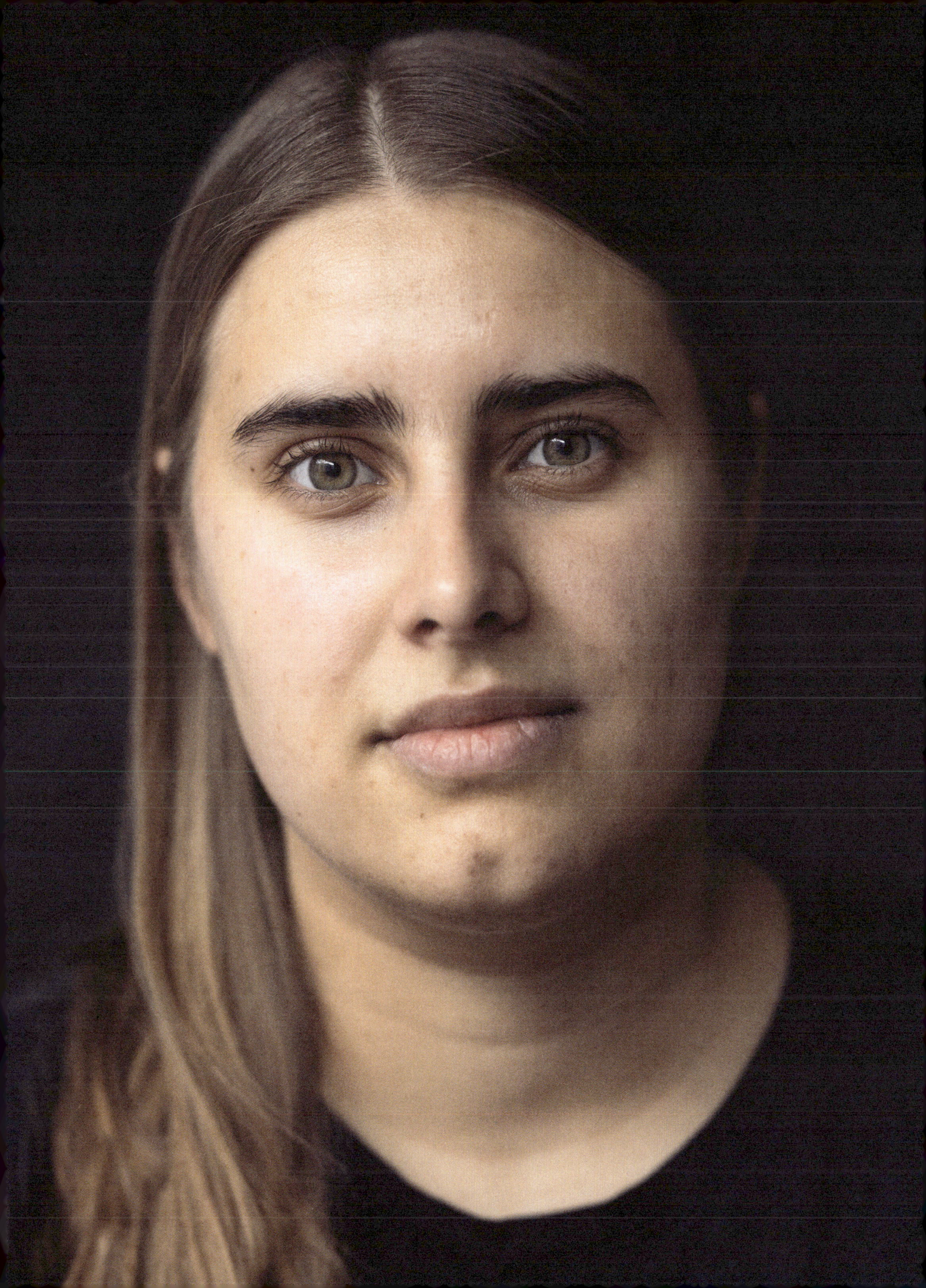

Der WEISSE RING
Tun, was getan werden kann.

von Karsten Krogmann und Tobias Großekemper

Am 9. Oktober 2019 in der Mittagszeit geht Maja Metzger schnell zur Post. Ob sie dort etwas aufgegeben oder abgeholt hat, weiß sie später nicht mehr. Sie weiß nur, dass sie ihr Handy im Büro liegen ließ – und dass 50 Nachrichten drauf sind, als sie von der Post zurückkommt. Wo bist Du? Geht es Dir gut? Solche Sachen. Sie schaut in den Rechner und liest dann etwas von Schüssen in der Hallenser Innenstadt, von einer unklaren Anzahl an Opfern. Und ist fassungslos.

Sie sucht weiter nach Informationen, irgendwann steht da etwas von einem jungen Mann, der in einem Dönerladen erschossen worden sei.

Und ihr Sohn?

Der ist doch auch ein junger Mann.

Der isst doch auch gerne Döner.

Mit den Folgen von Verbrechen kennt Maja Metzger sich aus, sie hat ab und an beruflich damit zu tun, sie ist Anwältin. Neben dem Beruf leitet sie die Außenstelle Halle des WEISSEN RINGS, Deutschlands größter Hilfsorganisation für Kriminalitätsopfer. Hier betreut sie vornehmlich Frauen, die Opfer von Verbrechen oder Gewalttaten geworden sind. Das, was an diesem Tag in Halle geschehen ist, ist jedoch nicht vergleichbar mit anderen Gewaltakten, die ihr bislang begegnet sind. Sie lässt die Jalousien herunter und bleibt in ihrem Büro. Dazu wird auch öffentlich aufgerufen: Die Menschen sollen nicht auf die Straße gehen.

An diesem Tag hat der Terror die Gestalt eines 27-jährigen Mannes. Ein Rechtsextremer, der bei seiner Mutter im Kinderzimmer lebt und der von dort aus eine Revolution starten will. Gegen Muslime, gegen Frauen und vor allen Dingen gegen Juden. Die Tat: ausgeführt mit selbst gebauten Waffen, die Baupläne dazu stammen aus dem Netz. Und sein Hass wurde dort, im Netz, mindestens verstärkt. Bestätigt. Zwei Menschen sterben an diesem Tag. Hätten seine selbst gebauten Waffen nicht so oft geklemmt, wäre die Zahl der Opfer deutlich höher gewesen. In sein eigentliches Ziel, die Hallenser Synagoge, kann er nicht eindringen. Er erschießt eine 40-jährige Frau vor der Synagoge, kurz darauf einen Mann in einem Dönerladen. Auf der Flucht schießt er außerhalb von Halle ein Ehepaar an. Wegen versuchten Mordes in zahlreichen Fällen und Mordes in zwei Fällen wird der Täter später zu lebenslänglicher Haft mit anschließender Sicherungsverwahrung verurteilt. Sein rechtsextremes Weltbild legt er im Gerichtssaal nie ab, ein Zeichen der Reue geht von ihm nie aus.

Solch eine Terrorattacke ist ein sogenanntes Großschadensereignis. „Pläne, wie damit umzugehen ist, haben wir ja in der Schublade", sagt Maja Metzger heute. Bis zu diesem Tag im Oktober 2019 hatte sie aber keine Idee davon, welche Folgen ein Großschadensereignis hat. Am nächsten Morgen kommen die Mitarbeiter des WEISSEN RINGS in der Außenstelle zusammen und machen sich an ihre Arbeit. Vor dem Büro, vor der Glasscheibe des Ladenlokals, stand am Tag zuvor noch ein Polizist mit einer Maschinenpistole.

Maja Metzger nimmt die Anrufe entgegen, die nun eingehen. Zunächst melden sich viele Eltern, die ihre Kinder nicht erreichen können, Halle ist eine Studentenstadt. Dazwischen rufen Menschen aus der Stadt an, die einfach mal reden wollen, über Ängste oder Sorgen. „So ein Angriff aus dem Nichts erschüttert Menschen in ihren Grundfesten", sagt Maja Metzger. Diese „normale" Sorglosigkeit, die so alltäglich ist, dass wir sie gar nicht mehr wahrnehmen, ist von heute auf morgen weg. Und an ihre Stelle tritt ein Gefühl: „Ich kann auf die Straße gehen und komme vielleicht nicht wieder nach Hause." Das mache etwas mit den Menschen, ob sie nun persönlich Zeuge wurden oder nicht. Und das sei auch nicht nach ein paar Wochen oder Monaten vorbei, „der Ausnahmezustand hat hier schon ein halbes Jahr gedauert, viele wollten das erst einmal mit sich selbst ausmachen". Dann melden sie sich doch telefonisch. Oder kommen einfach vorbei.

Der WEISSE RING betreut in Halle insgesamt 36 Menschen, Opfer, Angehörige von Opfern, das Großschadensereignis zeigt viele Facetten. Dreierlei kommt der Außenstelle dabei zugute: Zum einen ist ihr Sitz in der Innenstadt auch der Sitz des Landesverbandes. Es gibt also eine Anlaufstelle, einen großen Raum, einen kleinen Raum, Platz für die Arbeit, die getan werden muss. Metzger: „Einen Raum, in dem wir uns besprechen können und wo das Besprochene bleiben kann."

Zum anderen haben sie hier, in der Studentenstadt, viele ehrenamtliche Helferinnen und Helfer. Wer Metzger heute fragt, was eine Außenstelle aus einem Ereignis wie diesem lernen kann, erhält folgende Antwort: dass das, was getan werden muss, auf möglichst viele Schultern verteilt wird. Helfen heißt nämlich: da sein, beraten, Anwälte oder materielle Hilfe vermitteln, auch wenn die Kameras wieder weg sind. Was sie selbst gelernt hat? „Dass es gut ist, etwas tun zu können. Und nicht hilflos danebenzustehen."

Und schließlich drittens: Der WEISSE RING als bundesweite Opferschutzorganisation, die viele Menschen vielleicht eher mit Einbruchdiebstahl oder Handtaschenraub in Verbindung bringen, hat zu diesem Zeitpunkt bereits Pläne für einen Umgang mit Großschadensereignissen ausgearbeitet, weil Halle nicht die erste Tat dieser Art war. Und nicht die letzte sein wird. Die Gesellschaft radikalisiert sich zunehmend. Und die Folgen werden für die Opfer immer radikaler.

Die Opfer nämlich sind auch dann noch Opfer, wenn niemand mehr über die Tat spricht oder schreibt. Noch heute unterstützt der WEISSE RING zum Beispiel Opfer des Anschlags vom

Breitscheidplatz drei Jahre zuvor. Dieser war für den Verein der Auslöser, für kommende Großschadensereignisse Strukturen zu schaffen.

Berlin, 19. Dezember 2016: Ein Lastwagen ist in den Weihnachtsmarkt gerast, überall liegen Trümmer, Blaulichter blinken, immer neue Rettungswagen fahren vor. Menschen sind verletzt, Menschen wurden getötet. Die Journalisten im Fernsehen sprechen von einem Anschlag.

Sabine Hartwig, 66 Jahre alt, arbeitet seit mehr als 20 Jahren für den WEISSEN RING, seit 2002 ist sie die Berliner Landesvorsitzende. Sie versteht sofort: Dies ist eine Größenordnung, die alles sprengt, was wir kennen im Verein. Sie geht ins nahe Landesbüro, allein steht sie dort im Flur und sagt sich: Okay, der Verein kennt das vielleicht noch nicht, aber du kennst es. Das ist eine Großlage, so wie damals bei der Polizei. Und du ziehst das jetzt an dich, so wie damals bei der Polizei.

30 Jahre lang war Sabine Hartwig leitende Kriminalbeamtin bei der Berliner Polizei, 20 Jahre davon arbeitete sie im Mobilen Einsatzkommando. Oft genug hat sie eine BAO errichtet, wie es im Polizeideutsch heißt, eine „Besondere Aufbauorganisation". Eine BAO braucht die Polizei, wenn die üblichen Zuständigkeiten und Mittel nicht ausreichen für einen komplexen Einsatz. So etwas braucht jetzt auch der WEISSE RING, entscheidet Hartwig. Hier im Landesbüro an der Berliner Bartningallee.

Zwölf Menschen sind gestorben auf dem Breitscheidplatz, Dutzende sind verletzt, körperlich oder seelisch oder beides, es gibt traumatisierte Augenzeugen und Ersthelfer. Die Opfer kommen aus verschiedenen deutschen Bundesländern, sie kommen aus dem Ausland: aus Israel, Italien, Polen, Tschechien oder aus der Ukraine. Die Opfer haben Angehörige, die nicht wissen, an wen sie sich wenden können. Schon am Morgen des 20. Dezember klingeln die Telefone im Landesbüro Sturm. Eine Studentin sucht ihre Mutter. Kinder, Eltern, Geschwister beklagen sich, dass sie bei den Hotlines nicht durchkommen oder zu falschen Krankenhäusern geschickt wurden. Die Presse ruft an, Journalisten wollen Informationen, Interviews, Opferkontakte, Fotos.

Helfen kann grundsätzlich bedeuten: zuhören, mitfühlen. Hilfe kann aber auch materiell sein. Bloß welche materielle Hilfe ist für wen die richtige? Eingeübte Mechanismen können in so einer Situation ins Leere laufen. Oft brauchen Kriminalitätsopfer anwaltliche Unterstützung, da kann der WEISSE RING mit Erstberatungsschecks helfen. Doch zeitnah nach einem Terroranschlag lindern solche Schecks keine Not, wenn der Täter zuerst auf der Flucht ist und wenig später von der Polizei erschossen wird. Der Familie eines toten Terroropfers hilft es auch nichts, wenn der Verein zerstörte Kleidung und Schuhe ersetzt. Aber sie braucht vielleicht Reisekosten. Heilbehandlungen müssen finanziert werden, Finanzengpässe aufgefangen. Jemand muss die Koordination der verschiedenen angebotenen Hilfen aus unterschiedlichen Quellen übernehmen. Und das geschieht nun in Berlin: Für die Weihnachtstage werden Sonderschichten im Landesbüro des WEISSEN RINGS eingeteilt.

Nur, so die weiterführenden Überlegungen in der Opferschutzorganisation: Was wäre, wenn so etwas woanders passiert wäre? In einer Kleinstadt zum Beispiel, wo es nicht so viele Mitarbeiter gibt und kein großes Landesbüro? Müssen wir nicht damit rechnen, dass so etwas wieder geschieht? Auf jeden Fall müssen wir vorbereitet sein. Wir brauchen Leitlinien, wir brauchen ein Ausbildungsprogramm, wir brauchen ein Netz von Koordinatoren für solche Ereignisse.

Seit dem Anschlag auf den Berliner Weihnachtsmarkt musste der WEISSE RING die neu geschaffenen Leitlinien für Großereignisse bislang fünf Mal anwenden:

Am 7. April 2018 lenkt ein Mann in Münster, Westfalen, einen Kleinbus in eine Gruppe Menschen; vier Menschen sterben, mehr als 20 werden verletzt.

Am 9. Oktober 2019 die Tat von Halle.

Am 19. Februar 2020 erschießt ein Mann in Hanau, Hessen, neun Menschen mit Migrationshintergrund in und vor Shisha-Bars. Anschließend tötet er in seinem Elternhaus zuerst seine Mutter und dann sich selbst.

Am 24. Februar 2020 fährt ein Mann in Volkmarsen, Hessen, mit seinem Auto in eine Zuschauergruppe beim Rosenmontag. Mehr als 150 Menschen werden verletzt.

Zuletzt die Amokfahrt am 1. Dezember 2020 in Trier, Rheinland-Pfalz: Ein Mann tötet mit seinem Wagen fünf Menschen, 24 weitere verletzt er.

All diese Taten kommen für die Opfer aus dem Nichts. Mit dramatischen Folgen.

Maria Wagner-Monsees aus dem Team Medizin/Psychologie des WEISSEN RINGS beschreibt die Folgen so: Gewalt, die ein Mensch erfährt, ist ein einschneidendes Erlebnis von Ohnmacht. Das Gefühl des völligen Ausgeliefertseins löst im Gehirn eine Schutzreaktion aus, der Mensch nimmt die Umgebung und sich selbst verändert wahr. Die Orientierung im Hier und Jetzt geht unter dem starken Stress der traumatischen Erfahrung vorübergehend oder dauerhaft verloren. Er erlebt sich als „eingefroren".

Dies führt dazu, dass das bedrohliche Ereignis nicht als Ganzes im Gedächtnis gespeichert wird, sondern in einzelnen Bruchstücken. Für einige Stunden können sich die Betroffenen oft in einer Art Schockzustand befinden. Darauf kann für vier Tage oder bis zu vier Wochen eine akute Belastungsphase folgen, mit starken Gefühlen von Hoffnungslosigkeit und einem anhaltenden Gefühl der Ohnmacht. Danach beginnt die Verarbeitung.

Das Erlebte wird nach und nach in Form von Ereignisfragmenten in die eigene Lebensgeschichte eingebaut. Die Verarbeitungsmöglichkeiten sind dabei von Mensch zu Mensch sehr unterschiedlich, das gilt auch für die benötigte Zeit. Letztlich geht es darum, verloren gegangene Sicherheit zurückzugewinnen. Und sich von der Angst zu befreien. Um die Angst zu kontrollieren, können Menschen versuchen, Situationen zu vermeiden, die der traumatischen ähnlich sind. Eine andere Form des Vermeidungsverhaltens ist das vollständige oder teilweise Vergessen des Erlebten. Schlafstörungen sind nicht selten, weil die Person sich in einem ständigen Erregungszustand der Wachsamkeit befindet, was auch Konzentrationsprobleme zur Folge hat. Oder im Traum tauchen immer wieder Bilder des Erlebten auf. Diese Wiederholungsträume sind Versuche des Gehirns, das Geschehene zu verarbeiten.

In den ersten Monaten nach dem traumatischen Ereignis sind das alles normale Reaktionen auf das „unnormale" traumatisierende Ereignis. Gelingt die Verarbeitung nicht, kann sich eine posttraumatische Belastungsstörung entwickeln. Nach einem einmaligen traumatischen Erlebnis entwickeln etwa 25 Prozent der Betroffenen eine solche Störung, die nach sechs Monaten noch anhält.

All das macht Gewalt mit Menschen. Insbesondere dann, wenn sie sich zuvor daran gewöhnt hatten, dass Gewalt in ihrem Leben keine Rolle spielt. So ist es auch in Halle. Nach dem Anschlag verändert sich die Stadt. In den Tagen danach ist das am ehesten zu spüren: Menschen rücken näher zusammen, sprechen oder schweigen gemeinsam. Spenden, die in der Stadt gesammelt werden, gehen an die Opferhilfeorganisation und werden weitergereicht. Rund 31.000 Euro. Ein Ehepaar, niedergeschossen vom Täter, wird vor Gericht aussagen, dass die einzige Institution, die die ganze Zeit an ihrer Seite war, nicht der Staat war. Sondern der WEISSE RING.

Die Tat ist Vergangenheit, ein Urteil wurde gefällt. Von den Verletzten, den Geschockten, den Traumatisierten wird heute nur noch wenig gesprochen. Von der Hilfe, die sie brauchten und brauchen werden, noch weniger. Wenn von Halle oder Hanau gesprochen wird, von Volkmarsen oder dem Breitscheidplatz, dann sind die Täter im Fokus. Das ist im ersten Moment nachvollziehbar, weil die Justiz den Täter in den Mittelpunkt stellt: Warum hat er das getan, wie konnte er so werden, was waren seine Motive? Doch die Menschen, die attackiert wurden, müssen mit den Folgen der Taten, für die sie nichts konnten, ein Leben lang klarkommen. Ein Leben kann sehr lang sein. Die Opfer bekommen lebenslänglich.

Inzwischen spaltet sich die Gesellschaft immer weiter auf, zersplittert in den Echokammern des Internets, in denen Grautöne Mangelware sind, wo es heißt: „die" gegen „uns". Um sich heute zu radikalisieren, muss man gar nicht mehr vor die Tür gehen und Kontakte suchen. Es reicht, wie im Fall von Halle, ein Internetanschluss. So hat Maja Metzger die Taten gar nicht mit eigenen Augen gesehen. Dennoch wird sie später Augenzeugin werden, denn der Täter hat seine Taten gefilmt und live ins Netz gestellt. Dieses Video wird Metzger kommentarlos auf WhatsApp zugeschickt, fünf, sechs Mal kommt das bei ihr an. Wie oft es wohl andere bekommen haben?

Das Internet, sagt die Politikerin Dorothee Bär von der CSU, ist erst einmal nur ein Werkzeug. Wie zum Beispiel ein Messer zum Brotschneiden. Was Menschen damit machen, ist dann wieder eine andere Frage. Doch Hass und Hetze im Netz haben nicht nur Konjunktur, weil Menschen schlecht oder gut sind. Gerüchte, Desinformation und andere Inhalte, die besonders starke Emotionen wie Wut oder Angst auslösen, sind der Renner in den sozialen Medien oder auf der Videoplattform YouTube, weil sie Menschen dazu bringen, mit ihnen zu interagieren. So befördert die Videoplattform zum Beispiel polarisierende Prozesse, weil sie besonders extreme Inhalte bevorzugt präsentiert. Die extreme Rechte profitiert davon besonders, weil sie dem Algorithmus zuverlässig liefern kann, was er braucht: Zuspitzung, Wut. Menschen, die gegeneinander kämpfen.

YouTube ist keine Ausnahme – und nicht der alleinige Schuldige. Gerade rechte Propaganda und Verschwörungserzählungen verbreiten sich häufig in „Informations-Ökosystemen": Ein YouTube-Video wird in einer Facebook-Gruppe geteilt, gelangt von dort in einen Telegram-Chat und so weiter. Die „Infodemie" – die massive Verbreitung von Desinformation in Zeiten der Pandemie zum Beispiel – macht nur etwas deutlich, was wir schon zuvor hätten wissen können: Social-Media-Plattformen machen uns selten schlauer, machen nicht bessere Diskussionsteilnehmerinnen aus uns. Sie zielen einfach auf die größtmögliche Reichweite – und sorgen für Menschen, die sich radikalisieren. Wenn Taten wie in Hanau oder Halle die Spitze eines Eisbergs sind, liegen darunter Tonnen von Drohmails, Vernichtungsfantasien und Einzelattacken, die es nicht prominent in die Medien schaffen. Aber jede Attacke hat ein Opfer.

Wer sich gegen Hass und Hetze stellt, betreibt aktiven Opferschutz. Er oder sie beschützt Menschen – und gleichzeitig auch die Demokratie, die nach wie vor beste, sicherste und freieste Staatsform, die wir je hatten. Ein wesentlicher Grund dafür, dass der WEISSE RING „Hass und Hetze" zu seinem Jahresthema 2021 gemacht hat und in diesem Projekt hier mit dem Recherchezentrum CORRECTIV kooperiert.

Hass und Hetze sind ein Gift, das unsere Demokratie schleichend zu zersetzen droht. Und das jedes Opfer schädigt. Im WEISSEN RING arbeiten rund 3.000 ehrenamtliche Opferhelferinnen und -helfer in knapp 400 Außenstellen bundesweit. Diese Helfer sind geschult, haben vielleicht auch schon das Seminar für Großereignisse besucht. In allen Außenstellen liegen entsprechende Pläne bereit – dass wir sie in Zukunft brauchen werden, daran besteht im WEISSEN RING kaum ein Zweifel.

Todesopfer

in Deutschland
1990 bis 2020 durch …

rechte Gewalt*   linke Gewalt

|||| |||| |||| |||| |||| |||| |||| |||| |||| ||||
|||| |||| |||| |||| |||| |||| |||| |||| ||||
|||| |||| |||| |||| |||| |||| |||| |||| |||| **4**
|||| |||| |||| |||| |||| |||| |||| |||| ||||
|||| |||| |||| |||| |||| |||| |||| || **187**

*mindestens, die Amadeu Antonio-Stiftung nimmt 213 Opfer oder mehr an
Quellen: Bundesregierung, ZEIT, Tagesspiegel

Erschreckende Ungewissheiten: Was rechter Terror erreichen will

von Sebastian Leber

Die Gruppe, die sich „Revolution Chemnitz" nannte, plante eine neue Dimension des Terrors. Gegen sie sollte der Nationalsozialistische Untergrund wirken wie eine „Kindergartenvorschulgruppe", hoffte der Rädelsführer. Gezielt sollten Menschen getötet werden. Mit dabei war zum Beispiel Tom W., ein bekannter Neonazi-Schläger, der mit anderen „Heil Hitler" und „White Power" brüllend und alkoholisiert nachts durch die Straßen zog. Oder Christian K., der blutige Angriffe am Tag der Deutschen Einheit plante. Sechs Anschläge auf sechs Moscheen, dazu Morde an Politikern und Asylsuchenden. Die Taten sollten im Herbst 2018 einen Systemwechsel erzwingen.

Ermittler nahmen alle Verdächtigen fest, bevor diese losschlagen konnten. Die acht Mitglieder der Revolution Chemnitz wurden zu Haftstrafen zwischen zwei Jahren und drei Monaten und fünfeinhalb Jahren verurteilt.

Ein ähnlicher Prozess begann im April 2021 in Stuttgart vor dem Oberlandesgericht gegen den Rechtsterroristen „Teutonico" und die übrigen Mitglieder der sogenannten „Gruppe S.". Laut Anklage wollte Teutonico eine „Untergrundarmee" aufbauen und hatte dafür neben Schusswaffen auch diverse Schwerter gehortet. Das mag verschroben klingen, folgt aber der gleichen Logik wie das Vorgehen von Revolution Chemnitz.

Rechter Terror soll den konkreten Adressaten schaden, sie am besten vernichten. Er soll weitere politische Gegner einschüchtern. Ihnen bedeuten, sie könnten die nächsten Opfer sein.

Rechter Terror soll ein Signal in die eigene Szene sein. Im Erfolgsfall soll eine Tat Blaupause sein für künftige Straftaten Gleichgesinnter. Die Männer der „Gruppe S." träumten etwa davon, durch ihre Anschläge Hunderte, wenn nicht Tausende Rechtsextreme zu ähnlichen Aktionen zu inspirieren.

Und schließlich soll rechter Terror Racheakte durch Migranten provozieren, was dann wiederum die Mehrheitsgesellschaft aufstacheln soll. Auf diese Weise hoffen die Terroristen einen Bürgerkrieg oder zumindest ein so großes Chaos auszulösen, dass letztlich der „Tag X" ermöglicht wird – der Moment des gewaltsamen Umsturzes, an dem die verhasste Demokratie abgeschafft wird.

Je mehr Angriffe es von Vereinigungen wie der Revolution Chemnitz oder der Gruppe S. gibt, umso besser aus Sicht der Terroristen.

Den Sicherheitsbehörden sind aktuell rund 13.000 gewaltorientierte Rechtsextremisten bekannt. Rund 480 Rechtsextremisten leben im Untergrund. Das heißt, sie werden mit Haftbefehl gesucht, bislang vergeblich. Viele von ihnen sind verschwunden, weil sie wegen einer Straftat vor Gericht zu einer Haftstrafe verurteilt wurden, dann aber die Zeit bis zum vorgesehenen Haftantritt nutzten, um unterzutauchen. Wie viele von ihnen politisch, vielleicht sogar terroristisch aktiv sind, bleibt unklar. Sicher ist allerdings: Die Zahl der untergetauchten Rechtsextremisten hat sich in den vergangenen sieben Jahren verdoppelt.

Die meisten von ihnen dürften bewaffnet sein. In Deutschland befinden sich inzwischen mehr als 10.000 Schusswaffen im Umlauf, die entweder als gestohlen oder als verloren gemeldet wurden. Viele weitere wurden und werden unbemerkt aus dem Ausland eingeführt. Im Dezember 2020 stellten österreichische Ermittler Kriegswaffen sicher, die für deutsche Neonazis bestimmt waren. Darunter mehr als 70 halb- oder vollautomatische Waffen, Kalaschnikows und Uzis, aber auch Sprengstoff. Der Hauptverdächtige gab zu, man habe eine Miliz aufbauen wollen.

Um das Ausmaß der Bedrohung zu begreifen, muss man auch jene im Blick haben, die den Terror mittelbar ermöglichen oder fördern. Der Bielefelder Soziologe Wilhelm Heitmeyer hat dazu ein anschauliches Modell entwickelt, er nennt es „konzentrisches Eskalationskontinuum". Das Modell sieht aus wie der Querschnitt einer Zwiebel. In dessen Kern finden sich die tatsächlichen Vernichtungstaten durch einzelne Täter oder Gruppen, in den Schalen drum herum die Milieus, die diesen Verbrechen erst ihre Legitimation verleihen: die rechtsextremen Systemfeinde, die Rassisten und Antidemokraten, die Nationalradikalen der AfD. Heitmeyer sagt: Jene, die öffentlich von „Umvolkung", „großem Austausch" oder „Untergang des deutschen Volkes" schwadronieren, tragen letztlich Verantwortung dafür, dass Gewalttäter sich als Opfer und im Widerstandsrecht wähnen. Das gesamte rechte Spektrum sei „in die Offensive gegangen" – erhöhte Terrorfähigkeit die Konsequenz. „Ich fürchte, dass Teile der Politik immer noch nicht begriffen haben, wie gefährlich die Situation inzwischen ist", warnt der Soziologe.

Hinzu kommt ein weiterer erschreckender Gedanke. 13 Jahre lang konnte der NSU ungestört operieren, ehe er sich selbst enttarnte. Wie groß ist die Wahrscheinlichkeit, dass seitdem eine Terrorgruppe weiter unerkannt mordet? Wir wissen schließlich, dass sich viele Gruppen den NSU zum Vorbild nahmen.

Ist es nicht wahrscheinlich, dass neue, noch geschicktere Täter aktiv wurden – vor dem Hintergrund eines massiven Rechtsrucks, angesichts von Pegida, von Hetzjagden in Chemnitz, von Hassorgien auf Telegram und den Anschlägen von Halle und Hanau? Kurz: Ist der NSU tatsächlich beispiellos oder ist es lediglich sein Auffliegen?

Diese Fragen drängen sich auf.

Gleichzeitig befeuern sie ungewollt das, was der Terror erreichen möchte. Weil bereits die Möglichkeit einer operierenden Terrorzelle Schrecken verbreitet.

Zwischen Gedenken und Gefahr: Günter Morsch und der Kampf gegen den Rechtsextremismus

von Okan Bellikli

Günter Morsch ist 68 Jahre alt, aber er sieht jünger aus. Er hat eine kräftige Statur, Vollbart, Hornbrille und über dem Bauch spannt etwas das Jackett. Der Historiker hat die Gedenkstätte und Museum Sachsenhausen geleitet. Nun ist er in Rente und könnte seinen Ruhestand genießen, doch da ist noch etwas.

Günter Morsch stand auf einer der Listen des NSU, auf denen die Terroristen um Beate Zschäpe aufgeschrieben hatten, wer in ihr Zielraster passte, wen sie töten wollten oder zumindest ins Auge gefasst hatten: Türken, sozial engagierte Menschen – und eben Günter Morsch.

Bis zur E-Mail aus dem Reporterteam von CORRECTIV hat niemand mit ihm darüber geredet, dass er ein mögliches Opfer der Rechtsterroristen war. Günter Morsch wusste nichts. Niemand hat ihm Bescheid gesagt, mit ihm geredet. Und das beschäftigt ihn.

„Angesichts der guten Zusammenarbeit mit der Polizei in meiner Zeit als Gedenkstättenleiter und Stiftungsdirektor war ich wirklich enttäuscht", sagt Morsch. Das tut weh. Die guten Kontakte zu den Behörden waren ein wichtiger Bestandteil seiner Arbeit, sagt Historiker Morsch. Immer wieder war Rechtsextremismus sein Thema. Von 1993 bis 2018 leitete er die „Gedenkstätte und Museum Sachsenhausen" in Brandenburg. Jährlich kommen rund 700.000 Menschen hierher. Ab 1997 war Morsch als Direktor der Stiftung Brandenburgische Gedenkstätten (SBG) zusätzlich für vier weitere Orte verantwortlich.

Ursprünglich kommt Morsch aus dem Saarland, das hört man heute noch. Er kam sieben Jahre nach Kriegsende auf die Welt. „Wir sind in der Auseinandersetzung mit der nationalsozialistischen Vergangenheit groß geworden, das prägte meine Jugend stark", sagt Morsch. In seiner Gemeinde lebten damals rund 2.000 Leute, zu verstecken gab es da nicht viel: „Anders als in einer Großstadt sind in einem überschaubaren Dorf, in dem jeder jeden kennt, die Anhänger und Träger der NS-Bewegung und des NS-Staates auch viele Jahre später noch namentlich bekannt." Es war selbstverständlich, dass der Bürgermeister früher bei der NSDAP war und die lokalen Eliten bei SA, SS und anderen Organisationen, sagt Morsch. Die meisten hätten sich damit arrangiert, eine Auseinandersetzung damit sei immer eine Sache von Minderheiten gewesen. „Von daher war man immer das, was man bis heute Nestbeschmutzer nennt." Der Streit um die NS-Vergangenheit sei deshalb leider nicht immer nur mündlich, sondern „vereinzelt auch physisch" ausgetragen worden.

Später studierte er in Berlin, arbeitete an historischen Ausstellungen mit und war Referent für Erwachsenenbildung. Dann verbrachte er fünf Jahre am Industriemuseum im nordrhein-westfälischen Oberhausen. Als Historiker und Ausstellungsmacher, der sich viel mit dem Nationalsozialismus beschäftigt hatte, kam er schließlich zum früheren „Konzentrationslager bei der Reichshauptstadt", wie Sachsenhausen zur NS-Zeit genannt wurde.

Morsch betont immer wieder, wie hervorragend in seinen Augen seine Kooperation als Gedenkstättenleiter nicht nur mit Politik und Landeskriminalamt (LKA), sondern auch mit dem Verfassungsschutz lief. Und das, obwohl gerade das Landesamt in Brandenburg im Zusammenhang mit dem NSU besonders in der Kritik steht, da es die Festnahme von Beate Zschäpe, Uwe Mundlos und Uwe Böhnhardt behindert haben soll. Als die Thüringer Polizei die drei 1998 per Haftbefehl suchte, verweigerten ihr die brandenburgischen Verfassungsschützer Informationen zu einem V-Mann aus dem NSU-Umfeld, der die Ermittler zum Aufenthaltsort des Trios hätte führen können.

Als Morsch von dem Eintrag mit seinem Namen erfuhr, schrieb er einen Brief an den Innenminister von Brandenburg, Michael Stübgen (CDU). Ein persönlicher Referent antwortete innerhalb weniger Tage, kurz darauf auch jemand von der Polizei: Wir kümmern uns, hieß es. Einige Wochen später wollen zwei Beamte vom Bundeskriminalamt (BKA) aus Meckenheim in Nordrhein-Westfalen anreisen, um mit ihm in der Polizeihochschule in Oranienburg zu sprechen. Es sind einige Wochen des Wartens, des Nachdenkens.

Schon einmal war Morsch auf einer Feindesliste, Anfang der Nullerjahre bei „Altermedia": ein internationales Neonazi-Portal, das 2016 verboten wurde. „Wenn der Name ‚Morsch' fällt, geht das Messer in der Tasche auf", hieß es dort über ihn. Auch über diesen Eintrag wurde Morsch nie informiert, er entdeckte ihn selbst. Weil er wusste, dass er für Rechtsextreme eine exponierte Figur war, suchte er früher systematisch nach seinem Namen im Internet. Angst hatte er nie, sagt er, auch besondere Sicherheitsvorkehrungen traf er nicht: Kein Name auf dem Klingelschild, keine Nummer im Telefonbuch – das war's.

Günter Morsch hat viel erlebt in seinen mehr als 25 Jahren als Leiter der Gedenkstätte im 1936 errichteten Sachsenhausen. SS-Chef Heinrich Himmler nannte es ein „vollkommen neues, jederzeit erweiterungsfähiges, modernes und neuzeitliches Konzentrationslager". Mehr als 20.000 Menschen kamen dort bis Kriegsende ums Leben. Von 1945 bis 1950 diente es dann als sowjetisches Speziallager. Dort waren rund 60.000 Menschen inhaftiert, vor allem „untere und mittlere NS-Funktionäre". Circa 12.000 von ihnen starben in den fünf Jahren, vor allem an Hunger und Krankheiten, Anfang der 90er wurden Massengräber entdeckt. An den Gräbern der Häftlinge kam es später zu Veranstaltungen mit Hakenkreuzen und Hitlergrüßen. Neonazis versuchten, Lager und Opfer für nationalsozialistische Propaganda zu instrumentalisieren. Seitens der Opferverbände gab es kaum Widerstand, erzählt Morsch. Im Gegenteil, sie hätten die Totenzahlen übertrieben, wissenschaftliche Erkenntnisse über die Geschichte des Speziallagers bestritten und manche Personen aus dem Vorstand von Verbänden hätten sogar die Existenz von Gaskammern in Zweifel gezogen. Er vermutet, dass es diese permanente Auseinandersetzung um die Geschichte war, die ihn zur Zielscheibe von Rechtsextremen machte.

„Wir haben vor allem in den 90er Jahren in der Stadt und in den Gedenkstätten Brandenburgs fast die gesamte Palette an rechtsextremen, rassistischen und antisemitischen Aktivitäten erfahren müssen", sagt er. Im Herbst 1992 zündeten zwei Neonazis eine Baracke an, in der früher Juden inhaftiert waren. Praktisch genau zehn Jahre nach der Tat fand ein weiterer Brandanschlag statt, diesmal auf die KZ-Gedenkstätte im Belower Wald, für die Morsch ebenfalls verantwortlich war. Auf eine Erinnerungsstele sprühten die Täter SS-Runen und ein Hakenkreuz, daneben schrieben sie: „Juden haben kurze Beine." Auch andere Gedenktafeln in Brandenburg wurden immer wieder beschädigt. Insgesamt seien die Angriffe seit Ende der 90er Jahre aber deutlich zurückgegangen, sagt Morsch. Zwei Aspekte seien damals entscheidend gewesen und auch heute noch wichtig beim Kampf gegen Rechtsextremismus: die Herausbildung einer „Bürgergesellschaft", die sich deutlich positioniert – und eine entschiedene Politik des Staates.

Als Morsch in Oranienburg anfing, war die Stadt ein Neonazi-Hotspot. So steht es im Bericht des Verfassungsschutzes. Bürgermeister hätten das Problem anfangs nicht wahrhaben wollen. Das änderte sich irgendwann: „Entscheidend war, dass die Menschen anerkannten, dass die Neonazis zum Teil ihre eigenen Kinder sind und dass es sich um ein strukturelles Problem handelt, das man nicht einfach irgendwohin abschieben kann." Auch Polizei und Justiz seien entschieden gegen Rechtsextremismus vorgegangen. Zum Ende seiner Amtszeit hin habe es dann keine nennenswerten Skandale mehr gegeben – mit Ausnahme einer Besuchergruppe, die 2018 auf Einladung von AfD-Bundestagsfraktionschefin Alice Weidel in der Region war. Sie wurden wegen Störungen der Gedenkstätte verwiesen, ein Mann zweifelte die Existenz von Gaskammern an und wurde später zu einer Geldstrafe von 4.000 Euro wegen Volksverhetzung und Störung der Totenruhe verurteilt.

Heute sei für ihn das Beunruhigendste, wenn der Staat von Rechtsextremen durchsetzt werde. „Jeder Vorfall, der belegt, dass der Staat und die Gesellschaft auf dem rechten Auge schwächer sehen oder blind sind, ist eine ernsthafte Bedrohung für die Demokratie", sagt Morsch hinsichtlich der aktuellen Entwicklungen in der Bundeswehr, der Polizei und der Justiz. Rechtsextremismus und Rechtsterrorismus würden unterschätzt. „Es erbost mich immer wieder, wenn ich zu sehen glaube, dass es offensichtlich erst durch den Mord an einem bedeutenden Politiker ein wirkliches Umdenken in maßgeblichen Teilen unseres Staates und der Gesellschaft gegeben hat", sagt Morsch. Er macht sich Sorgen, ist aber auch Optimist: „Ich vertraue den Regeln der Demokratie und des Rechtsstaates und darauf, dass die Instrumente, die wir zur Verfügung haben, wenn wir sie denn auch nutzen und ausschöpfen, zu einem positiven Ergebnis letztlich führen."

Morsch befürwortet eine Weiterbildungspflicht für Bedienstete in öffentlichen Stellen, etwa Polizei, Justiz, Bundeswehr. Wer in den höheren

Dienst der Polizei in Brandenburg will, beschäftigt sich in der Regel mit der Geschichte der Polizei im NS-Staat – in Kooperation mit der Gedenkstätte. Das Projekt sei damals ein Pionierprojekt gewesen, heute werde Ähnliches in mehreren Bundesländern gemacht. „Solange unsere Gesellschaft mit Minderheiten so umgeht, wie sie es tut, so lange bleibt auch die Geschichte des Nationalsozialismus aktuell", sagt Morsch. Als Lehrbeauftragter zu NS-Themen an der Freien Universität in Berlin leistet er auch in der Rente noch immer seinen Beitrag dazu.

Kurze Zeit später treffen sich die beiden angekündigten BKA-Beamten mit Morsch, um über seinen Namen auf der Feindesliste zu sprechen. Zwei LKA-Beamte sind bei dem Gespräch in der Polizeihochschule Oranienburg ebenfalls dabei.

„Ich habe das Treffen als sehr nützlich und aufschlussreich empfunden und bin nun doch einigermaßen beruhigt", sagt Morsch. Die Beamten hätten für ihn überzeugend dargelegt, dass die aus verschiedenen Dokumenten bestehende Sammlung von Namen noch keine „Todesliste" darstelle, wie das häufig berichtet worden sei. Die Beamten hielten eine Weiterverwendung der vom NSU angelegten Datensammlungen in der rechtsextremen Szene für höchst unwahrscheinlich. Morsch zufolge sagten die Behördenvertreter zudem, das Kreuz hinter seinem Namen habe keine Hervorhebung bedeutet, „sondern eher im Gegenteil". Schließlich habe der NSU sich entschieden, in erster Linie Migranten zu töten, daher sei die handschriftliche Notierung seines Namens, mutmaßlich durch Uwe Böhnhardt, ohne Konsequenzen geblieben, ein Anschlag nicht ernsthaft erwogen worden.

Über die Vergangenheit Bescheid zu wissen, sei heute noch hilfreich, sagt Morsch. Aber man dürfe sie auch nicht als Topfdeckel nehmen, in den man die Gegenwart hineinpresse. Morsch formuliert es so: „Wer die Geschichte nur als ein Instrument von aktueller Politik begreift und nicht nach historischen Ursachen und Zusammenhängen fragt, der kommt erst gar nicht darauf, bestimmte Fragen an die Gegenwart zu stellen."

Ayse Yozgat: „Für mich ist jeder Tag 6. April"

Interview: Matthias Lohr und Florian Hagemann

Am 6. April 2006 kommt Ismail Yozgat wenige Minuten zu spät, um seinen Sohn noch einmal lebend zu sehen. Der Deutschtürke aus Kassel wollte Halit in dessen Internetcafé in der Holländischen Straße ablösen, damit der es noch rechtzeitig in die Abendschule schafft. Doch Ismail Yozgat, der einen Tag später Geburtstag hat, braucht etwas länger. Mit seiner Frau wollte er in der Stadt einen Werkzeugkasten kaufen. Als er in der Holländischen Straße 82 eintrifft, sieht er seinen blutenden Sohn auf dem Boden liegen, erschossen von den Rechtsterroristen des selbst ernannten Nationalsozialistischen Untergrunds (NSU).

Der 21-Jährige ist das neunte Opfer von Uwe Mundlos, Uwe Böhnhardt und Beate Zschäpe.

Seine Eltern kämpfen immer noch dafür, dass der Mord lückenlos aufgeklärt wird – „damit in Deutschland alle Menschen in Frieden leben können", wie sie sagen. Ein Gespräch mit Ismail und Ayse Yozgat.

Herr Yozgat, es ist ein trauriger Anlass, weswegen wir uns treffen. Trotzdem erst einmal herzlichen Glückwunsch. Sie sind am Mittwoch 66 Jahre alt geworden.

Ismail Yozgat: Vielen Dank.

Nach dem Mord an Ihrem Sohn haben Sie gesagt, dass Sie Ihren Geburtstag nie mehr feiern wollen. Haben Sie auch am Mittwoch nicht gefeiert?

Ismail Yozgat: Zum ersten Mal haben wir doch wieder ein bisschen gefeiert.

Ayse Yozgat: In den vergangenen Jahren haben wir tatsächlich nie gefeiert. Aber nach 15 Jahren war es diesmal etwas anders, weil sich unsere sieben Enkelkinder das gewünscht haben. Sie haben gesagt: „Opa, wir wollen ein bisschen feiern."

Ihr Sohn ist einen Tag vor Ihrem 51. Geburtstag erschossen worden. Am Dienstag fand hier auf dem Halitplatz noch eine Gedenkveranstaltung statt. Wie geht es Ihnen in diesen Tagen?

Ismail Yozgat: Das sind ganz besonders schmerzhafte Tage.

Ayse Yozgat: Für mich ist jeder Tag 6. April. Ich denke jeden Tag an unseren Sohn. Wenn ich etwas esse, denke ich: Das hat ihm auch geschmeckt. Seine Abwesenheit spüre ich jeden Tag. Es macht keinen Unterschied, ob es der 6. April ist oder ein anderer Tag.

Ismail Yozgat: Halit wäre jetzt 36 Jahre alt. Wenn ich draußen Männer sehe, die ungefähr in seinem Alter sind, dann denke ich an Halit und was wohl aus ihm geworden wäre. Viele seiner Freunde von damals heiraten jetzt. Wir sind dann auch eingeladen, aber wir gehen nicht auf die Feiern, weil wir dann immer an Halit denken und uns sagen: Er würde jetzt auch heiraten, wenn er noch am Leben wäre. Ich weiß bis heute nicht, warum uns die Leute das angetan haben.

Wie wichtig ist so eine Gedenkfeier wie jene am Dienstag am Halitplatz für Sie?

Ismail Yozgat: Das ist sehr wichtig. Wir möchten uns von Herzen bei der Stadt Kassel, Oberbürgermeister Christian Geselle, der Presse und den Menschen, die uns nicht alleine lassen, herzlich bedanken. Bei solchen Gedenktagen kommen viele Menschen. Das unterstützt uns und zeigt, dass wir mit unserem Schmerz nicht allein sind. Wir wünschen uns von Herzen, dass keine Familie solch etwas Schmerzhaftes erleben muss.

Ayse Yozgat: Wir werden immer als Ausländer betrachtet, aber unser Sohn war deutscher Staatsangehöriger. Wir leben seit vielen Jahren hier, und wir fühlen uns heimisch. Deshalb verstehe ich nicht, dass wir immer als Ausländer angesehen werden. Seit 42 Jahren sind wir hier.

Bekommen Sie auch Hass zu spüren?

Ismail Yozgat: Nein, wir fühlen uns wohl hier.

Kassel ist unsere zweite Heimat geworden. Und für unsere Kinder ist es die erste Heimat.

Haben Sie jemals daran gedacht, wieder zurück in die Türkei zu gehen?

Ismail Yozgat: Nein, unsere Kinder, unsere Enkel leben hier. Und wir haben länger in Deutschland gelebt als in der Türkei.

Sie haben im Münchner NSU-Prozess ausgesagt, Sie waren im NSU-Untersuchungsausschuss des Hessischen Landtags. Es gibt immer noch offene Fragen, die womöglich im Untersuchungsausschuss rund um den Mord am Kasseler Regierungspräsidenten Walter Lübcke zur Sprache kommen. Wie groß ist Ihre Hoffnung, dass Sie irgendwann die ganze Wahrheit erfahren werden?

Ismail Yozgat: Die Wahrheit ist hier vor Ort. Und es muss hier vor Ort festgestellt werden, was genau geschehen ist. Bisher hat die Aufarbeitung nur sehr oberflächlich stattgefunden. Damit sind wir nicht zufrieden. Das betrifft vor allem die Rolle des Verfassungsschützers Andreas Temme. Er war Stammgast im Internetcafé meines Sohnes. Wir würden uns wünschen, dass ein Richter, Herr Temme und wir am Tatort zu einer Rekonstruktion zusammenkommen und dass eine Untersuchung an Ort und Stelle stattfindet. Danach kann der Richter entscheiden, was die Wahrheit ist. Die Aussagen, die Herr Temme vor Gericht gemacht hat, haben unserer Meinung nach nichts mit der Wahrheit zu tun. Wir sind nach wie vor erstaunt, dass das Gericht hier so oberflächlich vorgegangen ist.

Haben Sie jemals mit Herrn Temme selbst gesprochen?

Ismail Yozgat: Nein, ich habe ihn bisher nur gesehen, nicht gesprochen.

Es gab in alle den Jahren zahlreiche Ermittlungspannen. Vertrauen Sie den deutschen Behörden noch?

Ismail Yozgat: Was das Gericht in München und den NSU-Prozess anbelangt, habe ich das Vertrauen verloren. Aber ich vertraue den Behörden hier in Kassel, etwa der Polizei.

Ayse Yozgat: Unmittelbar nach dem Mord hat uns die Polizei sehr harte Fragen gestellt. Wir waren sehr traurig darüber, obwohl wir versucht haben, die Wahrheit zu sagen. Die Beamten haben immer versucht, einen Hintergrund zu konstruieren, den es nicht gab. Wir haben uns sechs Jahre nicht auf die Straße getraut, weil die Menschen dachten, unser Sohn habe etwas mit der Mafia zu tun oder mit Drogengeschäften. Wir wollten nicht mit diesen Fragen konfrontiert werden. Sechs Jahre waren wir fast nur zu Hause. Erst als die Wahrheit ans Licht kam, hat der Druck nachgelassen. Mir tut es sehr weh, dass die Gerichtsmappe jetzt geschlossen ist. Der Rechtsradikalismus ist nicht nur für Migranten bedrohlich, sondern auch für Deutsche. Deshalb verlangen wir, dass alles lückenlos aufgeklärt wird, damit in Deutschland alle Menschen in Frieden leben können.

Frau Yozgat, im NSU-Prozess haben Sie zu Beate Zschäpe gesagt: „Denken Sie bitte immer an mich, wenn Sie sich ins Bett legen. Denken Sie daran, dass ich nicht schlafen kann." Hat sie sich je bei Ihnen gemeldet?

Ayse Yozgat: Nein, ich habe ihr auch gesagt: „Ich verzeihe dir alles." Danach hat sie ihre Anwälte gewechselt. Sie hat sich nie gemeldet.

Wir stehen hier am Halitplatz, Sie haben immer wieder gefordert, die Holländische Straße, die hier vorbeiführt, nach Ihrem Sohn zu benennen. Besteht diese Forderung noch?

Ismail Yozgat: Solange ich lebe, werde ich diese Forderung aufrechterhalten. Ich weiß nicht, ob ich es noch erleben werde. Aber man soll immer an das Unmögliche glauben.

Ayse und Ismail Yozgat leben in Kassel. Sie stammen aus der türkischen Provinz Yozgat in Zentralanatolien. Vor 42 Jahren zogen sie nach Deutschland, wo Ismail Yozgat im Baunataler VW-Werk arbeitete. Neben ihrem Sohn Halit, der nur 21 Jahre alt wurde, hat das Paar vier Töchter und sieben Enkelkinder. Wir sprachen mit ihnen zwei Tage nach dem 6. April 2021, an dem sich Halit Yozgats Tod zum 15. Mal jährte.

187 Todesopfer durch rechte Gewalt

1990–2020 in Deutschland

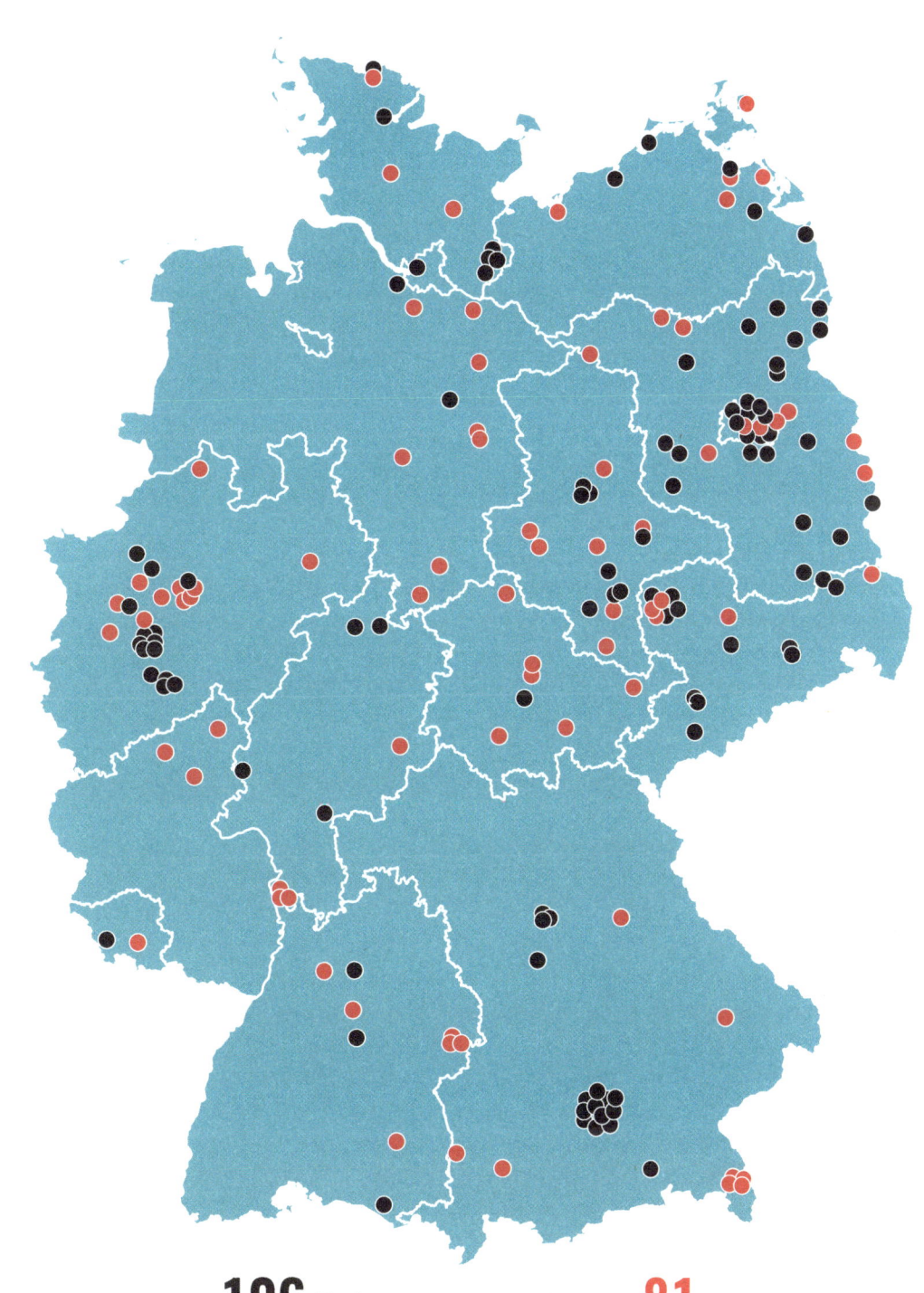

106 Todesopfer von Bundesregierung als rechtsmotiviert anerkannt

mindestens **81 weitere** von Behörden nicht als rechtsmotiviert anerkannt

Quellen: Tagesspiegel, ZEIT

CORRECTIV

Von den Lücken bei der Erfassung rechter Gewalttaten

von Anna Neifer

In Schweinfurt wird Fasching gefeiert. Es ist Dienstag, als ein junger Algerier durch einen Messerstich in den Herzmuskel lebensgefährlich verletzt wird. Bei dem 27-jährigen Täter werden Gegenstände gefunden, die als „rechtsextreme Propaganda" eingestuft werden. Außerdem Kleidung, die der rechten Szene zugeordnet werden kann.

Es ist mitten in der Nacht, als zwei syrische Geflüchtete auf der Straße in Halle an der Saale von drei Unbekannten umringt werden. Es ist kurz vor ein Uhr, als sie an der Haltestelle „Rennbahnstrecke" von den dreien rassistisch und homophob beleidigt werden. Unvermittelt werden sie dann zu Boden geschlagen. Einer der beiden Angegriffenen erleidet lebensbedrohliche Verletzungen am Kopf und im Gesicht. Er muss mehrfach operiert werden.

Bei einer alternativen Open-Air-Technoparty in Dresden beleidigt ein 16-Jähriger zunächst eine Besucherin rassistisch und zeigt den Hitlergruß. Dann zieht er ein Messer und sticht auf zwei Besucher ein. Er verletzt dabei einen jungen Mann und eine junge Frau lebensgefährlich.

Diese drei Fälle haben eines gemeinsam: Sie tauchen in den sogenannten „PMK-Rechts Statistiken" der jeweils zuständigen Landeskriminalämter nicht auf (Stand April 2021). In der Kategorie „PMK-Rechts" soll rechte politisch motivierte Kriminalität erfasst werden. Das definiert das Bundeskriminalamt (BKA) kurz gefasst so: Wenn in Würdigung der Umstände der Tat und oder der Einstellung der Täter Anhaltspunkte für eine „rechte" Orientierung vorliegen, dann sollen die Straftaten der PMK-Rechts zugeordnet werden.

Nun scheinen die oben genannten drei Fälle laut dieser Definition Anhaltspunkte, wenn nicht sogar klare Hinweise auf eine rechte Orientierung zu geben. Dennoch, in den Statistiken der Ermittlungsbehörden fehlen diese Fälle. In den Statistiken der Opferberatungsstellen rechter Gewalt sind die Fälle erfasst. Eine Lücke in der Statistik?

Genau darauf weist der Verband der Beratungsstellen rechter, rassistischer und antisemitischer Gewalt (VBRG) hin. Der Verband kritisiert, dass in den Jahresbilanzen der Strafverfolgungsbehörden der Länder und des BKA zahlreiche Gewalttaten aus dem Jahr 2020 fehlen. Dies sei kein neues Phänomen, sondern decke sich laut dem Verband mit seinen Beobachtungen aus den Vorjahren.

Die Unterschiede bei der Erfassung von rechten Gewalttaten fällt auch bei der Zählung von Todesopfern auf. Die Amadeu Antonio Stiftung etwa zählt seit der Wende 213 Todesopfer rechter Gewalt (Stand Januar 2021). Die Bundesregierung zählt für denselben Zeitraum 106 rechte Tötungsdelikte in Deutschland. Das ist eine deutliche Diskrepanz, die an unterschiedlichen Bewertungen liegt.

Nach der Aufdeckung der Mordserie des NSU gab es ein gesellschaftliches Entsetzen. Darüber, wie lange das Trio unerkannt durch Deutschland reisen und dabei seine Taten verüben konnte. Aber das Entsetzen galt auch den Ermittlungen der Behörden, in deren Fokus lange die Hinterbliebenen der Opfer standen – wodurch die eigentliche Täterspur aus dem Blick geriet.

Daraufhin sind ungeklärte Tötungsdelikte und -versuche zwischen 1990 und 2011 durch Polizeibehörden erneut überprüft worden. Und tatsächlich auch neu bewertet worden, wie aus einer Antwort der Bundesregierung auf eine Kleine Anfrage der Grünen hervorgeht (Drucksache 18/5639, 24.07.2015). Durch diese Überprüfung von 745 Fällen sind insgesamt 17 Tötungsdelikte nachträglich anders bewertet worden.

Im Verhältnis eine geringe Zahl, auch vor dem Hintergrund, dass nur in fünf Bundesländern eine Neubewertung der Tötungsdelikte stattfand. In allen anderen Bundesländern blieben die Behörden bei ihrer ursprünglichen Angabe.

Auch wenn es im Jahr 2001 eine umfassende Reform des Erfassungssystems der PMK-Rechts gab, ist klar, dass die Statistik letztlich nur das abbildet, was die Polizei erfährt und aufzeichnet: Es handelt sich nicht um eine Abbildung der tatsächlichen Kriminalität, sondern der Polizeiarbeit in der Strafverfolgung. Die Amadeu Antonio Stiftung bemängelt zudem bis heute die fehlende Einbindung der Opferperspektive.

Genau diese Perspektive kann der Polizei helfen, die Umstände von Taten genauer zu beleuchten und einzuordnen. Doch immer wieder berichten Beratungsstellen, dass Opfer sich nicht trauen, zur Polizei zu gehen. Weil sie befürchteten oder schon erlebt hätten, dass ihr Anliegen nicht ernst genommen werde. Es gibt also ein Dunkelfeld, in welches die Opferberatungsstellen einen Einblick erhalten, welches durch die Polizeistatistik aber nicht abgebildet wird.

Doch es geht um noch mehr. Durch die lückenhafte Erfassung und Anerkennung von Rassismus, Antisemitismus und Rechtsextremismus als Tatmotive durch Polizei und Justiz werde das Ausmaß tödlicher rechter Gewalt verschleiert, so sieht es der VBRG.

Im Fall des lebensgefährlich verletzten Algeriers beim Fasching etwa lässt das Urteil der Schwurgerichtskammer des zweiten Landgerichts Schweinfurt die Frage nach Rassismus als Tatmotiv offen. Der Täter wird wegen gefährlicher Körperverletzung zu fünf Jahren Haft verurteilt. So berichtet es „B.U.D Bayern".

Im Fall der zwei syrischen Geflüchteten, die niedergeschlagen wurden, sind in der Anklage der Staatsanwaltschaft Halle weder Rassismus noch Homophobie als Tatmotiv enthalten. So berichtet es die „Mobile Opferberatung".

Und im Fall der zwei lebensgefährlich verletzten Besucher des Open-Airs hat die Staatsanwaltschaft Dresden Anklage wegen zweifachen versuchten Mordes erhoben. Ein rechtes Tatmotiv wird derzeit nicht gesehen. So berichtet es „RAA Sachsen".

Ein verstärktes Ausleuchten des Dunkelfelds sowie Studien könnten dazu beitragen, ein verbessertes und detaillierteres Bild der tatsächlichen Kriminalität zu erhalten. Hilfreich wäre dafür auch ein stärkerer Austausch zwischen Ermittlungsbehörden und Opferberatungsstellen. Denn eines ist sicher: Eine unzureichende Strafverfolgung könnte Täter dazu ermutigen, weitere Taten zu begehen.

Die Autorin Anna Neifer hat an dem Projekt „Tatort Rechts" gearbeitet. Tatort Rechts ist ein webbasiertes Recherche-Tool, mit dem Daten zu rechten, rassistischen und antisemitischen Bezügen gezielt durchsucht werden können. Auf einer interaktiven Karte ist es zum ersten Mal möglich, die öffentlich verfügbaren Daten von derzeit 13 Projekt-Webseiten systematisch zu filtern und Zusammenhänge herzustellen. Sie ist erreichbar unter www.tatortrechts.de/karte

Friedrich Küppersbusch: Ein TV-Moderator im Blick des „Thule-Netzwerks"

von Lena Heising

Planten Dortmunder Neonazis einen Sprengstoffanschlag auf einen ARD-Moderator? Im März 1997 betritt ein Dortmunder Rechtsextremist das Polizeipräsidium und warnt vor einem kommenden Anschlag. Drei Menschen wurden festgenommen, aber kurze Zeit später wieder freigelassen. Auch ein V-Mann des Verfassungsschutzes hatte seine Finger im Spiel. Was genau passierte, blieb lange unklar. Der Moderator erfuhr: von nichts.

Die Geschichte beginnt eineinhalb Jahre früher, genauer gesagt: Am 2. Dezember 1995 in dem Café Harmonie in Zwolle, Niederlande. Dort treffen sich die niederländischen Rechtsextremisten Eite H. und Marco K. mit drei ihrer deutschen Freunde: Andree Zimmermann und Thomas Kubiak, Anführer der Neonazi-Gruppe „Sauerländer Aktionsfront" und Kai D., ebenfalls Rechtsextremist. Eite H. macht bei dem Gespräch einen Vorschlag: Die Gruppe solle doch den TV-Moderator Friedrich Küppersbusch „outen", also seine persönlichen Daten veröffentlichen. Küppersbusch, zu dem Zeitpunkt 34 Jahre alt, moderierte das Politmagazin „ZAK" im Ersten.

Outing über „Thule-Netzwerk"

Kai D. vermerkte einige Wochen nach dem Treffen, dass er die Adresse von Küppersbusch an Kubiak weitergegeben habe. „Lustigerweise steht die Adresse im D-Info ... Kubiak fand diesen kleinen Bonus äußerst zuvorkommend", kommentiert D. laut Gesprächsvermerken, die CORRECTIV vorliegen. Die Gruppe outet später über die rechte Plattform „Thule-Netzwerk" über 200 Organisationen, Vereine und Personen. Zimmermann ruft in dem Netzwerk offen zu Straftaten gegen diese Leute auf.

Noch eine andere Person des Zwolle-Treffens bewahrte die Adresse auf: Als die Polizei am 4. Februar 1997 die Wohnung von Zimmermann durchsucht, findet sie einen handgeschriebenen Zettel mit der damaligen Adresse des Moderators:

Friedrich Küppersbusch
Kölner Straße 7
42551 Velbert

Darunter hatte jemand eine Telefonnummer gekritzelt.

Ein Neonazi warnt vor rechtem Anschlag

Eineinhalb Monate nach der Durchsuchung bei Zimmermann, am 25. März 1997, meldet sich der bekannte Rechtsextremist Andreas P. bei der Dortmunder Polizei. Er sagt aus, er habe mit den Neonazis Melanie D. und Michael K. einen Sprengstoffanschlag geplant. Das Ziel sei Friedrich Küppersbusch. Kurz darauf stürmen Beamte des Dortmunder Polizeipräsidiums in die Wohnung, in der Andreas P. mit Melanie D. lebte. Auch bei Siegfried Borchardt, genannt „SS-Siggi", klopfen die Beamten an: Hier hatte Michael K. nämlich bis zum Februar gelebt, also durchsuchen die Polizisten sowohl die Wohnung von Michael K. als auch Borchardts Wohnung. Das Gleiche tun die Beamten in der Wohnung des Rechtsextremen Christian B. in Witten. Die Suche bleibt erfolglos: Sie finden keine Beweise für einen geplanten Anschlag. Andreas P., Michael K., Melanie D. und Christian B. verbringen die nächsten beiden Tage in Untersuchungshaft. Dann werden sie laufen gelassen.

Es dauert nicht lange, bis die Nachricht der Verhaftung der Gruppe ins Sauerland gelangt. Andree Zimmermanns Telefone werden zu dem Zeitpunkt abgehört. So bekamen die Polizisten mit, dass Zimmermann mit Sven Skoda telefonierte. Der Rechtsextremist ist heute Parteichef der Neonazi-Partei „Die Rechte". Zimmermann veranlasste Skoda, eine Warnung über das Nationale Infotelefon Rheinland (NIT) zu lancieren. Andreas P. habe als Spitzel eine Zelle auffliegen lassen, wer was mit ihm zu tun habe, solle alles verschwinden lassen, was inkriminierend sei. Noch am selben Tag verbreitete das NIT eine Sonderansage: „Warnung vor Andreas P."

Ein weiteres Gespräch datiert die Polizei auf den 20. März, also fünf Tage vor Andreas P.s Besuch bei der Polizei. Hier sei es aber auch um die „Durchsuchung bei Andreas P. u.a. Personen" gegangen. Es ist also möglich, dass hier ein Fehler in den Dokumenten vorliegt. In dem Gespräch sagt Zimmermann zu Borchardt: „Du musst das Problem P. jetzt unbürokratisch anpacken." Borchardt erwidert: „... vor solchen Personen muss gewarnt werden, wenn dem was passiert, könn' wir ja nichts dafür ..." Am 27. März, zwei Tage nach der Verhaftung, telefoniert er mit dem Neonazi Eite H.. „Den (Andreas P.) knöpfen wir uns vor", sagt Eite H. am Telefon. Zimmermann gibt Eite H. daraufhin die Adresse und die Telefonnummer von Andreas P. über das Telefon durch.

Zielscheibe auf der Stirn

Später rudert Andreas P. vor Gericht zurück. Er relativiert seine Angaben, die Polizei muss die drei Verdächtigen wieder gehen lassen. Ob die drei tatsächlich einen Anschlag auf Friedrich Küppersbusch planten, ist bis heute unklar.

Klar ist nur, dass Küppersbusch Ende der 90er eine Hassfigur für Rechte blieb. Der Systemoperator des Thule-Netzwerkes, Ralf K., bekommt im Jahr 1997 ebenfalls Besuch von der Polizei. Ralf K. ist wie Zimmermann in der Anti-Antifa tätig. Bei der Durchsuchung seiner Wohnung am 4. September in München finden die Beamten drei Festplatten. Auf den meisten sind nur Spiele, aber auch ein paar Programme, die man braucht, um in das Thule-Netzwerk einzudringen. Auf der zweiten Festplatte finden die

Beamten den Ordner „REDS". Dort hatte Ralf K. zahlreiche Fotos von Personen abgespeichert. Drei Personen hatte Ralf K. eine Zielscheibe auf die Stirn bearbeitet. Eine Person können die Beamten identifizieren: Friedrich Küppersbusch.

„Ich bin froh, dass ich das damals nicht wusste"

Es ist neun Uhr morgens an einem kühlen Märztag, als Friedrich Küppersbusch in einer S-Bahn-Haltestelle an der Dortmunder Universität sitzt. Er hat seine Brille aufgesetzt und beginnt, die Dokumente der Nazizelle auf einem Laptop zu lesen. „Oh", sagt er ein paar Mal, oder ein: „Da hat die Polizei aber gut reagiert." Von dem Outing seiner angeblichen Adresse wusste er bis dahin genauso wenig wie von dem Foto mit dem Fadenkreuz über seinem Gesicht. Im Jahr 97, als er gerade im Urlaub war, habe er einen Anruf von der Dortmunder Polizei bekommen. Wo er gerade sei, haben die Beamten gefragt. Ach, in den Niederlanden? Da solle er besser erst mal bleiben. Der TV-Moderator erfuhr damals, dass er auf einer Art „roten Liste" von Rechtsextremen stehe. Dazu sei eine kleine Gruppe von Neonazis über eine Liebesgeschichte auseinandergebrochen, einer habe etwas von einem Angriff auf ihn erzählt. Die Polizei habe ihm nahegelegt, die Geschichte als „gehobenes Pubertätsproblem" abzulegen.

Von den Hausdurchsuchungen und vorläufigen Festnahmen wusste Küppersbusch nicht. „Ich bin froh, dass ich damals nicht alles wusste", sagt Küppersbusch heute. „Mich hat es damals in keinster Weise eingeschüchtert." Nach dem Vorfall sei eine Zeit lang jeden Tag eine Polizeistreife an seinem Haus in Dortmund vorbeigefahren. „Täglich um 17 Uhr, damit sich die Nazis nicht darauf einstellen konnten", erzählt Küppersbusch und lacht.

Heute ist er beeindruckt von der Ernsthaftigkeit, mit der die Polizei den Verdacht eines geplanten Anschlags verfolgte. „Die haben sorgfältig gearbeitet", findet er. Über die Nazis könne man das allerdings nicht sagen. Die Adresse in Velbert, die bei Zimmermann gefunden wurde, sei falsch. „Es gibt gar keine Kölner Straße in Velbert", stellt er klar. Außerdem habe er Velbert schon 17 Jahre früher verlassen. Die Adresse seiner Eltern in Velbert, die damals wie seine Dortmunder Adresse im Telefonbuch stand, hätte man „ohne Raketentechnologie" heraussuchen können. Selbst die Telefonnummer habe ein paar Zahlendreher.

Zimmermann arbeitete als V-Mann für den Verfassungsschutz

Was nach der Untersuchungshaft aus Andreas P. und Melanie D. geworden ist, wissen wir nicht. Michael K. stand über drei Jahre später in Verdacht, die Waffen für den Polizistenmörder Michael Berger besorgt zu haben. Im Sommer

2000 erschoss Michael Berger in Dortmund drei Polizisten und anschließend sich selbst. Die Waffe, die er dabei verwendete, stammte aus Jugoslawien. Michael K. war in den 90er Jahren als Söldner dort.

Andree Zimmermann und Thomas Kubiak starben wenige Monate später, im November 1997, bei einem Verkehrsunfall. Zimmermann wurde 24 Jahre alt, Kubiak 26. Zimmermann, ein führender deutscher Neonazi, arbeitete bis zu seinem Tod als V-Mann für den Verfassungsschutz und war auch mit dem V-Mann Tino Brandt bekannt. Seine Ideologie gab er jedoch nie auf: Er sagte seiner Verlobten gegenüber offen, dass er dies nur getan habe, um weiter Zeit und Geld in seine rechten Aktivitäten stecken zu können. Der Verfassungsschutz warnte ihn mindestens einmal vor einer Durchsuchung durch das Bundeskriminalamt, das bis zu seinem Tod wegen des Verdachts der Bildung einer kriminellen Vereinigung gegen ihn ermittelte.

Jahrzehnte des Hasses: Deutscher Rechtsterrorismus im Wandel der Zeit

von Alexander Roth

19. Februar 2020: Ein 43-Jähriger erschießt im hessischen Hanau neun Menschen in, vor und auf dem Weg zwischen zwei Shisha-Bars.

Den 23-jährigen Ferhat Unvar.
Die 35-jährige Mercedes Kierpacz.
Den 29-jährigen Sedat Gürbüz.
Den 37-jährigen Gökhan Gültekin.
Den 22-jährigen Hamza Kurtović.
Den 33-jährigen Kaloyan Velkov.
Den 22-jährigen Vili Viorel Păun.
Den 21-jährigen Said Nesar Hashemi.
Den 34-jährigen Fatih Saraçoğlu.

Weitere Menschen werden bei dem Anschlag teils schwer verletzt. Kurze Zeit später erschießt der Täter in der elterlichen Wohnung seine 72 Jahre alte Mutter und sich selbst.

Noch am frühen Morgen des 20. Februar übernimmt die Bundesanwaltschaft die Ermittlungen. Begründung: „Es liegen gravierende Indizien für einen rassistischen Hintergrund der Tat vor."

Lange sind die Ermittlungen zum Anschlag in Hanau nicht abgeschlossen. Die Angehörigen der Ermordeten erheben teils schwere Vorwürfe gegen die Sicherheitsbehörden. Viele Fragen sind bis heute ungeklärt.

Fest steht dagegen: Der Täter handelte aus rassistischen Motiven. Das Bundeskriminalamt stuft die Tat als eindeutig rechtsextremistisch ein – und ist damit nicht alleine.

Im November 2020 zitierte der „Spiegel" aus einem rund 140 Seiten langen Gutachten, das der forensische Psychiater Henning Saß im Auftrag der Bundesanwaltschaft erstellt hatte. Das Ergebnis: Der Täter habe nicht nur unter „krankheitsbedingten Fantasien" gelitten, er habe auch einer „rechtsradikalen Ideologie" angehangen. Beides sei untrennbar miteinander verbunden gewesen.

Hanau reiht sich damit ein in eine lange Serie von rechtem Terror in Deutschland.

Die Terrorismusdatenbank des German Institute on Radicalization and De-radicalization Studies umfasst allein 2.459 rechtsextreme Brandanschläge seit 1971 – und im gleichen Zeitraum mindestens 348 rechtsextrem motivierte Morde und Mordversuche (Stand: 14. Januar 2021).

Doch wo beginnt die Geschichte des Rechtsterrorismus in Deutschland nach dem Zweiten Weltkrieg? Welche Formen hat er über die Jahre angenommen? Wie haben sich die Akteure organisiert, welche Ideologien bestimmten ihr Handeln?

Der Politikwissenschaftler und Rechtsextremismus-Experte Prof. Dr. Fabian Virchow, der aktuell an der Hochschule Düsseldorf lehrt und forscht, hat über diese Fragen ein Buch geschrieben: „Nicht nur der NSU: Eine kleine Geschichte des Rechtsterrorismus in Deutschland". Es legt die wichtigsten Stationen, Konzepte und die Zukunft des rechten Terrors offen – und erklärt, was Staat und Gesellschaft dem entgegensetzen können.

Die 50er Jahre: Ist das schon Rechtsterrorismus?

23. Juni 1950: In Frankfurt am Main gründet sich der antikommunistische „Bund Deutscher Jugend" (BDJ) mit der Teilorganisation „Technischer Dienst" (TD). BDJ und TD sind ein Sammelbecken für ehemalige SS- und Wehrmacht-Offiziere.

Während der BDJ mit Demonstrationen auffällt, bei denen es zu gewaltsamen Auseinandersetzungen kommt, operiert der TD eher im Verborgenen. Die Mitglieder bereiten sich auf den Ernstfall vor – den befürchteten Einmarsch der sowjetischen Armee.

Ob die Geschichte des Rechtsterrorismus in der Bundesrepublik bereits mit BDJ und TD beginnt, werde in der Forschung kontrovers diskutiert, sagt Fabian Virchow. „Diejenigen, die das ablehnen, sagen, das sei in weiten Teilen eine politische Organisation gewesen, die materiell ausgestattet wurde von den US-amerikanischen Geheimdiensten."

Er selbst sei anderer Meinung. „Bei BDJ und TD war schon die antikommunistische Motivation zentral. Es wurden konspirativ Benzinlager angelegt, die Kommunikation fand über Kuriere statt, es wurden Listen geführt, wen man im Zweifelsfalle zu eliminieren hätte."

7. Januar 1953: BDJ und TD werden in Hessen verboten, die restlichen Bundesländer sollten einen Monat später nachziehen. Im Zuge der Ermittlungen werden „schwarze Listen" mit Namen von insgesamt 40 Personen gefunden. Die Personen, größtenteils hochrangige SPD-Politiker, sollten am „Tag X" „aus dem Verkehr gezogen" werden.

Dass die Formulierung „Tag X", die heute vor allem durch die Berichterstattung über rechtsextreme Prepper-Gruppen und Netzwerke wieder geläufig ist, schon damals Verwendung fand, lässt sich laut Virchow mit dem militärischen Hintergrund der BDJ- und TD-Mitglieder erklären. „Das ‚X' markiert für diese Leute im Prinzip erst mal den Eintritt eines Ereignisses – in den frühen 50ern war dies der befürchtete Einmarsch der Roten Armee."

Die 60er Jahre: Terror in Südtirol, die NPD und das Dutschke-Attentat

Auch die frühen 60er-Jahre würden bei der Frage, wann der rechte Terror im Nachkriegs-Deutschland seinen Anfang nahm, oft ausgeblendet, sagt Fabian Virchow.

Damals beteiligten sich Deutsche an terroristischen Aktionen in Südtirol, die eine Abtrennung der Region von Italien, mindestens aber eine weitreichende Autonomie zum Ziel hatten. „Das würde ich dazuzählen, weil da der Gedanke zugrunde liegt, dass es um die Wiederherstellung als natürlich gedachter territorialer Grenzen geht."

31. Januar 1961: In Waidbruck, einer kleinen Gemeinde in Südtirol, sprengen Mitglieder einer Vereinigung namens „Befreiungsausschuss Südtirol" (BAS) ein Reiterstandbild Benito Mussolinis – den „Aluminium-Duce". Es ist der Beginn einer Anschlagsserie, die ihren vorläufigen Höhepunkt am 11. Juni desselben Jahres erreichen wird, in der sogenannten „Feuernacht".

Nicht nur Angriffe auf Wahrzeichen des italienischen Staates oder die lokale Infrastruktur gehen auf das Konto des BAS. Bei Anschlägen und Überfällen, die mit dem BAS in Verbindung gebracht werden, wurden in den 60er-Jahren mehrere italienische Sicherheitskräfte verletzt und getötet. Auch gezielte Angriffe auf Repräsentanten der italienischen Republik werden dem BAS zugeschrieben.

„Das Problem ist: Den italienischen Quellen ist in diesem Zusammenhang wenig zu trauen", sagt Fabian Virchow. Mitglieder des BAS warfen den Behörden brutale Methoden bis hin zur Folter von Gefangenen vor.

11. April 1968: Rudi Dutschke, Leitfigur der studentischen Protestbewegung, wird auf dem Berliner Kurfürstendamm niedergeschossen. Kugeln treffen ihn in die Wange, die Schläfe und die Schulter. Er erleidet schwere Hirnverletzungen.

Beim Täter, einem jungen Hilfsarbeiter namens Josef Bachmann, fanden die Ermittler später ein Porträt Adolf Hitlers und eine Ausgabe von „Mein Kampf". Er soll „Du dreckiges Kommunistenschwein!" gerufen haben, bevor er den Abzug drückte. Rudi Dutschke starb 1979 an den Spätfolgen des Attentats.

Lange galt Bachmann als Einzeltäter. Nachträglich sei es natürlich schwierig zu rekonstruieren, wie die Radikalisierung derer, die heute als Einzeltäter gelten, vonstattenging, sagt Fabian Virchow. Allerdings ging 2009 aus bis dahin unbekannten Stasi-Akten hervor, dass der Dutschke-Attentäter Kontakte in die militante Neonazi-Szene hatte. Die Journalisten Peter Wensierski und Cordt Schnibben enthüllten zudem in dem ARD-Dokudrama „Dutschke – Schüsse von Rechts", dass eine rechtsextreme Gruppe aus Peine Bachmann vor dem Attentat aufgehetzt habe. Diese Nazizelle gehörte in den 70er Jahren zu den gefährlichsten Gruppen in der Bundesrepublik.

Virchow sagt, es sei in der Forschung unbestritten, dass sich in den späten 60er Jahren viele solcher Kleingruppen aus dem neonazistischen Spektrum zusammengetan haben. „Die Mitglieder dieser Gruppen stammten damals oft aus dem Umfeld der NPD." Die rechtsextreme Kleinpartei, die sich 1964 gegründet hatte, verpasste nach ersten Erfolgen 1969 den Einzug in den Bundestag. Das habe in der Szene für Frust gesorgt, sagt Virchow.

Die Gruppen, die oft aus fünf bis 15 Leuten bestanden haben, seien in der Regel antikommunistisch gewesen, hätten Waffen angeschafft – und „bestimmte Personen gezielt auf dem Kieker gehabt. Das ist nicht unbedingt in dem Umfang passiert, wie wir das heute kennen, aber es gibt eine Tradition dieser Feindeslisten", sagt Virchow. Oft seien die Gruppen aufgeflogen, bevor sie Anschläge verübt hätten.

1969: Als Reaktion auf die Niederlage der NPD bei der Bundestagswahl gründen Mitglieder der Partei die neonazistische „Europäische Befreiungsfront", kurz EBF. Sie verstehen sich als „Kampfgruppe gegen den Kommunismus".

Pläne der EBF, im Folgejahr einen Anschlag auf die Stromversorgung eines Auftritts des damaligen Bundeskanzlers Willy Brandt zu verüben, wurden vereitelt. Bei Durchsuchungen fanden die Ermittler neben einem umfangreichen Waffenarsenal auch Dokumente, in denen der Aufbau einer deutschlandweiten Terrororganisation skizziert wurde.

Die Frankfurter Allgemeine Zeitung berichtete in ihrer Ausgabe vom 19. Juli 1972: „Angeblich sollten Politiker und Journalisten entführt, innerdeutsche Grenzzwischenfälle mit Waffengewalt provoziert und sogar die Kasseler Spitzengespräche durch Anschläge auf das Stromnetz gestört werden."

Die 70er Jahre: Wehrsportgruppen und die Professionalisierung rechten Terrors

„Im Laufe der 70er Jahre lässt sich beobachten, wie sich Gruppen professionalisieren, ins Ausland ausweichen, konspirative Wohnungen anmieten", sagt Fabian Virchow. „Vorsichtig formuliert: ein ‚Lernprozess'."

7. November 1970, West-Berlin: Der junge Hilfskrankenpfleger Ekkehard Weil schießt den Wachsoldaten Iwan Iwanowitsch Schtscherbak am Sowjetischen Ehrenmal im Tiergarten nieder und verletzt ihn lebensgefährlich. Später wird Weil behaupten, er habe „einen kleinen Beitrag dazu leisten [wollen], dass seine heiß geliebte Heimat Berlin nicht die Beute der Sowjetunion werde."

Weil wurde für diese Tat zu sechs Jahren Freiheitsstrafe verurteilt, nach fünf Jahren aber vorzeitig entlassen. Danach verübte er weitere Anschläge in Deutschland und Österreich. Seine Ziele waren vor allem die Wohnhäuser von Menschen jüdischen Glaubens.

Auch wenn es einzeln agierende Täter wie Weil gab, waren die 70er vor allem die Zeit, in der sich zahlreiche rechtsterroristische Gruppierungen und Kampfverbände gründeten: die „Nationale Deutsche Befreiungsbewegung", die „Nationalsozialistische Kampfgruppe Großdeutschland", die „Gruppe Neumann", die „Gruppe Otte" oder die „Werwolfgruppe Stubbemann".

Die Mitglieder rekrutierten sich zum Teil aus den Reihen der NPD, aber, im Fall der „Nationalsozialistischen Kampfgruppe Großdeutschland", auch aus denen der Bundeswehr.

Die Polizei hob im Laufe des Jahrzehnts zahlreiche Waffenlager aus, stellte Sprengstoff sicher, verhinderte Anschläge.

Eine Gruppierung prägte das Jahrzehnt wie keine andere.

Herbst 1973: Der in Nürnberg geborene Grafiker Karl-Heinz Hoffmann gründet die nach ihm benannte „Wehrsportgruppe Hoffmann" (WSG). Zu den Zielen der Gruppe gehört laut „Manifest" ein Umsturz des politischen Systems, das durch eine „nach dem Leistungs- und Selektionsprinzip ausgerichtete Führerstruktur" ersetzt werden soll.

Die WSG war eine Art Privatarmee mit – zur Hochphase – über 400 Mitgliedern, die in den fränkischen Wäldern Waffenübungen durchführten. Hauptquartier der Gruppe war Schloss Ermreuth im oberen Schwabachtal, das zur Zeit des Nationalsozialismus als Gauführerschule gedient hatte.

Anfangs übernahm die WSG unter anderem den „Saalschutz" für Veranstaltungen rechtsextremer Parteien wie NPD und DVU. Sie prügelte sich mit Demonstrierenden oder lieferte sich auf einer Hitler-Gedenkfeier eine Schlacht mit der Polizei. Später veranstaltet die WSG öffentlichkeitswirksam paramilitärische Trainings.

Mai 1976: Der 19-jährige Bundeswehrgefreite und WSG-Anhänger Dieter Epplen klettert in München über eine Mauer am Englischen Garten. Er hat eine Bombe in der Tasche, sein Ziel ist der US-Soldatensender AFN. Doch der Anschlag scheitert. Epplens selbst gebastelter Sprengkörper explodiert zu früh. Der 19-Jährige überlebt schwer verletzt.

„Das, was sich durch die Jahre durchzieht, ist, dass Leute, die Waffen sammeln oder Sprengstoff horten, mit der extremen Rechten zu tun haben", sagt Fabian Virchow. „Gleichzeitig wird Mitte der 70er eine bestimmte Generation von Leuten in politischen Strukturen tätig und groß, für die Gewalt zumindest legitim ist, und die unterschiedliche Formen von Gewalt praktizieren."

In dieser Zeit hatten sich auch Anhänger der NPD in der „Volkssozialistischen Bewegung Deutschlands/Partei der Arbeit" (VSBD/PdA) zusammengetan und radikalisiert. Die Mitglieder bekannten sich offen zum Nationalsozialismus, suchten öffentlich die gewaltsame Konfrontation mit Linken und verübten vor allem Anfang der 80er teils schwere Straftaten.

Januar 1979: Im Fernsehen wird die WDR-Dokumentation „Endlösung" gezeigt. Sie soll die deutsche Erstausstrahlung der US-Fernsehserie „Holocaust" einleiten, das in der Folge Gezeigte durch wissenschaftliche Zeugnisse und Augenzeugenberichte belegen. Ein Meilenstein in der Auseinandersetzung mit der Zeit des Nationalsozialismus. Doch in etwa 100.000 Haushalten kommt es während der Übertragung zu Unterbrechungen.

Wie sich später herausstellte, hatten Rechtsterroristen zwei ARD-Sendeanlagen in der Nähe von Koblenz und Münster gesprengt. Zu der Tat bekannte sich die Gruppe „Internationale revolutionäre Nationalisten". Mindestens einer der Männer, Peter Naumann, stammte aus dem Umfeld der NPD.

16 Jahre später führte Peter Naumann Beamte des Bundeskriminalamts und ein ARD-Fernsehteam zu mehreren Waffen- und Sprengstoffdepots, die seinen Angaben zufolge aus den frühen 80er Jahren stammten.

Die 80er Jahre: Vom Oktoberfestattentat bis zum Mauerfall

„Nachdem in den 70ern keine einzige rechtsterroristische Organisation verboten wurde, standen die 1980er im Zeichen staatlicher Strafverfahren", sagt Fabian Virchow.

Den Anfang machte im Januar 1980 die „Wehrsportgruppe Hoffmann". Bei Durchsuchungen in Baden-Württemberg, Bayern und Hessen wurden ein Panzer, mehrere Militärfahrzeuge, Waffen, Uniformen und Propagandamaterial sichergestellt – insgesamt 18 LKW-Ladungen.

Nach dem Verbot setzte sich ein Teil der Gruppe in den Libanon ab – mit dem Ziel, durch terroristische Anschläge in Deutschland einen politischen Umsturz herbeizuführen.

Die WSG sorgte weiter für Schlagzeilen. Doch abseits der Wehrsportgruppen entstanden zunehmend andere Organisationsformen rechten Terrors, sagt Virchow.

Zwischen Februar und August 1980 verübte die Vereinigung „Deutsche Aktionsgruppen" mehrere Brand- und Sprengstoffanschläge, unter anderem auf eine Auschwitz-Ausstellung im baden-württembergischen Esslingen. Auch Asylunterkünfte wurden zum Ziel.

Kopf der Gruppe war der Rechtsextremist Manfred Roeder, der bereits seit Längerem in der Szene aktiv war und Kontakte zu Extremisten im Ausland geknüpft hatte – unter anderem zum Ku-Klux-Klan und zur Palästinensischen Befreiungsorganisation (PLO).

22. August 1980: Die beiden vietnamesischen Flüchtlinge Nguyễn Ngọc Châu und Đỗ Anh Lân sterben bei einem Brandanschlag auf eine Asylunterkunft in Hamburg. Manfred Roeder notiert Stunden später in seinem Taschenkalender: „Heute hat Deutschlands Befreiung begonnen. Der Funke ist übergesprungen."

Roeder wurde 1982 wegen Rädelsführerschaft in einer terroristischen Vereinigung zu einer Freiheitsstrafe von 13 Jahren verurteilt, doch schon 1990 wegen guter Führung und einer positiven Sozialprognose wieder aus der Haft entlassen.

Dass diese Prognose nicht viel taugte, darf angesichts der weiteren Geschichte Roeders in der rechtsextremen Szene als gesichert gelten.

26. September 1980: In einem Papierkorb am Haupteingang des Münchner Oktoberfests explodiert eine selbst gebaute Bombe. Die Detonation reißt Menschen aus dem Leben und Familien auseinander. 13 Menschen sterben, darunter der Attentäter. Mehr als 200 weitere Menschen werden teils schwer verletzt.

Das „Oktoberfestattentat" war nicht nur der bis dahin schwerste Terrorakt in der Geschichte der Bundesrepublik, es wurde auch über mehrere Jahrzehnte dazu ermittelt.

1982 waren Ermittler zunächst zu dem Schluss gekommen, der Attentäter Gundolf Köhler, der bei der Explosion selbst ums Leben kam, habe alleine und aus persönlichen Motiven gehandelt.

Köhler war Mitglied der neonazistischen Wiking-Jugend und laut Nachrichtendienstlichem Informationssystem (NADIS) zeitweise „aktiver Anhänger" der „Wehrsportgruppe Hoffmann". Er soll mit Karl-Heinz Hoffmann persönlich im Austausch gestanden haben.

2014 rollte die Bundesanwaltschaft den Fall neu auf und stufte das Attentat im Juli 2020 schlussendlich als rechtsmotivierten Terrorakt ein. Die Frage, ob Köhler alleine gehandelt habe, konnte auch 30 Jahre später nicht abschließend geklärt werden. Die Ermittlungen sind beendet.

19. Dezember 1980: Das WSG-Mitglied Uwe Behrendt erschießt den jüdischen Verleger Shlomo

Lewin und dessen Lebensgefährtin Frida Poeschke in der gemeinsamen Erlanger Wohnung. Eine Verwandte findet die beiden nur wenige Minuten nach der Tat.

„Seit den 80ern gehen Neonazis systematischer gegen politische Feinde vor", sagt Fabian Virchow. Dazu zählten in dieser Zeit insbesondere die politische Linke und Menschen, die an die Shoah erinnerten. „Das war schon ein wichtiger Strang der Aktivität."

Der Experte geht davon aus, dass an zahlreichen Orten sogenannte Feindeslisten geführt wurden. „Unklar ist allerdings, ob diese schon zentral gesammelt wurden."

Auch Angehörige der US-Streitkräfte gerieten Anfang der 80er Jahre in den Fokus von Rechtsextremen.

Oktober bis Dezember 1982. Mitglieder einer Vereinigung, die als „Hepp/Kexel-Gruppe" bekannt ist, bringen Sprengsätze unter den Autos von US-Soldaten im Rhein-Main-Gebiet an. Zwei Soldaten werden schwer verletzt.

Die „Hepp/Kexel"-Gruppe wollte mit rechtem Terror den Abzug der US-Streitkräfte aus der Bundesrepublik erzwingen. Die rechtsextreme Gruppierung orientierte sich in ihrem Manifest „Abschied vom Hitlerismus" am Antiimperialismus und suchte den Schulterschluss mit der RAF.

Der Terror der „Hepp/Kexel"-Gruppe war akribisch vorbereitet worden: Die Mitglieder, die sich aus verschiedenen bestehenden neonazistischen Gruppierungen rekrutierten (zum Beispiel VSBD und WSG), hatten zuvor im Rhein-Main-Gebiet Wohnungen angemietet und Waffendepots angelegt. Das Geld dafür kam aus Banküberfällen. Sie wurden später allesamt zu mehrjährigen Freiheitsstrafen verurteilt.

Die staatlichen Strafverfahren, die Verbote, die Verhaftungen – all das habe der Szene damals zugesetzt, sagt Virchow. „Man hat sich umorientieren müssen." Dass ab Mitte der 80er Jahre rechtsextreme Parteien wie die Republikaner oder die DVU parlamentarische Erfolge feierten, sei als Aufschwung wahrgenommen worden.

Doch dieser Aufschwung sei nichts im Vergleich zu dem gewesen, der folgen sollte.

Die 90er Jahre: „Historischer Optimismus", Straßengewalt und die Idee vom führerlosen Widerstand

Der Mauerfall markierte Ende 1989 den Anfang vom Ende des Kommunismus im Herzen Europas. Anfang der 90er wurde Deutschland offiziell wiedervereint, während Jugoslawien zerfiel und die Sowjetunion sich langsam auflöste.

„Für die extreme Rechte begann eine Phase, die wir ‚historischer Optimismus' nennen", sagt Fabian Virchow. „Nach dem Motto: Jetzt sieht man, dass sich das völkische Prinzip durchsetzt, jetzt passiert endlich das, wofür wir seit Jahrzehnten eintreten." Dieser neue „Optimismus" wurde von Straßengewalt begleitet.

24. November 1990: Im brandenburgischen Eberswalde rotten sich Skinheads zusammen. Sie wollen „Neger klatschen" und treffen in der Nacht auf den angolanischen Vertragsarbeiter Amadeu António Kiowa und zwei Männer aus Mosambik. Die Neonazis schlagen auf Kiowa ein, attackieren die beiden Mosambikaner mit

Messern. Als Kiowa am Boden liegt, springt einer der Angreifer mit beiden Füßen auf seinen Kopf.

Drei Zivilfahnder beobachten die Tat aus der Nähe. Sie werden später zu Protokoll geben, dass sie sich nicht getraut hätten einzugreifen. Der 28-jährige Amadeu António Kiowa erleidet schwerste Verletzungen und fällt in ein Koma, aus dem er bis zu seinem Tod elf Tage später nicht mehr erwachen wird.

Während Politik und Gesellschaft in den Jahren nach der Wende über das Asylrecht in Deutschland streiten, werden vor allem Asylbewerber und Menschen mit Migrationshintergrund zum Ziel rechtsextremer Ausschreitungen und Anschläge. 1991 in Hoyerswerda, 1992 in Rostock-Lichtenhagen und Mölln.

Der Vorsitzende der rechtsextremistischen Partei „Nationalistische Front" (NF), Meinolf Schönborn, wollte diese rechtsextreme Gewalt offenbar noch professionalisieren. Im Herbst 1991 rief der ehemalige NPD-Mann zur Gründung sogenannter „Nationaler Einsatzkommandos" auf – einer Art paramilitärischer Kleingruppen.

In dem von ihm unterzeichneten Aufruf nannte Schönborn als deren Aufgaben die „Aufstellung kadermäßig gegliederter hochmobiler Verbände, Ausbildung von sportlichen und gesunden Kameraden für den politischen Kampf auf der Straße, Planung und Durchführung von überraschend durchgeführten zentralen Aktionen". Dabei sollten sich die „jungen Nationalisten" unter anderem ein Beispiel an der Waffen-SS nehmen.

29. Mai 1993: Bei einem Brandanschlag auf ein Wohnhaus in Solingen sterben zwei Frauen und drei Mädchen.

Gürsün Ince, damals 27 Jahre alt.
Hatice Genç, damals 18 Jahre alt.
Gülüstan Öztürk, damals 12 Jahre alt.
Hülya Genç, damals 9 Jahre alt.
Saime Genç, damals 4 Jahre alt.

Sie sterben in den Flammen, sie sterben beim verzweifelten Sprung aus dem Fenster. Weitere Familienmitglieder, darunter weitere Kinder, erleiden teils lebensgefährliche Verletzungen.

„Wir wollen nicht vergessen. Wir wollen nicht wegsehen. Wir wollen nicht schweigen." So steht es heute auf einem Mahnmal, das in Solingen an den Anschlag erinnert. Die vier jungen Männer, die für die Tat verurteilt wurden, hatten Kontakte zur rechtsextremen Szene.

Wie schon in den Jahrzehnten zuvor bildeten sich auch in den 90er Jahren zahlreiche rechtsterroristische Gruppierungen. Einige, wie die „Werwolf-Jagdeinheit Senftenberg" oder die „Kampfgruppe Schörner", bezogen sich offen auf den Nationalsozialismus.

Mitte der 90er Jahre entstand in Deutschland ein Ableger des britischen Neonazi-Netzwerks „Blood and Honour", das sich die Koordination rechtsextremer Musiker, Labels und Konzertveranstalter auf die Fahnen geschrieben hatte. Bis zum Verbot im Jahr 2000 galt die deutsche „Division" als eine der größten in ganz Europa.

Bands wie „Landser", „Oidoxie", „Noie Werte" und „Weisse Wölfe" zählen sich teilweise bis heute zur Bewegung „Blood and Honour". Auch die späteren NSU-Terroristen Beate Zschäpe, Uwe Mundlos und Uwe Böhnhardt wurden vom LKA Thüringen 1998 „zum harten Kern der Blood & Honour-Bewegung" in Jena gezählt.

Es folgten nicht nur eine Flut an Tonträgern voll rassistischer, NS-verherrlichender Propaganda und eine Fülle von Fanzines und Konzerten. Auch der bewaffnete Arm des Netzwerks, die Rechtsterroristen von „Combat 18", fassten Fuß in Deutschland. Wieder mit den Musikbands im Zentrum.

19. Februar 1997: Der Neonazi Kay Diesner betritt mit einer Pumpgun bewaffnet die Berliner Buchhandlung des damals 63 Jahre alten Klaus Baltruschat. Der Inhaber nimmt einen Schatten hinter sich wahr, dreht sich um – und Diesner schießt.

Der Neonazi flieht und lässt den Buchhändler schwer verletzt zurück.

Vier Tage später kontrolliert die Polizei Kai Diesner auf einem Autobahn-Parkplatz in Schleswig-Holstein. Es kommt zum Schusswechsel. Diesner erschießt den Polizisten Stefan Grage und verletzt dessen Kollegen Stefan Kussauer schwer, bevor er aufgibt. Bei seiner Festnahme spricht er vom „weißen arischen Widerstand".

Später stellte sich heraus: Der Buchhändler war offenbar nicht das Ziel des Neonazis. Das eigentliche Ziel saß ein Stockwerk höher. Im selben Gebäude in Berlin-Hellersdorf befand sich damals auch die Bezirksgeschäftsstelle der PDS, in der auch der Bundestagsabgeordnete Gregor Gysi ein Büro hatte.

Diesner gilt heute als Beispiel für einen „einsamen Wolf", der seine terroristischen Ziele abseits der üblichen Organisationsstrukturen im Verborgenen, ohne Anweisung oder Unterstützung von Dritten umsetzte. Diese Aktionsform wird nach einem Aufsatz des US-amerikanischen Rechtsextremisten Louis Beam „leaderless resistance" genannt – „führerloser Widerstand".

„Das traditionelle Organisationsverständnis im Rechtsextremismus ist hierarchisch-autoritär", sagt Fabian Virchow. „Doch im Laufe der Zeit wurde klar, dass das nicht funktioniert. Es gibt eine ausgeprägte V-Leute-Tätigkeit in der Szene, es gibt profilierungssüchtige Menschen, die man nicht unter einen Hut bekommt." Deswegen sollte der Kampf ohne ausgeprägte Hierarchie an die Stelle paramilitärischer Gruppen treten.

Dieses Konzept des führerlosen Widerstands ist in der rechtsextremen Szene intensiv diskutiert worden. „Es versprach, die wichtigsten Probleme zu lösen, und gegenüber staatlichen Repressionen weniger angreifbar zu sein", sagt Virchow. „Nach dem Motto: Fliegt die eine Zelle auf, kann der Rest weitermachen." Das gemeinsame Ziel bestimmt die Angriffswellen. Kein Kommandant.

„Blood and Honour" und „Combat 18" adaptieren den „führerlosen Widerstand" früh in Form von Texten und Taten. Doch eine Gruppe steht in Deutschland wie keine andere für die Umsetzung dieses Konzepts: der Nationalsozialistische Untergrund, kurz NSU.

Die Nullerjahre: Täter unbekannt

Das Jahrzehnt des Rechtsterrorismus, das auf die Jahrtausendwende folgte, stand in der Bundesrepublik im Zeichen zunächst unaufgeklärter Anschläge.

Zwischen Januar 2000 und Januar 2001 wurde Brandenburg von einer Serie rechtsextremer Straftaten erschüttert. Türkische Imbisswagen brannten, ein sowjetisches Soldatengrab wurde geschändet, ein Wohnheim für jüdische Zuwanderer erhielt ein Päckchen mit verdorbenem Fleisch. Dazu kamen Drohbriefe gegen Politiker und die jüdische Gemeinde. Und immer wieder tauchten an für die rechtsextreme Szene wichtigen Gedenktagen Hakenkreuze, NS-Propaganda, antisemitische und rassistische Parolen auf.

An den Tatorten fanden Ermittler Bekennerschreiben, die mit „Nationale Bewegung" unterzeichnet waren. Die Bundesanwaltschaft übernahm die Ermittlungen, die Täter wurden aber nie gefunden.

In der Zwischenzeit hatte bereits eine andere Serie rechtsextremen Terrors begonnen – auch wenn es Jahre dauerte, bis deren Ausmaß auch nur ansatzweise bekannt wurde.

9. September 2000. Der 38 Jahre alte Blumenhändler Enver Şimşek hält sich in seinem Kleintransporter bei seinem Blumenstand in Nürnberg auf, als plötzlich auf ihn geschossen wird. Aus zwei Pistolen. Neunmal. Obwohl fünf Kugeln seinen Kopf treffen, wird es noch zwei Tage dauern, bis der Familienvater an den Folgen des Mordanschlags stirbt.

Der Mord an Enver Şimşek markierte den Beginn einer Mordserie, für die der Generalbundesanwalt später den Namen „Ceska-Morde" prägte.

In den folgenden Jahren wurden acht weitere Männer von unmaskierten Tätern erschossen, ihre Leichen teilweise fotografiert.

Ihre Namen lauten:

Abdurrahim Özüdoğru
Süleyman Taşköprü
Habil Kılıç
Mehmet Turgut
İsmail Yaşar
Theodoros Boulgarides
Mehmet Kubaşık
Halit Yozgat

Die Tatwaffe war in allen Fällen eine Česká ČZ 83, Kaliber 7,65 mm Browning.

Die Polizei ermittelte vor allem im persönlichen Umfeld der Mordopfer und verdächtigte teilweise deren Angehörige, die Taten begangen zu haben. In manchen Fällen wurde sogar versucht, Geständnisse zu erzwingen, indem Ermittler die Angehörigen der Opfer mit falschen Behauptungen über die Verstorbenen konfrontierten.

Die mittlerweile verstorbene Münchner Rechtsanwältin Angelika Lex, Nebenklagevertreterin von Yvonne Boulgarides, schrieb dazu: „Die Ermittlungsbehörden haben die Angehörigen nicht als Opfer von rassistischen Gewalttaten wahrgenommen, sondern sie kriminalisiert und diffamiert. […] Nur weil im rassistischen Weltbild dieser Ermittler schlicht nicht vorkam, dass Menschen nichtdeutscher Herkunft Opfer rassistischer Gewalt werden."

Selbst als ab 2005 teilweise bis zu 160 Polizisten in dem Fall ermittelten, wurde die Möglichkeit rechtsextremer Täter kaum in Betracht gezogen.

6. September 2003: In München nehmen Polizisten Mitglieder einer „Schutzgruppe" der neonazistischen „Kameradschaft Süd" fest. Die Beamten stellen sechs Pistolen und Sprengstoff sicher.

Ein Mitglied der Gruppe wird das Beschaffen des Sprengstoffs im folgenden Prozess als Nervenkitzel darstellen: „Andere machen Bungee-Springen, wir machen halt so einen Schmarrn."

Die „Schutzgruppe" hatte für den 65. Jahrestag der Reichspogromnacht am 9. November einen Anschlag auf die Grundsteinlegung für ein neues jüdisches Gemeindezentrum geplant.

Die Mitglieder hatten sich bereits seit Jahren in den Wäldern um München zu paramilitärischen Übungen getroffen. Im Frühjahr 2003 begannen die Neonazis, die der damalige bayerische Innenminister Günther Beckstein „Braune Armee Fraktion" nannte, mit dem Horten von Sprengstoff. Neben der jüdischen Gemeinde hatten sie es auch auf Moscheen, Asylbewerberheime und eine griechische Schule abgesehen. Ihr Ziel: ein Staat nach nationalsozialistischem Vorbild.

Der Kopf der Gruppe, Martin Wiese, wurde 2005 unter anderem wegen Rädelsführerschaft in einer terroristischen Vereinigung zu sieben Jahren Haft verurteilt.

Zur etwa derselben Zeit wurde in Brandenburg einer Gruppe von zwölf Jugendlichen zwischen 15 und 19 Jahren der Prozess gemacht. Sie hatten unter dem Namen „Freikorps Havelland" zwischen 2003 und 2004 zehn Anschläge auf Imbissbuden, Restaurants und Geschäfte von asiatisch- oder türkischstämmigen Besitzern verübt.

Laut dem Oberlandesgericht Brandenburg hatten die Jugendlichen mit den Anschlägen das

Ziel verfolgt, „das Havelland von Ausländern zu säubern".

9. Juni 2004: In der Keupstraße in Köln-Mülheim steht ein Fahrrad vor einem Friseursalon. Auf dem Gepäckträger ist ein Koffer befestigt. In dem Koffer befindet sich eine Gasflasche. Sie ist gefüllt mit fünf Kilogramm Schwarzpulver sowie rund 700 Zimmermannsnägeln, jeder zehn Zentimeter lang.

Als die Bombe gegen 16 Uhr mit der Funkfernsteuerung eines Modellflugzeugs gezündet wird, bersten Scheiben und Nägel fliegen. 22 Menschen werden verletzt. Manche von ihnen schweben zeitweise in Lebensgefahr.

Obwohl das Bundesamt für Verfassungsschutz Parallelen zu den Anschlägen in London sah, die den Rechtsterroristen von „Combat 18" zugerechnet werden, und obwohl in der Keupstraße viele Menschen mit Migrationshintergrund lebten, wurde auch hier nicht in Richtung Rechtsextremismus ermittelt.

25. April 2007: Die 22-jährige Polizistin Michèle Kiesewetter und ihr Kollege Martin A. parken ihren Streifenwagen auf dem Festplatz der Heilbronner Theresienwiese. Mittagspause. Sie rauchen und reden, während im Hintergrund der Rummel für das anstehende Maifest aufgebaut wird.

Kurz vor 14 Uhr nähern sich zwei Männer und schießen den beiden Polizisten unvermittelt in den Kopf. Sie rauben ihre Dienstwaffen, Magazine und Handschellen. Dann verschwinden sie. Martin A. überlebt schwer verletzt. Michèle Kiesewetter nicht.

Die Ermittler waren ratlos. Als vielversprechendste Spur im Mordfall Michèle Kiesewetter galt lange Zeit die DNA einer unbekannten weiblichen Person, die nicht nur in Heilbronn, sondern auch an 40 weiteren Tatorten im In- und Ausland gefunden worden war.

Dutzende Ermittler suchten nach dieser Frau. In mehreren Ländern. Über Jahre hinweg.

Das „Heilbronner Phantom" stellte sich letztlich als eine Mitarbeiterin eines Verpackungsbetriebs heraus. Die Frau hatte die Wattestäbchen verpackt, die an den Tatorten zum Einsatz gekommen waren.

Die „Ceska-Morde", der Nagelbombenanschlag von Köln, der „Polizistenmord von Heilbronn" – in den Nullerjahren konnten die Täter nicht gefunden werden. Es musste erst ein neues Jahrzehnt anbrechen, bis etwas Licht ins Dunkel kam.

In Form von Mündungsfeuer, Explosionen und Flammen.

Die 2010er Jahre: Zwischen Bekennervideos, „Manifesten" auf Imageboards und der „Gamification of Terror"

4. November 2011: In Eisenach wird eine Bank überfallen. Die beiden Täter fliehen gegen 9.30 Uhr auf ihren Fahrrädern in Richtung ihres etwas weiter weg geparkten Wohnmobils. Gegen 12 Uhr nähern sich Polizisten dem Fahrzeug – und hören drei Schüsse aus dem Inneren. Dann fängt das Wohnmobil Feuer.

Am selben Tag, gegen 15 Uhr, kommt es im fast 200 Kilometer entfernten Zwickau zu einer Explosion in einer Wohnung, die das gesamte Gebäude in Brand setzt. Das Dachgeschoss, in dem zu diesem Zeitpunkt zwei Handwerker arbeiten, wird durch den Druck kurzzeitig angehoben.

Polizeibeamte fanden in dem ausgebrannten Wohnmobil später die Leichen von Uwe Mundlos und Uwe Böhnhardt, zwei Rechtsextremisten aus Jena, die 1998 abgetaucht waren, um sich einem Haftbefehl zu entziehen. Außerdem befanden sich in dem Wagen mehrere Waffen – Pumpguns, eine Maschinenpistole und die Dienstwaffen von Michèle Kiesewetter und ihrem Kollegen Martin A.

In den Trümmern der Zwickauer Wohnung entdeckten Polizisten weitere Waffen. Eine davon war eine Česká ČZ 83, Kaliber 7,65 mm Browning.

Außerdem fanden die Ermittler mehrere DVDs. Auf allen war der gleiche, etwa 15 Minuten lange Film gespeichert, an dessen Beginn folgende Worte über den Bildschirm flackern: „Der Nationalsozialistische Untergrund ist ein Netzwerk von Kameraden mit dem Grundsatz ‚Taten statt Worte'."

Und noch etwas tauchte im Rahmen der Ermittlungen auf: mögliche weitere Anschlagsziele. Stadtpläne mit Ausspähnotizen zu fast 200 Objekten und Straßen. Eine Liste mit Namen und Adressen von 88 Menschen. Darunter Bundestagsabgeordnete, Repräsentanten des muslimischen Glaubens und des türkischen Staates. Eine weitere Liste mit 10.000 Adressen von Politikern, Glaubensgemeinschaften, Parteien und Vereinen, die sich dem Kampf gegen den Rechtsextremismus verschrieben hatten.

Vier Tage später, am 8. November 2011, stellte sich die Komplizin von Mundlos und Böhnhardt, Beate Zschäpe, in Jena der Polizei. Die Terrorzelle NSU war aufgeflogen.

Ermittlungen, Gerichtsverhandlungen, Untersuchungsausschüsse: Der NSU beschäftigte die Behörden jahrelang – und tut es immer noch. Die Rechtsterroristen wurden für die „Ceska-Morde", die Ermordung Michèle Kiesewetters und 43 Fälle versuchten Mordes verantwortlich gemacht; für den Nagelbombenanschlag in Köln-Mülheim ebenso wie für zwei weitere Sprengstoffattentate in Köln und Nürnberg.

Doch vieles im Zusammenhang mit dem Nationalsozialistischen Untergrund bleibt bis heute ein Rätsel. Das liegt auch an den Sicherheitsbehörden, deren Kompetenz im Umgang mit rechtem Terror, aber auch an deren Willen zur Aufklärung, die der NSU-Komplex mehrfach infrage stellte.

Die Rolle des Verfassungsschutzes, insbesondere der Umgang mit V-Leuten, war über die Jahre ebenso Thema in den Untersuchungsausschüssen der Länder wie Ungereimtheiten, Versäumnisse und Fehler bei den Ermittlungen – bis hin zu Aktenvernichtung beim Bundesamt für Verfassungsschutz.

Ungeklärt ist auch, wie viel Hilfe die Rechtsterroristen, die in der rechtsextremen Szene bestens vernetzt waren, bei ihren Taten hatten. Experten hatten das Umfeld mal auf etwa 100, mal auf bis zu 200 Personen geschätzt. Dazu zählen auch V-Leute der Verfassungsschutzbehörden. Einige Experten zweifeln zudem daran, dass es sich bei dem NSU nur um ein Trio gehandelt hatte.

Am 11. Juli 2018 wurde Beate Zschäpe unter anderem wegen zehnfachen Mordes, mehreren Fällen von versuchtem Mord, Mitgliedschaft in einer terroristischen Vereinigung und schwerer Brandstiftung zu einer lebenslangen Haftstrafe verurteilt. Das Gericht stellte in vielen Fällen die besondere Schwere der Schuld fest.

Es war das Ende des größten Strafverfahrens, das Deutschland seit seiner Wiedervereinigung gesehen hatte. Vier weitere als Gehilfen angeklagte Männer erhielten jeweils mehrjährige Haftstrafen. Das Urteil ist noch nicht rechtskräftig.

In der Zwischenzeit hatte in Deutschland eine weitere Entwicklung ihren Lauf genommen, in der Rechtsextremismus-Experte Fabian Virchow Parallelen zum „historischen Optimismus" der Nachwendejahre sieht.

Seit dem Jahr 2013 haben Rechtsextremisten im Berliner Stadtteil Neukölln über 70 Angriffe verübt, darunter mehr als 20 Brandstiftungen. Sie bedrohen Menschen mit dem Tod und erstellten Feindeslisten.

Im Jahr 2015 wurden in Deutschland knapp 900.000 Schutzsuchende registriert. Die darauf folgende politische und gesellschaftliche Debatte wird häufig unter dem umstrittenen Begriff „Flüchtlingskrise" zusammengefasst. Eine Partei profitierte wie keine andere von dieser Entwicklung: die „Alternative für Deutschland", kurz AfD.

In der rechtsextremen Szene habe sich daraufhin eine Stimmung breitgemacht, die immer zwischen zwei Polen pendle, sagt Fabian Virchow. „Auf der einen Seite wird eine drohende Apokalypse durch ‚Überfremdung' imaginiert, auf der anderen entsteht durch den Aufstieg der AfD, Pegida & Co. der Eindruck: Jetzt kann die große Wende gelingen."

2015 hoben Ermittler die neonazistische Terrororganisation „Oldschool Society" aus, die Anschläge auf Moscheen, Kirchen, Kindergärten, Asylunterkünfte und Behindertenheime geplant haben soll. Man wollte die Taten später Linken und Muslimen in die Schuhe schieben.

2015 verübten in Sachsen Rechtsterroristen der „Gruppe Freital" Sprengstoffanschläge auf Asylunterkünfte, politische Gegner und Menschen, die sich in der Flüchtlingshilfe engagierten.

2015 bis Anfang 2016 griffen Rechtsextremisten der „Freien Kameradschaft Dresden" Asylbewerberheime an, waren an gewalttätigen Ausschreitungen beteiligt und attackierten Polizisten und politische Gegner.

Einer, der sich in dieser Zeit lautstark gegen rassistische Hetze und für die Aufnahme von Geflüchteten einsetzte, war der Kasseler Regierungspräsident Walter Lübcke.

Während einer Informationsveranstaltung zu einer geplanten Erstaufnahmeeinrichtung im hessischen Lohfelden im Oktober 2015 reagierte der CDU-Politiker auf Zwischenrufe und Beschimpfungen mit einer Verteidigung des ehrenamtlichen Engagements der Zivilgesellschaft.

Lübckes Rede endete mit den Sätzen: „Es lohnt sich, in unserem Land zu leben. Da muss man für Werte eintreten, und wer diese Werte nicht vertritt, der kann jederzeit dieses Land verlassen, wenn er nicht einverstanden ist. Das ist die Freiheit eines jeden Deutschen."

Eine Freiheit, wie er später betonte, die Geflüchtete in ihrer Heimat nicht hätten.

Die Sätze Walter Lübckes verbreiteten sich rasend schnell über rechte Kanäle, häufig in verfälschter Form, teilweise unter Nennung seiner Adresse.

Walter Lübcke erhielt in der Folge Hassmails und Morddrohungen – über Jahre hinweg.

22. Juli 2016: Der 18-jährige David S. tötet bei einem rechtsextremen Attentat an und im Münchener Olympia-Einkaufszentrum neun Menschen. Fünf weitere Menschen werden durch Schüsse verletzt, viele weitere auf der Flucht oder infolge der ausbrechenden Panik. Als Polizisten ihn stellen, erschießt David S. sich selbst.

Dass S. die Tat auf den Tag genau fünf Jahre nach dem rechtsextremen Attentat in Norwegen verübte, bei dem 77 Menschen getötet worden waren, ist kein Zufall. Wie sich im Laufe der Ermittlungen herausstellte, verehrte S. den dafür verantwortlichen Rechtsterroristen Anders B., hinterließ sogar wie sein Vorbild eine Art „Manifest" voll rassistischer Hetze. Trotzdem gingen die Ermittler lange von einem „Racheakt" aus.

Fabian Virchow forscht aktuell mit englischen Kollegen zu diesen „Manifesten", die von Rechtsterroristen in den 2010er Jahren mehrfach hinterlassen wurden. „Die Idee, das zu erklären, das zu rechtfertigen – das ist in der Tat neu", sagt er.

Im Gespräch nennt Virchow drei zentrale Aspekte dieser Art von Texten: „Da ist der ideologische Bestandteil – ich erkläre die Gefahr, erzähle gegebenenfalls, wie es anders aussehen könnte. Da ist der mobilisierende Charakter – jetzt muss etwas getan werden, sonst ist es zu spät. Und da ist der Teil, in dem die Täter nachvollziehbar machen, wie sie zu ihrer Bewaffnung gekommen sind – teilweise in Form von Bauanleitungen."

1. Juni 2019: Walter Lübcke wird zwischen 23.20 und 23.30 Uhr auf der Terrasse seines Kasseler Wohnhauses aus nächster Nähe erschossen, während im Haus seine Familie schläft. Etwa drei Stunden später stellen Ärzte in der Klinik seinen Tod fest.

Der Rechtsextremist Stephan Ernst, dessen DNA am Tatort gesichert wurde, schilderte nach seiner Festnahme und später vor Gericht mehrere Versionen des Tathergangs. Erst gestand er den Mord an Walter Lübcke. Dann widerrief er das Geständnis, nur um den wegen Beihilfe angeklagten Markus H. als Haupttäter darzustellen. Schließlich gestand er erneut, den tödlichen Schuss abgegeben zu haben.

Stephan Ernst war wegen rassistischer Angriffe vorbestraft. Er hatte Verbindungen zur rechtsextremen Szene und besaß mehrere Waffen. Er hatte eine Liste mit Namen von „potenziellen Anschlagszielen" geführt.

„Dass mittlerweile auch verstärkt Politiker angegriffen werden, die wie Walter Lübcke eine liberale Flüchtlingspolitik vertreten, ist, zumindest in der Umsetzung, ein neues Phänomen", sagt Fabian Virchow. „Eine ideologische Grundlage dafür findet sich aber auch schon in den Handreichungen von ‚Blood & Honour' oder den Schriften zum führerlosen Widerstand." Dort werde vom „race traitor" gesprochen – dem „Verräter der (eigenen) Rasse".

Lübckes Tod löste eine Vielzahl von Debatten aus. Über die Bedrohungslage von (Kommunal-) Politikern. Über die Verantwortung der sozialen Medien. Und die Rolle der AfD. Stephan Ernst unterstützte die Partei 2018 im hessischen Landtagswahlkampf und besuchte deren Demonstrationen. Den Ermittlern erzählte er später, eine AfD-Demo in Chemnitz habe eine zentrale Rolle bei seinem Entschluss gespielt, Walter Lübcke zu töten.

Am 28. Januar 2020 wurde Stephan Ernst vor dem Oberlandesgericht in Frankfurt wegen der Ermordung Walter Lübckes zu einer lebenslangen Freiheitsstrafe verurteilt. Eine anschließende Sicherungsverwahrung bleibt unter Vorbehalt. In einem weiteren Anklagepunkt, dem versuchten Mord an dem Iraker Ahmed I., wurde Stephan Ernst freigesprochen.

Der Mitangeklagte Markus H. wurde vom Vorwurf der Beihilfe zum Mord an Lübcke freigesprochen, aber wegen eines Waffendelikts zu einer Freiheitsstrafe von einem Jahr und sechs Monaten verurteilt, die auf Bewährung ausgesetzt wurden.

Sowohl die Bundesanwaltschaft, die Familie Walter Lübckes und Ahmed I., als auch Stephan Ernst und Markus H. haben Revision eingelegt.

Immer wieder führte die Spur rechten Terrors in den 2010er-Jahren auch in deutsche Sicherheitsbehörden.

Der rechtsextremen Prepper-Gruppe „Nordkreuz", die sich mit dem Horten von Waffen auf den „Tag X" vorbereitete und Leichensäcke für politische Gegner bereithielt, gehörten Polizisten und Soldaten an. Wie viele Rechtsterroristen vor ihnen, hatten auch die „Nordkreuz"-Mitglieder Feindeslisten angelegt. 2017 flog die Gruppe auf.

2018 begann eine Serie von Mord- und Anschlagsdrohungen. Die Drohungen wurden überwiegend per Mail versandt und unter anderem mit „NSU 2.0" unterzeichnet. Adressiert waren sie anfangs an die Frankfurter Rechtsanwältin Seda Başay-Yıldız und andere, die Opferfamilien im NSU-Prozess vertreten hatten. Später kamen weitere Personen des öffentlichen Lebens dazu, die sich gegen Rassismus und Antisemitismus und für die Rechte geflüchteter Menschen einsetzen.

Die Drohschreiben enthielten persönliche Informationen, die nicht öffentlich zugänglich sind und – so der heutige Stand der Ermittlungen – teilweise zuvor von Polizeicomputern in Hessen und Berlin abgerufen worden waren.

Im Mai 2021 nahmen Ermittler einen arbeitslosen Mann fest, der verdächtigt wurde, die insgesamt über 100 Drohschreiben verfasst zu haben. Die Hintergründe, insbesondere die Frage, wie der Verdächtige an die Daten aus den Polizeicomputern gelangt sein soll, waren damals noch nicht abschließend geklärt.

Untersuchungen des Parlamentarischen Kontrollgremiums des Deutschen Bundestags kamen im Dezember 2020 zu dem Schluss, „dass in der Bundeswehr sowie in unterschiedlichen Sicherheitsbehörden von Bund und Ländern (Polizei und Nachrichtendienste) [...] eine Reihe von Beschäftigten mit rechtsextremistischem – auch gewaltorientiertem – Gedankengut tätig sind".

9. Oktober 2019: Ein 27-Jähriger versucht, in eine Synagoge in Halle an der Saale einzudringen. Drinnen feiern über 50 Menschen den höchsten jüdischen Feiertag Jom Kippur. Menschen, die der 27-Jährige mit einer selbst gebauten Waffe töten will. Der Attentäter scheitert an der Tür, erschießt daraufhin erst die 40 Jahre alte Passantin Jana L. und später in einem Dönerimbiss den 20 Jahre alten Kevin S.

Seine grausamen Taten überträgt er per Helmkamera als Livestream. Bis zwei Polizisten ihn schließlich festnehmen.

Auch der Attentäter von Halle hatte eine Art „Manifest" vorbereitet, in dem er seinen Rassismus und Antisemitismus ausbreitete. Er wollte nach eigener Aussage die „Moral anderer unterdrückter Weißer" erhöhen und so viele nichtweiße Menschen töten wie möglich – „vorzugsweise Juden".

Im Dezember 2020 wurde der Attentäter zu einer lebenslangen Gesamtfreiheitsstrafe mit anschließender Sicherheitsverwahrung verurteilt. Das Gericht stellte die besondere Schwere der Schuld fest.

Der Anschlag von Halle steht in einer Reihe mit rechten Terrorakten im neuseeländischen Christchurch und im US-amerikanischen El Paso aus dem Jahr 2019. Sie machten deutlich, dass sich junge Männer abseits behördlich bekannter rechtsextremer Strukturen auf Imageboards und Gaming-Plattformen radikalisieren. Manche Experten sprechen im Zusammenhang mit diesen Anschlägen von einer „Gamification of Terror".

„Dieser Wettkampfcharakter ist neu", sagt Fabian Virchow. Der Attentäter von Halle zeigte seine Taten mittels Helmkamera aus einer Perspektive, die wohl nicht zufällig an Ego-Shooter erinnert. Er fügte seinem „Manifest" eine Liste mit sogenannten „Achievements" bei – virtuelle Trophäen, die für das Erreichen bestimmter Ziele an die Spieler in Video- und Computerspielen verliehen werden. Nur dass seine Ziele die Tode realer Menschen waren.

Die 2020er Jahre: Das Rechtsterrorismus-Problem

14. Februar 2020, fünf Tage vor dem Anschlag von Hanau: Bei Razzien in sechs Bundesländern werden zwölf Männer festgenommen, die im Verdacht stehen, gemeinsam Anschläge auf Moscheen und politische Gegner geplant zu haben. Die Ermittler finden bei Durchsuchungen Waffen und Sprengstoff.

Die Behörden hatte die Männer, die teils der rechtsextremen und der Reichsbürger-Szene angehörten, seit ihrem ersten persönlichen Treffen im baden-württembergischen Rems-Murr-Kreis auf dem Schirm. Im November erhob der Generalbundesanwalt Anklage gegen elf mutmaßliche Mitglieder sowie einen mutmaßlichen Unterstützer der „Gruppe S.".

In einer Pressemitteilung hieß es dazu: „Die Gründungsmitglieder zielten darauf ab […] die Staats- und Gesellschaftsordnung der Bundesrepublik Deutschland zu erschüttern und letztlich zu überwinden." Durch das massenhafte Töten von Muslimen sollten „bürgerkriegsähnliche Zustände" herbeigeführt werden. „Es wurde auch erwogen, gewaltsam gegen politisch Andersdenkende vorzugehen."

Nach Informationen des „Spiegel" fanden die Ermittler bei einem der Angeklagten Videos der Anschläge von Christchurch und Halle, die der Gruppe S. offenbar als Vorbild dienten.

Rechter Terror ist längst ein internationales Phänomen. Die menschenverachtende Ideologie, die ihm zugrunde liegt, findet den Weg in die Köpfe der Täter auf allen erdenklichen Wegen.

Ein Jahr nach dem rechtsextremen Terroranschlag von Hanau sagte Filip Goman, Vater von Mercedes Kierpacz, im Gespräch mit dem Schweizer Radio und Fernsehen: „Wissen Sie, mein Großvater wurde in Auschwitz von den Nazis vergast. Und meine Tochter wird von einem Rechtsterroristen in Hanau erschossen. Wieso?"

Rechter Terror hat eine Geschichte in Deutschland. Eine Geschichte, die dieser Text nur im Ansatz, nur lückenhaft anhand einiger zentraler Beispiele erfassen kann.

„Wenn im Verfassungsschutzbericht steht, dass von 10.000 Neonazis die Hälfte gewaltbereit ist, ist das eine hohe Zahl. Aber die Zahl derer, die in diesem Land bereit sind oder es befürworten, Gewalt gegen ‚Volksfeinde' einzusetzen, ist meines Erachtens fünfstellig", sagt Fabian Virchow. „Man muss zur Kenntnis nehmen, dass in der BRD eine zahlenmäßig relevante Minderheit nach wie vor völkischem Gedankengut anhängt und die imaginierte völkische Reinheit teilweise mit Gewalt herstellen und verteidigen will."

Diese Minderheit sei so groß, dass man sie unmöglich überwachen könne, so Virchow. „Wenn ein Bürger Mitte 50, der nie in der rechtsextremen Szene aktiv war, losgeht und einem Geflüchteten ins Gesicht schießt oder Menschen überfährt, kann der Staat diesen Menschen selbst bei ausgeweiteter Überwachung nicht auf dem Schirm haben."

Die politische Aufgabe müsse laut Virchow daher sein, die Vorstellung, dass es so etwas wie homogene Völker gbe, die ihren ethnischen Kern verteidigen müssten, zu überwinden.

„Das kann kurzfristig dazu führen, dass diejenigen, die daran festhalten wollen, diese Vorstellung umso heftiger verteidigen", sagt Virchow. „Ich glaube, man müsste noch offensiver plausibel machen, dass Deutschland eine Gesellschaft vieler Minderheiten wird. Wir sind eine Migrationsgesellschaft."

Dass das keine einfache Aufgabe ist, das ist auch dem Experten bewusst. „Es braucht Sensibilität, gesellschaftliche Tabus und politischen Mut", sagt er. „Dass dieser Mut zurzeit fehlt, hat meiner Einschätzung nach auch mit der AfD zu tun."

Fabian Virchow empfiehlt daher – „banal aber wichtig" –, den demokratischen Teil der Gesellschaft zu stärken. „Diejenigen, die dagegenhalten: politische Bildung, Opferberatung, Minderheiten." Denn um die Auseinandersetzung komme man nicht herum. „Ich würde mir wünschen, dass wir mehr Patentrezepte hätten. Wohl wissend, dass es die gar nicht geben kann."

Rechter Terror wird nicht einfach verschwinden.

Serpil Temiz Unvar: „Wir müssen uns auf die Menschlichkeit konzentrieren"

Interview: Sophia Stahl

Serpil Temiz Unvar verlor ihren Sohn Ferhat Unvar durch den rechtsterroristischen Anschlag am 19. Februar 2020 in Hanau. Im vergangenen Jahr rief sie die „Bildungsinitiative Ferhat Unvar" ins Leben, mit der sie unter anderem über institutionellen Rassismus aufklären möchte. Im Gespräch mit uns berichtet sie, was passieren muss, damit die rassistische Gewalt in Deutschland ein Ende findet.

Frau Unvar, die Opfer in Hanau, sagten Sie nach dem Anschlag, sollen nicht umsonst gestorben sein. Was sind wir ihnen schuldig?

Serpil Temiz Unvar: Unsere Kinder sind wegen der Herkunft ihrer Eltern gestorben. Weil wir Migranten sind. Der Täter hat gezielt migrantisch aussehende Menschen getötet. Es hätte jeden von uns mit schwarzen Haaren treffen können. Es hätte auch ich sein können. Alle der Gestorbenen waren jung, hatten gerade ihre Ausbildung beendet oder einen neuen Job. Sie standen alle mitten im Leben. Der Täter hat ihnen die Chance genommen, ihr Leben zu leben. Die Chance auf eine Familie, auf den Einstieg in den Beruf. Sie sind gestorben, weil unsere Gesellschaft ein tiefgreifendes, strukturelles Rassismusproblem hat.
Wir schulden es unseren ermordeten Kindern, dieses Problem zu lösen. Wir schulden es unseren ermordeten Kindern, das Problem zu benennen und die Strukturen zu entlarven. Wir schulden es unseren Kindern, jeden Tag dafür zu kämpfen und die Umstände aufzudecken.
Und wir schulden es unseren Kindern, dafür zu kämpfen, dass ihre Namen in Erinnerung bleiben. Dass niemand vergisst, was hier in Hanau passiert ist. Dass niemand vergisst, warum sie hier ermordet wurden. Und wir schulden es unseren Kindern, dafür zu kämpfen, dass keine weiteren Kinder aus rassistischen Motiven die Zukunft geraubt wird und nie wieder eine Mutter um den Verlust ihres Kindes weinen muss. Der Tod meines Sohnes soll das Ende der rassistischen Gewalt sein. Er soll der Anfang einer neuen, besseren Zeit sein.

Setzt Deutschland diese Forderung ausreichend um?

Nein. Es war ziemlich direkt nach der Tat klar, dass wir, die Familien, aber auch die migrantische Community, uns selbst organisieren müssen. Dass wir selbst Gerechtigkeit und Veränderung einfordern müssen. Wir, die Familien, ermitteln, recherchieren und organisieren.
Wir haben viele Fragen gestellt und haben bisher keine richtigen Antworten bekommen. Wir haben Fehler aufgezeigt und warten bis heute auf eine Entschuldigung, zum Beispiel seitens der Polizei, die in der Tatnacht den Notruf nicht richtig besetzt hatte. Es gibt viele offene Fragen – und keine Bereitschaft, uns Antworten zu geben. Unsere Gesellschaft hat sich irgendwie daran gewöhnt, dass wenn Menschen, die migrantisch gelesen werden, ermordet werden, es einen kurzen Aufschrei gibt und dann wieder

Stille herrscht. Man hat sich daran gewöhnt, dass sich nur die migrantische Community selbst dafür interessiert. Und mehr als eine kurze Betroffenheit ist oft nicht zu erwarten.
Aber wir sind nicht mehr still. Wir, gemeinsam mit anderen Initiativen und Organisationen, die diesen Kampf beginnen mussten, sind nicht mehr leise. Wir solidarisieren uns und wir profitieren von der Arbeit, die vor uns geleistet wurde. Nur gemeinsam sind wir stark.

Denken Sie, dass wir als Gesellschaft versagt haben?

Ich weiß nicht, ob wir unbedingt als Gesellschaft versagt haben. Es gibt viele gute Menschen, Einrichtungen und Organisationen. Aber viele staatliche Organe haben versagt. Die Behörden haben versagt. Sie haben die Gefahr, die vom Täter ausging, nicht erkannt. Sie haben nicht rechtzeitig gehandelt. Warum, zum Beispiel, hatte dieser Mann ganz legal einen Waffenschein, obwohl er sich auffällig verhalten hatte und bereits der Polizei bekannt war?

Was also müssen wir ändern – was erwarten Sie von unserer Gesellschaft?

Wir müssen die Dinge beim Namen nennen. Wir müssen Rassismus benennen und wir müssen rassistische Strukturen benennen, erkennen und abbauen.
Ich erwarte, dass alle Menschen die Bereitschaft zeigen, sich weiterzuentwickeln. Dass die Gesellschaft als solche die Bereitschaft zeigt, sich selbst und die eigenen Strukturen zu hinterfragen. Wir müssen rassistische Denkmuster und Einstellungen entlarven und als solche benennen. Es erfordert die Bereitschaft aller, wenn wir rassistische Denkweisen auf Dauer entkräften wollen. Ich erwarte, dass Initiativen und Bildungseinrichtungen, wie die „Bildungsinitiative Ferhat Unvar", die ich gegründet habe, unterstützt werden. Ich erwarte, dass antirassistische Bildungsarbeit staatlich gefördert wird.

Wie lang, glauben Sie, ist der Weg, den wir noch gehen müssen, bis sich wirklich etwas ändern wird?

Der Weg ist lang, aber wir müssen ihn gehen. Und ich habe Hoffnung. Leider mussten viele Familien vor uns diesen Weg schon gehen. Haben vor uns schon gekämpft. Aber wir haben es mit einer neuen Generation zu tun. Die Generation meines Sohnes ist anders. Seine Freunde und Freundinnen begreifen sich anders.
Während in meiner Generation die kulturellen Unterschiede noch eine starke Rolle zu spielen scheinen, ist es für die Generation meines Sohnes eigentlich kein Thema mehr. In seinem Freundeskreis ist es egal, woher jemand kommt. Ferhat war mit ganz verschiedenen Menschen befreundet, für ihn zählte das Menschsein, nicht die Herkunft. Und ich glaube, es geht vielen jungen Menschen seiner Generation so. Die Herkunft wird immer

unwichtiger und was zählt, ist die Menschlichkeit. Und genau das ist der Weg, den unsere Gesellschaft gehen muss. Wir müssen uns auf die Menschlichkeit konzentrieren.

Unser Buch heißt, passend dazu, „Menschen". Was hat Ferhat als Menschen ausgemacht?

Ferhat war ein sehr begabtes Kind mit vielen Interessen. Er interessierte sich sehr für Mathematik und Philosophie und er las sehr gerne. Er war ein tiefgründiger Mensch, der sich gerne über Gott und die Welt unterhalten und viele Dinge hinterfragt hat. Er hat sich mit allen Menschen verstanden, egal welchen Alters und welcher Herkunft. Er konnte mit jedem Menschen auf Anhieb ins Gespräch kommen. Er war immer freundlich und lustig und hat seine Freunde immer zum Lachen gebracht.
Er konnte aber auch sehr ernst sein und hatte für alle Freunde und seine Geschwister immer ein offenes Ohr und hat ihre Probleme gelöst. Innerhalb weniger Sekunden konnte er von lustig auf nachdenklich umschalten. Aber nicht jeder kannte seine nachdenkliche Seite, die meisten kannten ihn als unglaublich lustigen Typ, der alles und jeden aufs Korn nehmen konnte.
Obwohl Ferhat ein so offener Mensch war, hatte er auch viele Probleme, die ihn stark belasteten. Er hatte viele Probleme mit der Schule, besonders mit der Schulpolitik. Er war der Meinung, dass die Schulleistung nichts über die Intelligenz eines Menschen aussagt. Er musste in der Schule immer kämpfen und er musste sich oft Aussagen anhören wie zum Beispiel: „Du wirst nie etwas schaffen." Diese Aussagen nahmen ihm die Motivation weg. Trotzdem hat er nie aufgegeben und hat seine Ausbildung geschafft. Er hat nach dem Abschluss aber nicht gefeiert, weil für ihn die Schule ein Problem war, das er lösen musste.
Deswegen habe ich es mir zur Aufgabe gemacht, antirassistische Bildungsarbeit zu machen. Ich will Ferhats Problem lösen. Nicht nur für Ferhat, sondern für alle Kinder, die mit solchen Problemen konfrontiert werden.

Was können wir alle von Ferhat lernen?

Ferhat war ein offener Mensch und seine Offenheit ist etwas, was ich mir für unsere Gesellschaft wünsche. Unvoreingenommen und vorurteilsfrei. Man konnte von ihm viel über Nächstenliebe und das Menschsein lernen.
Und Ferhat hat nie aufgeben, egal wie schwer seine Situation war, er hat immer weitergekämpft. Ferhat war ein Kämpfer. Ich nehme meine Kraft von ihm. Ich kämpfe für ihn weiter, ich kämpfe seinen Kampf weiter. Für Ferhat, für Hanau und für eine bessere Zukunft für uns alle.

Beim rechtsterroristischen Anschlag in Hanau am 19. Februar 2020 starben neun Menschen. Das sind ihre Namen:
Ferhat Unvar
Gökhan Gültekin
Sedat Gürbüz
Said Nesar Hashemi
Mercedes Kierpacz
Hamza Kurtović
Vili Viorel Păun
Fatih Saraçoğlu
Kaloyan Velkov

28
der mindestens

187 Todesopfer
rechtsmotivierter Gewalt

waren 18 Jahre alt oder jünger

Quellen: Tagesspiegel, ZEIT, Zeitraum 1990 bis 2020

Lübcke-Mord: Kontakte ins NSU-Umfeld

von Nathan Niedermeier

Gegen Mitternacht, am 1. Juni 2019, sackt der frühere Kasseler Regierungspräsident Dr. Walter Lübcke in einem Stuhl auf der Terrasse seines Wohnhauses zusammen, getötet durch einen Kopfschuss aus nächster Nähe. Ermordet hat ihn der langjährige Rechtsextremist Stephan Ernst. Wegen psychischer Beihilfe war zudem der Neonazi Markus H. angeklagt. Ernst hatte behauptet, gemeinsam mit H. gehandelt zu haben, und so sahen es auch die Bundesanwaltschaft und die Familie Lübcke.

Der 5. Strafsenat des Oberlandesgerichts Frankfurt sah das anders und sprach Markus H. von dem Vorwurf der Beihilfe frei. Das Gericht verurteilte den Neonazi lediglich wegen eines Waffendelikts zu einer Freiheitsstrafe von einem Jahr und sechs Monaten, die zur Bewährung ausgesetzt wurde. Stephan Ernst wurde wegen der Ermordung Walter Lübckes zu einer lebenslangen Freiheitsstrafe verurteilt. Eine anschließende Sicherungsverwahrung bleibt unter Vorbehalt. Es war nicht der einzige Fall, wegen dem Ernst in Frankfurt vor Gericht stand.

Auch wegen versuchten Mordes an dem Iraker Ahmed I. hatte die Bundesanwaltschaft ihn angeklagt. Ein Radfahrer hatte Ahmed I. im Januar 2016 von hinten ein Messer vier Zentimeter tief in den Rücken gerammt. Das Gericht sprach Ernst in diesem Anklagepunkt frei.

Mit diesem Urteil ging der Prozess in Frankfurt im Januar 2020 zu Ende. Doch neben der Bundesanwaltschaft legten auch alle weiteren Beteiligten Revision ein.

Stephan Ernst ist deutschen Ermittlungsbehörden schon lange bekannt, aber bisher haben die Sicherheitsbehörden keine besondere Nähe zum NSU festgestellt. Interne Dokumente belegen, dass die persönlichen Verbindungen des Lübcke-Attentäters aus Kassel zu NSU-Netzwerken im nahe gelegenen Thüringen intensiver waren als bisher bekannt. Die Angeklagten wollten sich auf Nachfrage von CORRECTIV nicht äußern.

Allein bis zum Jahr 2009 gab es im polizeilichen Informationssystem POLAS 37 Einträge über Stephan Ernst. Der hessische Verfassungsschutz zählt über 60 Rechtsradikale zum Personenkreis um Ernst und seinen Bekannten Markus H., wie CORRECTIV aus dem Lübcke-Untersuchungsausschuss in Hessen erfuhr. Auch das Bundesamt für Verfassungsschutz war durch Quellenmeldungen über Stephan Ernst informiert. Insgesamt 13 solcher Meldungen mit Bezug auf Ernst lagen dem Amt vor dem Mord an Lübcke vor.

Für Beobachter liegt nahe, dass Ernst in all den Jahren als aktiver Rechtsextremist auch in Kontakt mit dem NSU-Umfeld kommen musste. Die terroristische Vereinigung „Nationalsozialistischer Untergrund", kurz NSU, hatte von 2000 bis 2007 aus rassistischen Motiven zehn Menschen ermordet, Sprengstoffanschläge verübt und Banken ausgeraubt. Unter den Opfern waren Menschen türkischer, kurdischer, griechischer und iranischer Herkunft. Das Kerntrio, Uwe Böhnhardt, Uwe Mundlos und Beate Zschäpe, hatte in dieser Zeit unterstützt durch ein Helfernetzwerk in Thüringen im Untergrund gelebt.

Dass die rechtsextreme Szene in Kassel gut mit Thüringer Kameraden vernetzt war, als der NSU untertauchte und mordete, ist bekannt. NSU-Untersuchungsausschüsse haben sich mit der Aufarbeitung dieser Verbindungen befasst. So dokumentiert der Abschlussbericht des hessischen Ausschusses gemeinsame rechtsextreme Aufmärsche, Gewalttaten und Feiern mit Saufgelagen. Das alles in einer Zeit, in der Ernst und auch sein Kumpel H. in der Kameradschaftsszene in Kassel aktiv waren, sich in der Szene auch kennenlernten. In dieser Zeit mordete der NSU aus Thüringen über viele Jahre unerkannt, auch in Kassel.

Wie nah stand Ernst dem „Nationalsozialistischen Untergrund" und lebt das Terrornetzwerk bis heute weiter?

Martina Renner, stellvertretende Vorsitzende der Linken und ehemalige Obfrau in NSU-Untersuchungsausschüssen, stellt regelmäßig Anfragen an die Bundesregierung zu Straf- und Gewalttaten mit NSU-Bezug. Die Bundestagsabgeordnete kommt zu dem Ergebnis, dass der NSU auch heute noch ein „wichtiger ideologischer Bezugspunkt" für die extreme Rechte ist. „Man bezieht sich bei konkreten Straftaten und Gewalttaten als Referenz auf den NSU", sagt sie.

Der hessische Verfassungsschutz hat eine eindeutige Position. Das Amt konnte bisher auch mit einer eigens eingerichteten sogenannten Sonderauswertungsgruppe „keine NSU-Bezüge der Angeklagten" feststellen, wie der Verfassungsschutz bereits 2019 bekannt gegeben hatte. Dass diese Einschätzung noch heute gilt, bestätigte das Amt jetzt erneut auf Anfrage gegenüber CORRECTIV.

CORRECTIV-Recherchen ergeben jetzt ein anderes Bild.

CORRECTIV sichtete Dutzende, teils geheime Dokumente und Vernehmungsprotokolle sowie Fotos und Recherchen anderer Medien. Sie zeigen in der Zusammenschau: Ernst und auch Markus H. bewegten sich offenbar näher als bisher angenommen im Umfeld der terroristischen Vereinigung.

Das beginnt bei den persönlichen Bekanntschaften von Ernst mit vier Rechtsextremisten, die von der Bundesanwaltschaft als wichtigste Personen in den Ermittlungen zum NSU-Komplex eingestuft wurden. Sie alle stehen auf einer entsprechenden Liste der Bundesanwaltschaft, die CORRECTIV vorliegt und neben dem NSU-Kerntrio insgesamt 35 Personen umfasst, darunter die engsten und zum Teil später verurteilten Unterstützer des Trios.

Unter den NSU-Anschlagsorten ist Kassel die einzige Stadt, aus der Personen auf dieser Liste aufgeführt werden. Die Bundestagsabgeordnete Renner schlussfolgert deshalb, dass die Bundesanwaltschaft „möglicherweise ein sehr viel engeres Verhältnis des NSU nach Kassel als in die neonazistischen Szenen in den anderen Tatorten" vorausgesetzt habe.

Neben den vier Bekannten und Freunden von Ernst gibt es zu weiteren Personen auf der Liste Verbindungen über Veranstaltungen, Organisationen und Kontakte.

Der ehemalige V-Mann Benjamin Gärtner mit dem Tarnnamen „Gemüse" steht auf Platz elf der Liste zu den NSU-Kontakten. Damit gehört er zu dem Personenkreis, dem die Bundesanwaltschaft eine „besondere Bedeutung" beimisst. Über die rechtsextreme Kameradschaftsszene in Kassel kennen sich Gärtner und Stephan Ernst persönlich, wie Ernst später vor dem Oberlandesgericht Frankfurt berichtet. Brisant ist der Kontakt zu Gärtner auch, weil dessen V-Mann-Führer Andreas Temme war, ehemaliger Mitarbeiter des hessischen Landesamtes für Verfassungsschutz und am Tatort bei einem der NSU-Morde anwesend. Ernst habe Temme aber nicht gekannt, gab er vor Gericht an.

Dem Spiegel gegenüber teilte ein Anwalt von Ernst jedoch mit, dass in Gesprächen zwischen Gärtner und Ernst auch der Name Temme gefallen sei.

Gespräche von Gärtner und Stephan Ernst über den Verfassungsschützer Temme sind deshalb so brisant, weil Temme und Gärtner später bei dem NSU-Mord in Kassel 2006 noch eine entscheidende Rolle einnehmen werden. Anders als bei den vorherigen Morden des NSU hat die Mordkommission in Kassel schnell einen Tatverdächtigen ermittelt, es ist der Verfassungsschutzmitarbeiter Andreas Temme. Er hielt sich zum Zeitpunkt des Mordes am Tatort auf, meldete sich aber nicht als Zeuge. Am Tag des Mordes telefonierte er mehrmals mit seinem V-Mann Gärtner, den Ernst kannte. Eines der Gespräche dauerte über elf Minuten. Bei Durchsuchungen im Zuge der Ermittlungen gegen ihn werden neben Schusswaffen auch Nazi-Dokumente wie Auszüge aus „Mein Kampf" und ein Buch über Serienmörder bei ihm gefunden.

Vor dem zweiten Untersuchungsausschuss des Bundestages berichtet der damalige Leiter der Ermittlungen zum Kasseler NSU-Mord, dass sie bei den Ermittlungen auch die Hypothese gehabt hätten, dass mit Temme ein „verkappter Rechter" beim Hessischen Landesamt für Verfassungsschutz tätig sei.

2007 wird das Verfahren gegen Temme eingestellt. Er wechselt ins Regierungspräsidium in Kassel, wo er auch heute noch arbeitet. Es ist die Behörde, deren oberster Vorsitzender 2009 Walter Lübcke wird. Die Rolle Temmes bei dem Mord in Kassel ist bis heute ungeklärt. Fest steht, Ernst war über den V-Mann „Gemüse" mit dem Umfeld von Temme verbunden.

Der führende Neonazi Thorsten Heise ist die Nummer zehn auf der Liste der Bundesanwaltschaft und gehört damit ebenfalls zum Personenkreis mit „besonderer Bedeutung". Ihm spricht die Zeitung Welt eine Art „Mentor"-Rolle für Stephan Ernst zu und dokumentiert zahlreiche Zusammenkünfte der beiden Neonazis zwischen 2001 und 2011 unter Berufung auf Unterlagen des Verfassungsschutzes. Vor Gericht berichtet Ernst, auch wegen einer „Hausverteidigung" bei Heise zu Hause gewesen zu sein. Es sei damals darum gegangen, Heises Anwesen gegen Linke zu verteidigen.

Thorsten Heise gilt als entscheidender Führungskader der extremen Rechten in Deutschland. Was wusste er über den NSU und die Morde der Terrorbande, bevor diese öffentlich bekannt wurden? Ein verurteilter NSU-Unterstützer sagte nach seiner Verhaftung 2011 aus, er habe mit Heise bei „zwei, drei" Treffen über eine mögliche Flucht des NSU-Kerntrios ins Ausland gesprochen und Heise habe gesagt, er hätte da jemanden, bei dem die drei auf einer Farm leben könnten. Auch Tino Brandt, ein ehemaliger V-Mann und Anführer des „Thüringer Heimatschutzes", in dem auch das NSU-Kerntrio Mitglied war, sprach noch 2007 mit Heise über das Trio.

Das geht aus Tonbandaufnahmen hervor, die bei Thorsten Heise sichergestellt wurden. Die Aufnahmen lassen den Verdacht aufkommen, dass Heise zu diesem Zeitpunkt möglicherweise von den Morden des Trios wusste. Heise zweifelt in dem Gespräch jedoch daran, dass die Taten dem Trio zugeordnet werden können. Bis Polizei und Öffentlichkeit erfahren, dass „die drei verschwundenen Jenaer", über die Heise und Brandt sprechen, für die Morde, Sprengstoffanschläge und Banküberfälle verantwortlich sind, werden noch vier Jahre vergehen, weil fatalerweise genau dieses „zuordnen", von dem Heise spricht, nicht gelang.

Noch 2011 besuchte Ernst eine von Heise organisierte Sonnenwendfeier in Thüringen. Das belegt ein Foto von der Feier, das dem Verfassungsschutz vorliegt und auch Thema im Gerichtsprozess war. Das Foto ordnete der Geheimdienst jedoch nicht Stephan Ernst zu. So kam das Amt 2015 zu der Einschätzung, Ernst sei „abgekühlt", – also nicht mehr in der extremistischen Szene aktiv. Die Beobachtung von Ernst wurde eingestellt, seine Akte gesperrt. Dass diese Einstufung eine Fehleinschätzung war, belegt auf dramatische Weise die Ermordung Lübckes.

In der rechtsextremen Kameradschaftsszene in Kassel war der geständige Lübcke-Mörder Stephan Ernst auch mit zwei weiteren

Rechtsextremen bekannt, die ebenfalls auf der NSU-Umfeld-Liste der Bundesanwaltschaft stehen. Einer davon gab bei einer polizeilichen Vernehmung und vor dem hessischen Untersuchungsausschuss an, er glaube Mundlos und Böhnhardt bei einem Konzert im Jahr 2006 gesehen zu haben. Das Konzert sei in Kassel gewesen, vielleicht aber auch in Thüringen.

Noch weitere Hinweise deuten darauf hin, dass die NSU-Terroristen schon vor dem Mord in Kassel waren. Die Kasseler rechtsextreme Kameradschaftsszene, über die Ernst auch seinen Kumpel Markus H. kennenlernt, ist in dieser Zeit sehr gut nach Thüringen vernetzt.

Während der NSU in den Nullerjahren Anschlagsziele auskundschaftet, Sprengstoffanschläge verübt und mordet, sammelt auch Stephan Ernst Informationen über seine verhassten Feinde und notiert sie als „potenzielle Anschlagsziele", wie die Bundesanwaltschaft in der Anklageschrift, die CORRECTIV vorliegt, festhält.

Beim NSU tauchte unter den potenziellen Anschlagszielen auch der Name Walter Lübckes auf, den Ernst Jahre später ermordet. Die NSU-Terroristen notierten sich aber für Kassel neben weiteren Adressen auch die der lokalen jüdischen Gemeinde. Genau zu dieser Adresse besaß auch Stephan Ernst Notizen, die auf das Ausspähen der Synagoge der Gemeinde hindeuten. Ermittler fanden die Notizen, neben Informationen zu rund 60 weiteren Namen und Institutionen, auf einem verschlüsselten USB-Stick, der bei Ernst sichergestellt wurde.

Auch bei der Verteidigung im Mordprozess zum Fall Lübcke gibt es Parallelen zum NSU-Komplex. Markus H., der Freund von Ernst, wird vor Gericht von der Anwältin Nicole Schneiders vertreten, die im NSU-Prozess in München Ralf Wohlleben vertrat. Wohlleben war, wie möglicherweise Markus H. im Mordfall Lübcke, beim NSU in die Beschaffung der Tatwaffe involviert und wurde zu zehn Jahren Haft verurteilt. Schneiders kannte Wohlleben aus der Jenaer NPD, sie war dort stellvertretende Vorsitzende, als Wohlleben den Posten des Kreisvorsitzenden innehatte. Der zweite Verteidiger von Markus H., Björn Clemens, war 2018 kurzzeitig Wahlverteidiger von André E., der zu der Zeit Angeklagter im NSU-Prozess war.

Stephan Ernst wurde vor Gericht zeitweise von Dirk Waldschmidt vertreten, der im NSU-Prozess als Rechtsbeistand von André K. auftrat. K. hatte dem Trio im Untergrund geholfen. Vor Waldschmidt, ehemals Vize-Chef der hessischen NPD, soll sich Ernst auch selbst mit Wohlleben verglichen haben, wie dieser vor Gericht aussagte.

Ernst und der NSU, Kassel und Thüringen, der Lübcke-Mord und die NSU-Taten: Die Indizien sind erdrückend, dass es sich um dasselbe Umfeld handelte, in dem sich die Mörder radikalisierten. Die Verbindungen zu Personen, die sowohl mit dem NSU-Trio als auch mit Ernst zu tun hatten, zeigen deutlich, wie eng das Netzwerk gestrickt war, in dem nach wie vor ungeklärt ist, welche Rolle der Verfassungsschutz spielt.

Nach dem Ende des Gerichtsprozesses gegen Ernst und Markus H. müssen diese Verbindungen weiter aufgeklärt werden. Der Untersuchungsausschuss des Landtages in Hessen kann das angehen.

_____

Diese Recherche wurde gefördert durch ein Stipendium des Vereins für Recherche und Reportage e.V./ Brost-Stiftung.

„Anti-Antifa-Arbeit": Eine besonders brutale Strategie der Neonazis – vor allem in Nordbayern

von Elke Graßer-Reitzner und Jonas Miller

In Nordbayern haben Neonazis über Jahre hinweg eine professionell arbeitende und konspirativ agierende Gruppe aufgebaut. Auch wenn Personen und Strukturen wechselten: Die „Anti-Antifa-Arbeit" verändert sich nicht.

„Anti-Antifa": So bezeichnen Rechtsextreme ihr Tun, wenn sie gegen ihre Gegner vorgehen. Engagierte Bürger und Bürgerinnen, Journalistinnen und Journalisten, Richterinnen und Richter oder Kulturschaffende, die die Demokratie verteidigen und dem linken Spektrum zuzuordnen sind, sind neben Politikern häufig das Ziel ihrer Angriffe. Zur sogenannten Outing-Strategie der „Anti-Antifa" gehört es, die Adressen und das persönliche Umfeld ihrer Opfer auszukundschaften und deren Daten dem rechtsextremen Milieu zugänglich zu machen. So landen dann Drohbriefe in den Postkästen, die Ausgespähten werden auf dem Nachhauseweg abgepasst und bedroht – oder Schlimmeres.

In Nordbayern, vor allem im Raum Nürnberg, hat diese brutale Methode eine lange Tradition. Schon im Jahr 1993 wurde bei einem Treffen des rechtsextremen „Deutschen Freundeskreises Franken" die Gründung einer „Anti-Antifa"-Gruppe beschlossen. Und damit ein Jahr, bevor der Thüringer Kader Tino Brandt das Aktionskonzept des Hamburger Neonazis Christian Worch umsetzte: Er rief die „Anti-Antifa Ostthüringen" ins Leben, quasi den Vorläufer des „Thüringer Heimatschutzes", aus dem sich dann die Terrorzelle NSU entwickelte.

Gleich in den Anfängen der Nürnberger „Anti-Antifa" wurde die rechtsextreme Zeitung „Junges Franken" herausgegeben, in der Kommunalpolitiker, Rechtsanwälte und bekennende Antifaschisten unter der Rubrik „Ausländerfreundlichster Mitbürger Frankens" mit detaillierten Angaben über ihr politisches und privates Leben diffamiert wurden.

Zu dieser Zeit versuchte sich eine Aktivistin des ein Jahr zuvor in München gegründeten „Nationalen Blocks" in ein dortiges antifaschistisches Informationszentrum einzuschleichen. Unter Vorwänden erhielt sie Zugang zum Zentrum. Interessiert hat sich die junge Frau fast ausschließlich für die Herkunft des Archivmaterials. Als ihr erfundener Lebenslauf und ihr rechter Hintergrund aufflogen, verschwand sie. Der „Nationale Block" wurde am 7. Juni 1993 verboten.

Um die Jahrtausendwende gründete sich die Fränkische Aktionsfront (FAF), eine radikale und streng hierarchisch strukturierte Kameradschaft, der die NPD zu brav und bieder war. Die FAF gab das Fanzine „Der Landser" heraus. Der damalige bayerische Innenminister Günther Beckstein (CSU) ließ die Gruppierung drei Jahre später, also Anfang 2004, verbieten, weil sie mit dem Nationalsozialismus wesensverwandt sei. In beinahe jeder Ausgabe gab es einen „Anti-Antifa"-Teil, in dem Berichte über „Rote Zonen in Nürnberg", Informationen über antirassistische Infoläden und Treffpunkte oder detaillierte Beschreibungen von aktiven Nazigegnern abgedruckt wurden.

Ein Bericht thematisierte beispielsweise eine länger andauernde politische Auseinandersetzung zwischen antirassistischen und neonazistischen Jugendlichen an einem Nürnberger Gymnasium. Dabei wurde eine engagierte Lehrerin mit Namen und Bild im „Landser" angeprangert. Im Vorfeld zu diesem Bericht war ein jugendlicher Neonazi in einem offenen Café der Nürnberger

Jugend-Antifa aufgetaucht und hatte sich als Mitarbeiter einer Schülerzeitung ausgegeben, der nur ein paar Informationen sammeln wolle. Später wurde er enttarnt und gab an, nicht auf eigene Faust gehandelt zu haben – vielmehr sei er von der „Anti-Antifa" geschickt worden.

In dieser Zeit begann auch die Mord- und Anschlagsserie des Nationalsozialistischen Untergrunds (NSU), der neun Mitbürger mit Migrationsgeschichte und eine deutsche Polizistin zum Opfer fielen. Nürnberg, die Stadt der Reichsparteitage und einstige „Führer-Stadt" in der NS-Zeit, wurde zur Schwerpunkt-Zone der Taten.

Bereits im Jahr 1999 verübte die Terrorzelle um Uwe Böhnhardt, Uwe Mundlos und Beate Zschäpe ihren ersten Sprengstoffanschlag auf eine Pilsbar hinter dem Nürnberger Hauptbahnhof. Die Kneipe war von dem jungen Deutschtürken Mehmet O. (Name geändert) übernommen worden. Einen Tag nach der Eröffnungsfeier im engsten Familienkreis explodierte eine Stabtaschenlampe, als Mehmet O. sie bei Reinigungsarbeiten auf der Toilette entdeckt und inspiziert hatte. Der Wirt überlebte nur deswegen, weil der Sprengsatz nicht richtig gezündet hatte. Wer ihm nach dem Leben trachtete, wusste er nicht. Aus Angst verließ er die Stadt. Das gemeinsame Rechercheteam des Bayerischen Rundfunks (BR) und der Nürnberger Nachrichten (NN) machte O. nach Jahren ausfindig und nannte ihm die Zusammenhänge zum NSU, die während des Prozesses um Beate Zschäpe in München in den Jahren 2014 bis 2018 offenbar geworden waren.

Im September 2000 stirbt der Blumenhändler Enver Şimşek durch acht Schüsse aus einer Ceska, im Juni 2001 wird der Schneider Abdurrahim Özüdoğru in seinem versteckt in der Südstadt liegenden Laden durch Kopfschüsse getötet. Im Juni 2005 wird İsmail Yaşar in seinem Imbissstand direkt neben einer Schule mit vier Pistolenkugeln ermordet. Bis heute ist nicht geklärt, wer die Opfer aussuchte und wer die Tatorte auskundschaftete.

Klar ist allerdings, dass das NSU-Kerntrio schon vor seinem Untertauchen oft Zeit in Nürnberg verbrachte. So machte das Rechercheteam von BR und NN einen ehemaligen Neonazi ausfindig, der damals zum regionalen Führungskader gehörte. Der Szeneaussteiger schilderte den Journalisten, dass Uwe Mundlos, Uwe Böhnhardt und Beate Zschäpe mehrfach in einer Wohnung in Nürnbergs Osten abstiegen, die in dieser Zeit auch der US-amerikanische Neonazi Gary Lauck besucht haben soll. Lauck unterstütze die Franken nach Schilderungen des Aussteigers nicht nur durch Spenden, durch die zum Beispiel Wohnungen finanziert wurden, sondern stellte auch die Website anti-antifa.net bis zu ihrer Abschaltung im Jahr 2008 zur Verfügung.

Innerhalb der Szene kannte man sich gut, und die fränkischen Rechtsextremisten agierten damals extrem militant. Führende Köpfe sollen gar einen Sprengstoffanschlag auf den Nürnberger Justizpalast erwogen haben, in dem nach dem Ende des Zweiten Weltkriegs die Nürnberger Prozesse gegen die NSDAP-Führung sowie die Nachfolgeprozesse, etwa gegen Ärzte, stattfanden.

Nach dem Verbot der Fränkischen Aktionsfront 2004 traten die FAF-Mitglieder zum großen Teil in die bayerische NPD und deren Jugendorganisation JN ein. Nach politischen Differenzen und einem gescheiterten Putschversuch verließen die ehemaligen FAF-Aktivisten geschlossen die Partei. Ende 2008 gründeten sie das „Freie Netz Süd" (FNS), eine später bayernweit aktive und ebenso gewaltbereite Kameradschaft. Die fränkischen Neonazis setzten ihre Kontinuität im Bereich „Anti-Antifa" fort. Ein Hauptaugenmerk der Aktivitäten lag dabei weiterhin auf der Region Nürnberg.

So tauchten im nahen Gräfenberg bereits Ende 2008 Flugblätter auf, auf denen zu lesen stand: „Werden sie aktiv gegen linke Gewalt und deren Unterstützer. Wählen Sie NPD." In dem Ort im Landkreis Erlangen-Höchstadt leben die Sprecher eines aktiven Bürgerforums gegen rechtsradikale Umtriebe. Auf Hauswänden in Gräfenberg wurden Fadenkreuze aufgesprüht. Auch kam es zu Aufmärschen von Rechtsnationalen in dem Örtchen nördlich der fränkischen Kapitale, weil sich dort ein markantes Kriegerdenkmal befand, an dem sie NS-Diktatur und Wehrmacht verherrlichten. Immer wieder traf sich die braune Szene von da an in Gräfenberg.

Das wichtigste Kommunikationsmittel nach außen war lange die eigens eingerichtete Internetpräsenz der „Anti-Antifa Nürnberg". Dort wurden über 200 Nazigegnerinnen- und gegner, Gewerkschafter, Journalistinnen und Journalisten, Lehrerinnen und Lehrer mit Namen, Adresse und Bild veröffentlicht. Nicht selten ging die Veröffentlichung mit einem diffamierenden Text einher. Doch es blieb nicht bei den verletzenden Worten und Bildern im Netz.

So kam es immer wieder zu Anschlägen der „Anti-Antifa". Vor allem im Raum Nürnberg wurden Infoläden der linken Szene, Gewerkschaftsbüros und soziale Treffpunkte mit Buttersäure, Farbe oder Steinen angegriffen. Auch wurden einzelne Wohnhäuser von Nazigegnern nachts aufgesucht und mit Teer bespritzt oder mit „Anti-Antifa"-Parolen beschmiert. Einen Höhepunkt der bisherigen Anschläge stellt der Brandanschlag auf das Auto eines Journalisten in Fürth dar.

In den letzten Jahren entstand insgesamt ein Sachschaden von mehr als 50.000 Euro durch neonazistische Gewalt. Die Polizei konnte bisher keinen einzigen Anschlag aufklären.

Obwohl den Sicherheitsbehörden immer wieder vorgeworfen wurde, schlampige Ermittlungen zu führen, spricht das Vorgehen der Neonazis doch für eine gewisse Professionalität. Ebenso ist davon auszugehen, dass „Anti-Antifa"-Aktivisten politische Gegner observieren oder, wie in der Vergangenheit geschehen, in Mülltonnen nach Informationen wühlen. Schon mehrfach flogen zudem Versuche der Rechtsextremen auf, sich bei Demonstrationen gegen Neonazis einzuschleusen und dort unbemerkt Teilnehmer zu fotografieren. An dieser Praxis wird auch weiterhin festgehalten. Aktive und bekannte „Anti-Antifa"-Fotografen treten mittlerweile als Fotojournalisten auf, ausgewiesen mit gekauften Presseausweisen aus dem Internet. In einem veröffentlichten „Anti-Antifa"-Papier heißt es:

„Wenn sich ein Anti-Antifa-Aktivist im Skinhead-Outfit in eine linke Kundgebung einreiht, um dort Informationen zu sammeln und unbemerkt Einblicke zu bekommen, wäre das schließlich kontraproduktiv und wahrscheinlich für seine Gesundheit auch nicht besonders förderlich. Ansonsten fällt relativ mühselige Kleinarbeit in unseren Bereich: Überprüfen von Adressen, Geburtsdaten, KfZ-Nummern usw."

Dass die militante „Anti-Antifa"-Szene in Nordbayern seit Jahren konspirativ arbeiten kann und durch ihr kriminelles Vorgehen bis heute nicht zerschlagen werden konnte, liegt auch an Kontinuitäten von Personen und Organisationen.

So nistete sich das Freie Netz Süd (FNS) immer stärker im dünner besiedelten oberfränkischen Raum ein und erwarb dort Immobilien, in der Absicht, „Schulungs- und Familienzentren" und Kaderschmieden einzurichten. In einem aufgekauften Gasthof organisierte man einen regen Online-Handel mit Fanzines. Der bayerische Innenminister Joachim Herrmann ließ auf öffentlichen Druck hin im Jahr 2013 das Netz verbieten und beschlagnahmte das Gebäude. Die Kameradschaft Freies Netz Süd wurde als Nachfolgeorganisation der bereits verbotenen Fränkischen Aktionsfront (FAF) eingestuft.

Daraufhin traten die Neonazis, die großteils zuvor Mitglieder in der FAF und im FNS waren, in die eigens neu gegründete Partei „Der dritte Weg" (DIIIW) ein.

Auch heute besteht ein Teil der fränkischen Neonazi-Szene aus Personen, die seit mehr als 20 Jahren gemeinsam in der rechtsextremen Szene aktiv sind. Die Partei versucht derzeit, bundesweite Stützpunkte zu etablieren. Obwohl deren Führungskader gerade ein Hauptaugenmerk auf den Aufbau der Szene außerhalb Bayerns legen und zum Beispiel im sächsischen Plauen mit einem Mitglied im Stadtrat wie auch im Kreistag vertreten sind, heißt das nicht, dass die „Anti-Antifa"-Aktivitäten der Szene eingestellt worden sind. Exemplarisch steht dafür ein Beispiel aus der jüngsten Vergangenheit.

So soll Susanne G., die in der Vergangenheit als Ordnerin bei Aufmärschen der Partei fungierte, Anfang 2020 mehrere Hassbriefe an einen lokalen Bürgermeister, eine türkisch-islamische Einrichtung und Flüchtlingsinitiativen geschickt haben.

Das ergaben Ermittlungen der Polizei. In der Karte an eine Moschee im Nürnberger Land hieß es: „Ihr werdet niemals sicher sein!", dazu lag ein Bild eines Schweins und eine scharfe Patrone bei. Ein Landrat erhielt laut polizeilichen Ermittlungen ebenfalls Post von der 55-jährigen Heilpraktikerin, die südlich von Nürnberg lebte. In der Beileidskarte schrieb die Neonazistin demnach: „Juden- und Ausländerfreund, erschossen auf der Terrasse" – eine klare Anspielung auf den von einem Neonazi ermordeten CDU-Politiker und Kasseler Regierungspräsidenten Walter Lübcke. Getötet wurde dieser auf seiner Terrasse.

Der Generalbundesanwalt hat die Ermittlungen übernommen, die Heilpraktikerin sitzt seit September 2020 in Untersuchungshaft. Ende April 2021 begann der Prozess gegen sie. Der Vorwurf: Vorbereitung einer schweren staatsgefährdenden Gewalttat. Zuvor war G. abgetaucht gewesen und mit einem Haftbefehl gesucht worden. Den Ermittlungsakten zufolge hatte sich die Neonazi-Aktivistin mit den im NSU-Prozess verurteilten NSU-Helfern Ralf Wohlleben und André Eminger getroffen.

Die Bundesanwaltschaft legt der Frau zur Last, sie soll Anschläge auf Lokalpolitiker und Polizisten geplant haben. Dafür soll Susanne G. sich im Internet Informationen zum Umgang mit Sprengstoffen und Material für den Bau von Brandsätzen besorgt haben. Im Sommer 2020 spähte sie, so die Anklage, Polizeibeamte und einen Mandatsträger aus Franken als mögliche Anschlagsopfer aus und kundschaftete ihre Wohnungen und Autos aus.

Dieses militante Vorgehen gegen politische Gegner und Repräsentanten des Staates ist ein Kennzeichen der rechtsextremen Szene. Nicht nur in Nordbayern, sondern bundesweit sind solche „Anti-Antifa"-Strategien zu beobachten.

LIE

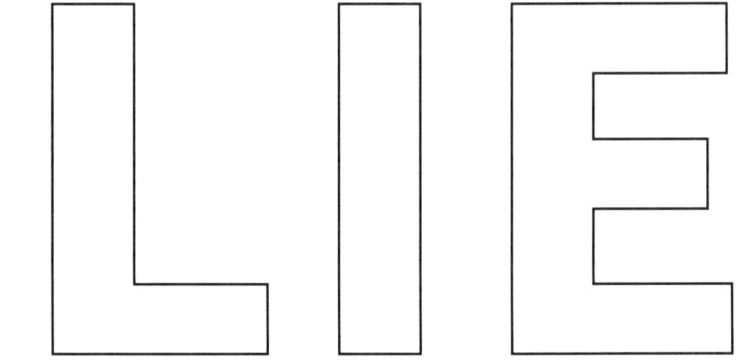

Menschen – Im Fadenkreuz des rechten Terrors

BE

„

Meine Schwester hat viel für mich getan: Als ich noch ein Baby war, ist meine Mutter gestorben, sieben Jahre später dann mein Vater. Ich war Vollwaise. Meine ältere Schwester hat mich aufgenommen. Ich war sozusagen ihr erstes Kind. In ihrer Familie war ich nie alleine und habe mich nicht wie eine Waise gefühlt. Mir fehlte nichts. Ich habe mit den anderen auf dem Feld gearbeitet. Ich war in der Schule und habe wie alle anderen am liebsten Erdnussbuttersoße mit Fleisch gegessen. Im Senegal ist es Tradition, dass man seine Eltern unterstützt. Ich habe mein erstes Geld lange gespart und meiner Schwester 1996 eine Pilgerfahrt nach Mekka geschenkt. Jetzt ist sie 72 Jahre alt und wohnt immer noch in unserem Dorf im Senegal."

KARAMBA DIABY

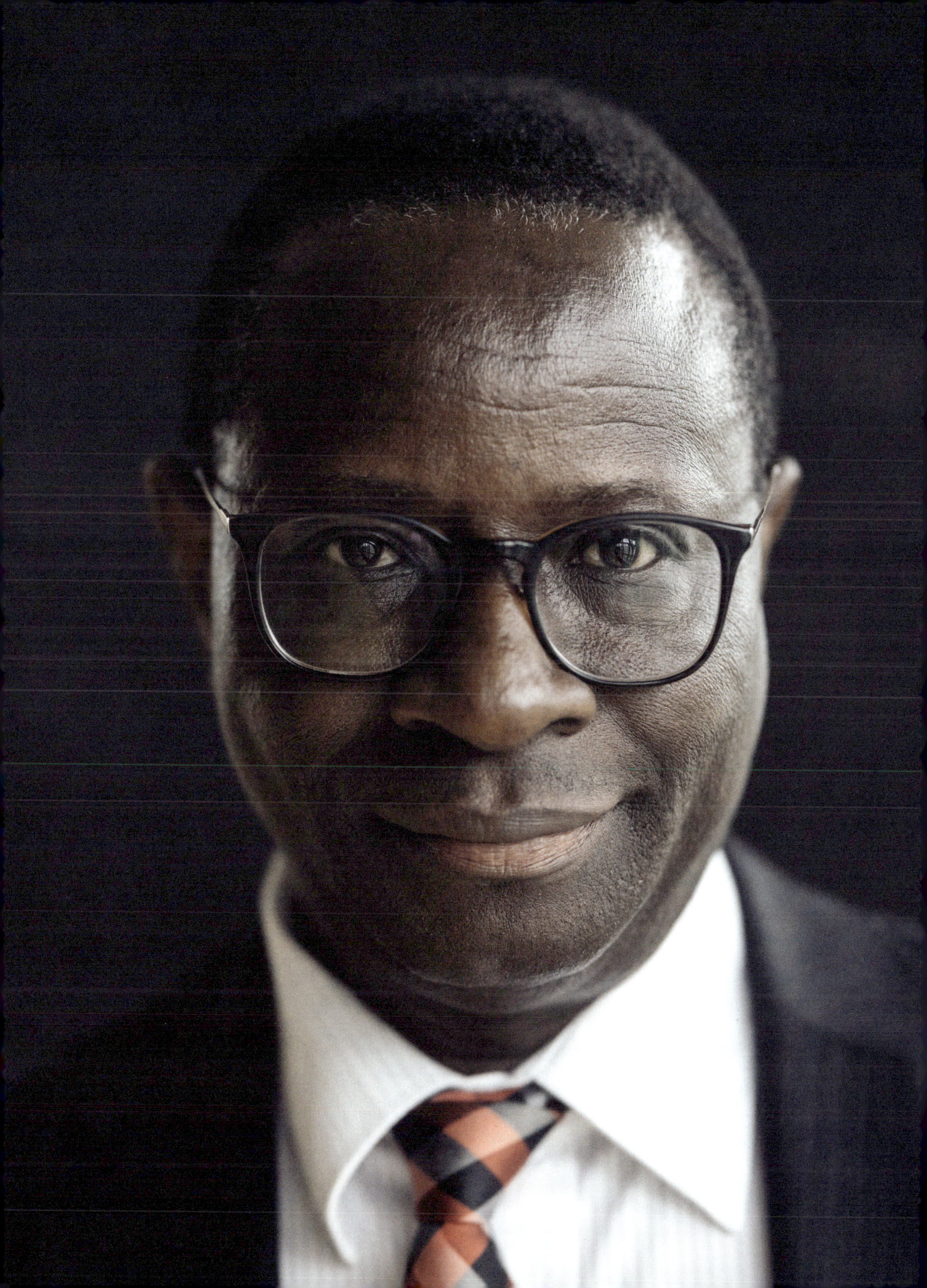

„

In meinem stressigen Alltag als Koch und Möbelpacker finde ich Ruhe in der Natur. Zum Beispiel in Wäldern oder am Lagerfeuer. Ich verbringe dann viel Zeit mit meiner Tochter, das ist mir das Wichtigste. Ich schwimme gerne im See und sammle begeistert Pilze, seit ich fünf Jahre alt bin. Ich habe das früher immer mit meinen Eltern im Bayerischen Wald gemacht und versuche heute, diese Leidenschaft an meine Tochter weiterzugeben."

JOACHIM POLZER

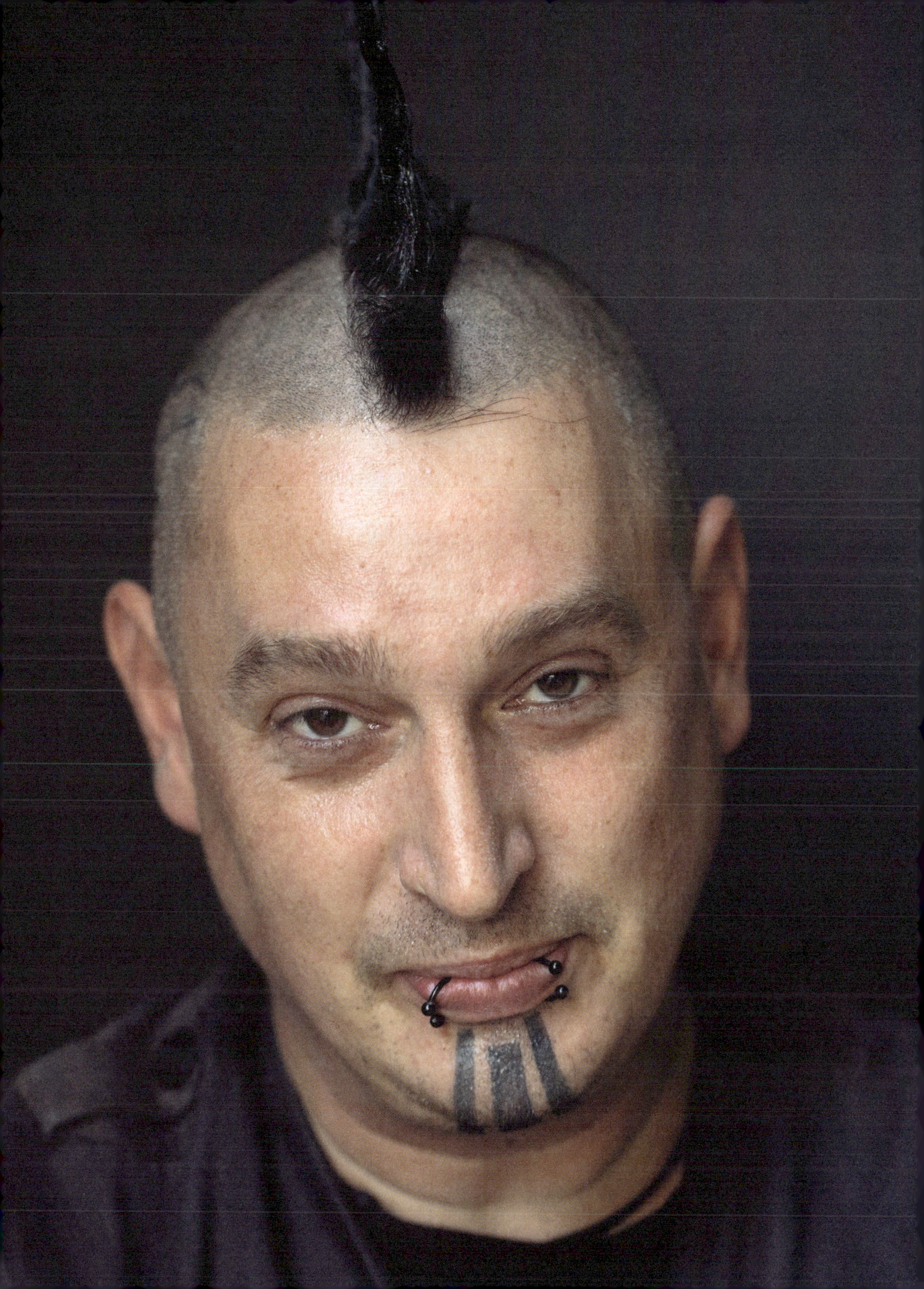

„

Gäste zu haben ist für mich seit der Kindheit selbstverständlich. Meine Eltern hatten ein Café und ein Restaurant. Als Familie haben wir direkt über unserem Café gelebt. Zusammen mit meinen Freunden verbrachte ich dort viele Nachmittage. Wir haben Hausaufgaben gemacht, gelesen, geredet und gelacht. Es gab immer etwas zu essen – meistens zu viel. In der arabischen Welt habe ich gelernt, dass Essen auch eine Art der Kommunikation ist. Auch darum liebe ich es, für andere zu kochen."

AMIRA EL AHL

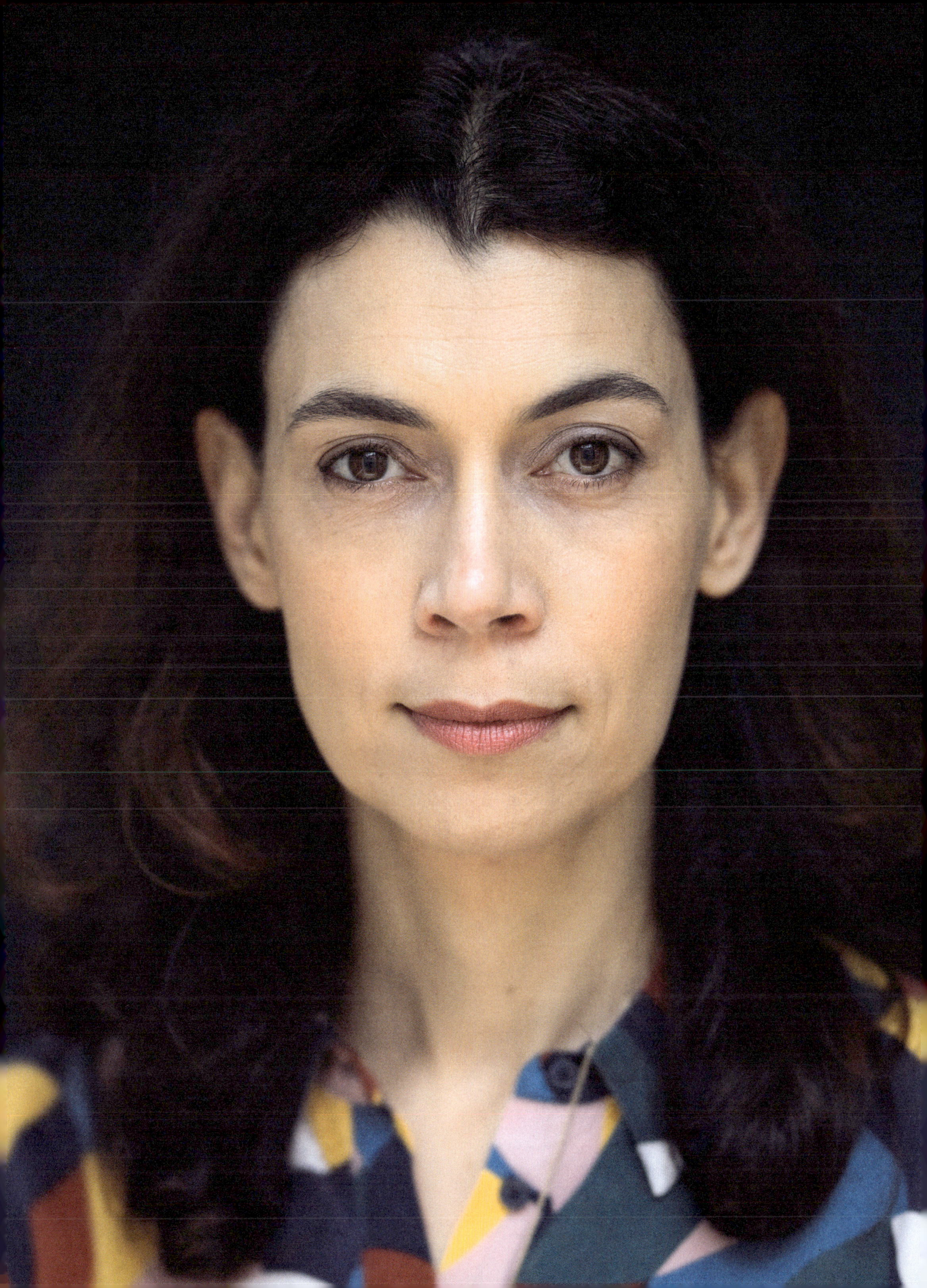

„

Als Enkelkind von Gastarbeitern identifiziere ich mich mit meiner Geburtsstadt Berlin. Berlin ist meine Liebe. Das habe ich auch erst gemerkt, als ich eine Weile in der Türkei gelebt habe. Berlin ist mein Zuhause, meine ‚Haymat'! Ich bin nur ich selbst in Berlin. Hier kannst du mit einem Schlafanzug auf die Straße und jeder denkt: coole Designer-Klamotten. An jeder Ecke Erinnerungen, in jedem Stadtteil Familie und Freunde."

FERAT KOCAK

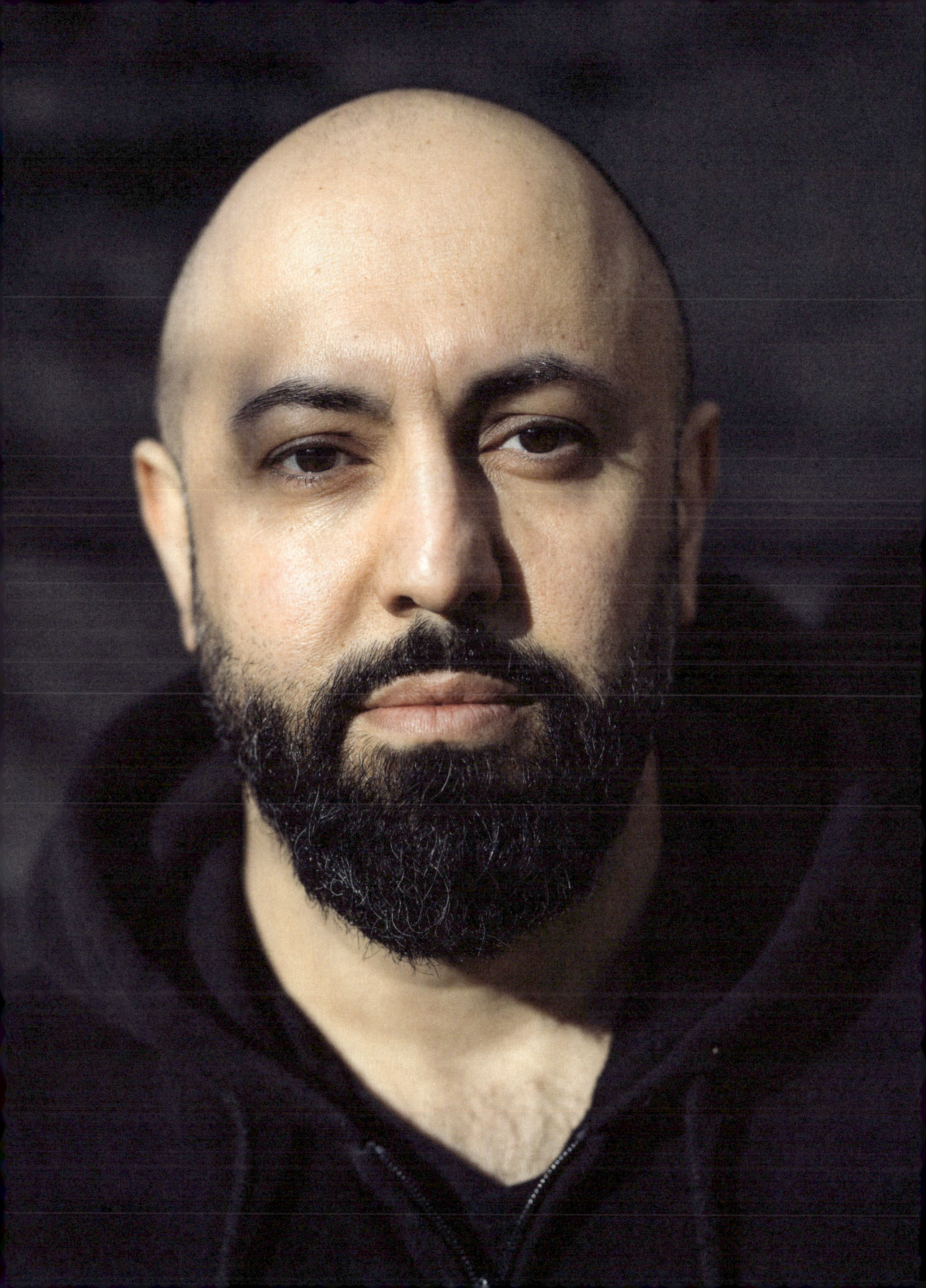

„

Mit fünf Jahren habe ich unter unserem Weihnachtsbaum meine erste Predigt gehalten. Eigentlich wäre ich schon gerne direkt nach der Schule Pfarrer geworden, das ging aber nicht. Ich bin schwul, und das wurde damals in der evangelischen Kirche nicht akzeptiert. Meine sexuelle Neigung zu verschweigen, wäre aber für mich nie infrage gekommen. Ich glaube, dass sich die Kirche an der Botschaft von Jesus orientieren muss, und die handelt von Nächstenliebe. Als ich 35 Jahre alt wurde, hatten sich die Verhältnisse geändert: Durch die Diskussionen um den § 175 wurde Homosexualität auch von theologischer Seite neu bewertet. Endlich konnte ich Pfarrer werden. Ich traue heute homosexuelle Paare."

BERTOLD HÖCKER

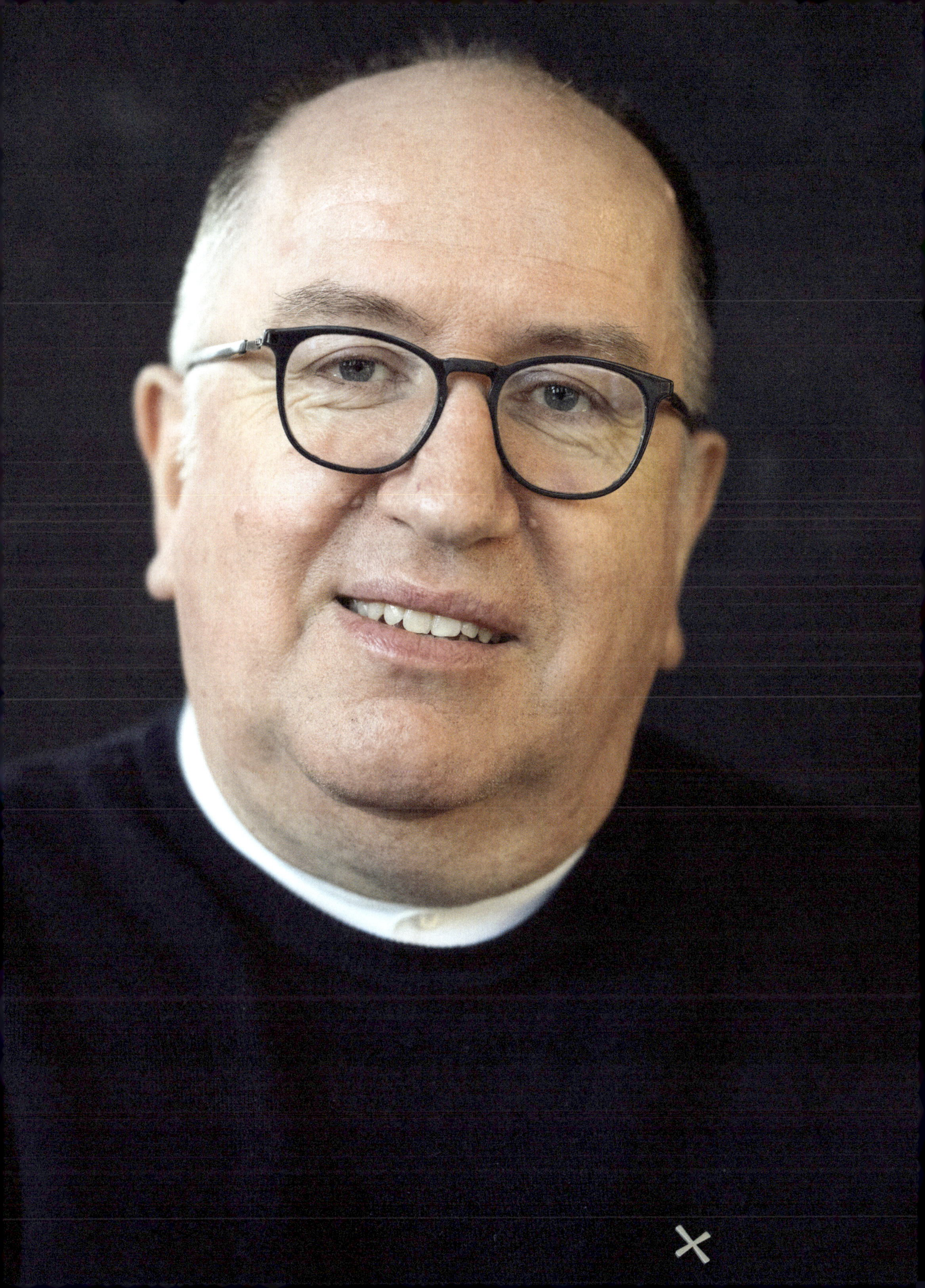

„

Wenn in Köln die fünfte Jahreszeit beginnt, dann bin ich immer dabei. Die Karnevalswoche mache ich immer auf der Straße mit, schaue mir die Umzüge an, mal als Hexe oder im Dirndl. Ein paar Kostüme sind immer in meinem Schrank – zur Sicherheit. An einem Rosenmontag habe ich auch meinen Mann kennengelernt, jetzt können wir immer zusammen feiern. Was ich aber nie wieder tun werde, ist, am Aschermittwoch zu arbeiten, das ist kein guter Tag. Man muss sich ja auch etwas vom Feiern erholen."

AKI ALEXANDRA NOFFTZ

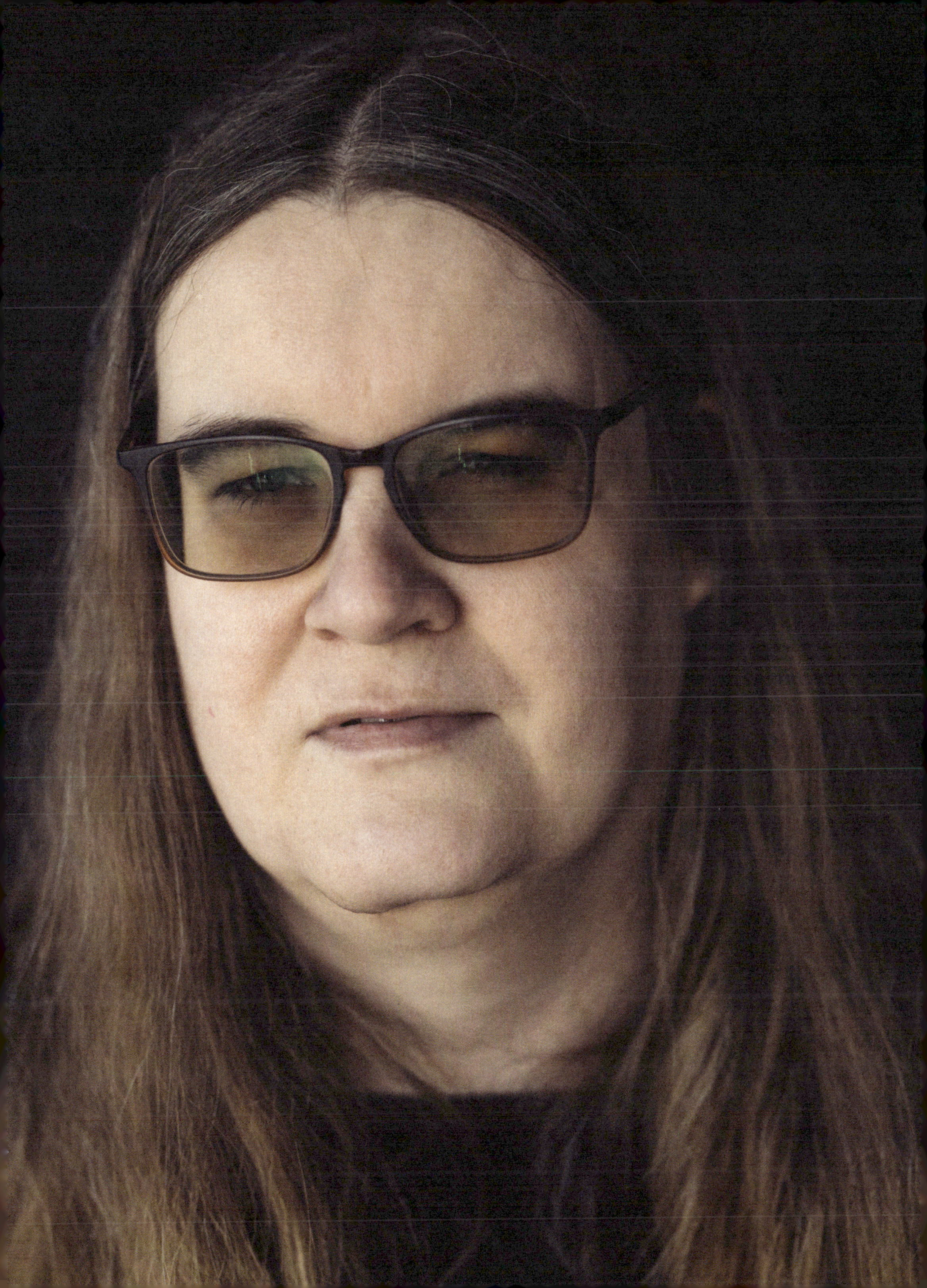

„

Meine Eltern kamen nach Deutschland, damit wir Kinder es einmal besser haben würden. Sie arbeiteten hart, am Hochofen im Stahlwerk, an den kochenden Kesseln in der Gerberei, im Akkord am Fließband. Einmal im Jahr ging es zur Ausländerpolizei, damit unsere Aufenthaltsgenehmigung verlängert wurde. Oft ging ich mit, das Deutsch meiner Eltern war nicht so gut. Mein Vater zog sich dann immer seinen einzigen Anzug an und band ganz sorgfältig seine Krawatte. Beim Amt mussten wir meistens lange warten, und mit jeder Minute wuchs die Nervosität meines Vaters. Wenn irgendwelche Unterlagen fehlten – und es fehlten immer irgendwelche Unterlagen –, wurde mein Vater angeschnauzt. Mein Vater entschuldigte sich immer, so gut er konnte, und verhielt sich so unterwürfig wie nur eben möglich. Mein sonst so stolzer Vater! Mit jedem Jahr machte es mich wütender, und mit jedem Jahr verlor ich ein bisschen mehr den Respekt ihm gegenüber, und natürlich spürte er das. Als ich 16 war, starb mein Vater schließlich. In vier Jahren werde ich so alt sein wie mein Vater, als er starb. Es hat Jahrzehnte gebraucht, bis ich verstanden hatte: Mein Vater warf sich in den Staub, damit seine Kinder es irgendwann nicht mehr tun müssen."

MEHMET GÜRCAN DAIMAGÜLER

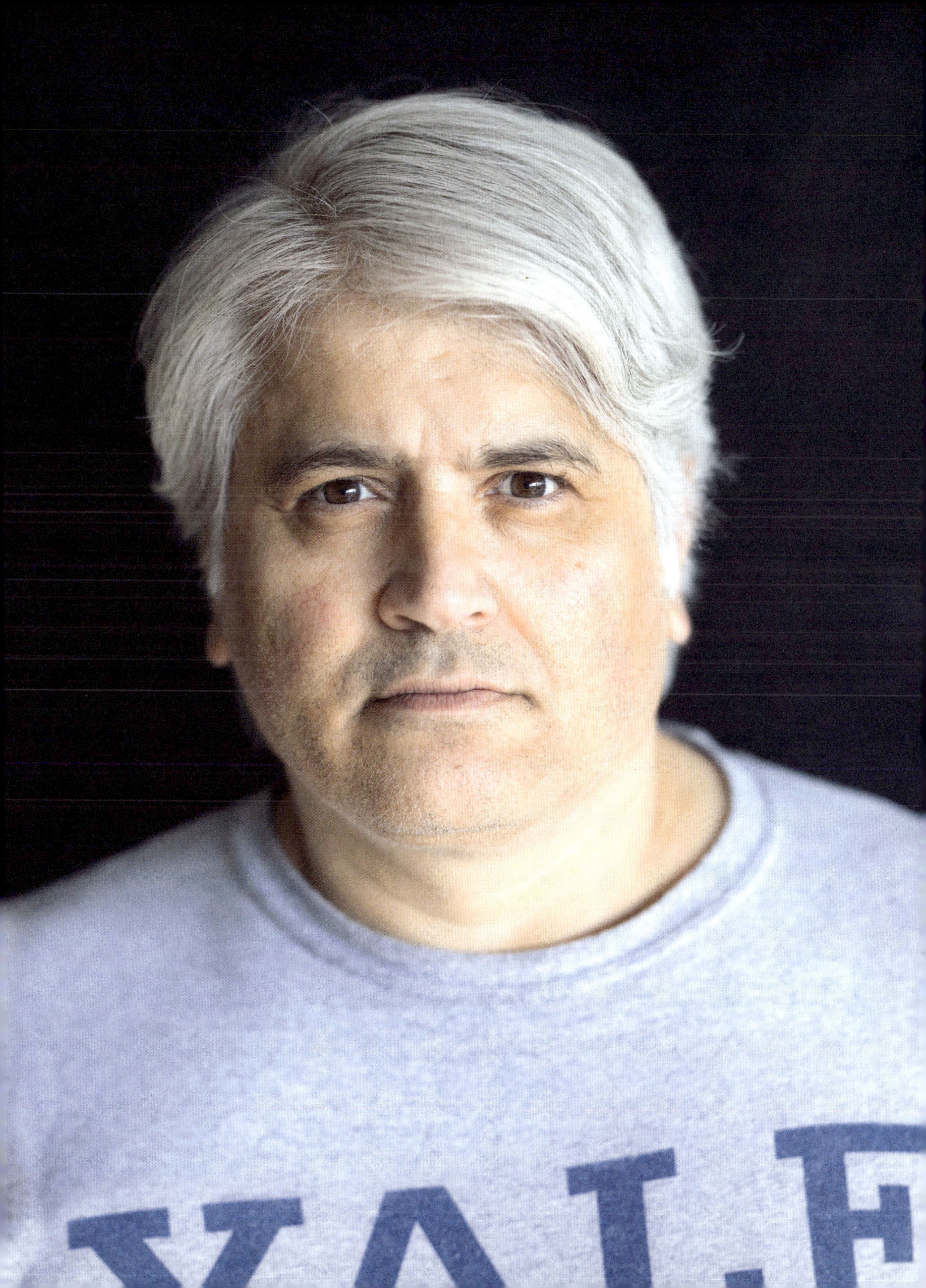
YALE

„*Beruflich bin ich viel in Berlin und Stuttgart, ja eigentlich im ganzen Land unterwegs. Aber meine Heimat ist natürlich Bad Urach. Da komme ich her. Mittlerweile habe ich da echt auch eine gewisse Altersmilde entwickelt. Damals, als ich für die Erzieherausbildung wegkonnte, habe ich die Chance natürlich genutzt. Nichts wie weg. Heute gehe ich mit meinen Kindern regelmäßig nach Urach und erzähle ihnen immer, welche paradiesische Kindheit ich dort hatte. Die erleben ihre Kindheit ganz anders, in der Großstadt. Meine Mutter lebt heute noch in Urach und ist eine echte Lokalpatriotin. Wehe, jemand sagt was gegen Urach – dann gibt's richtig Ärger.*"

CEM ÖZDEMIR

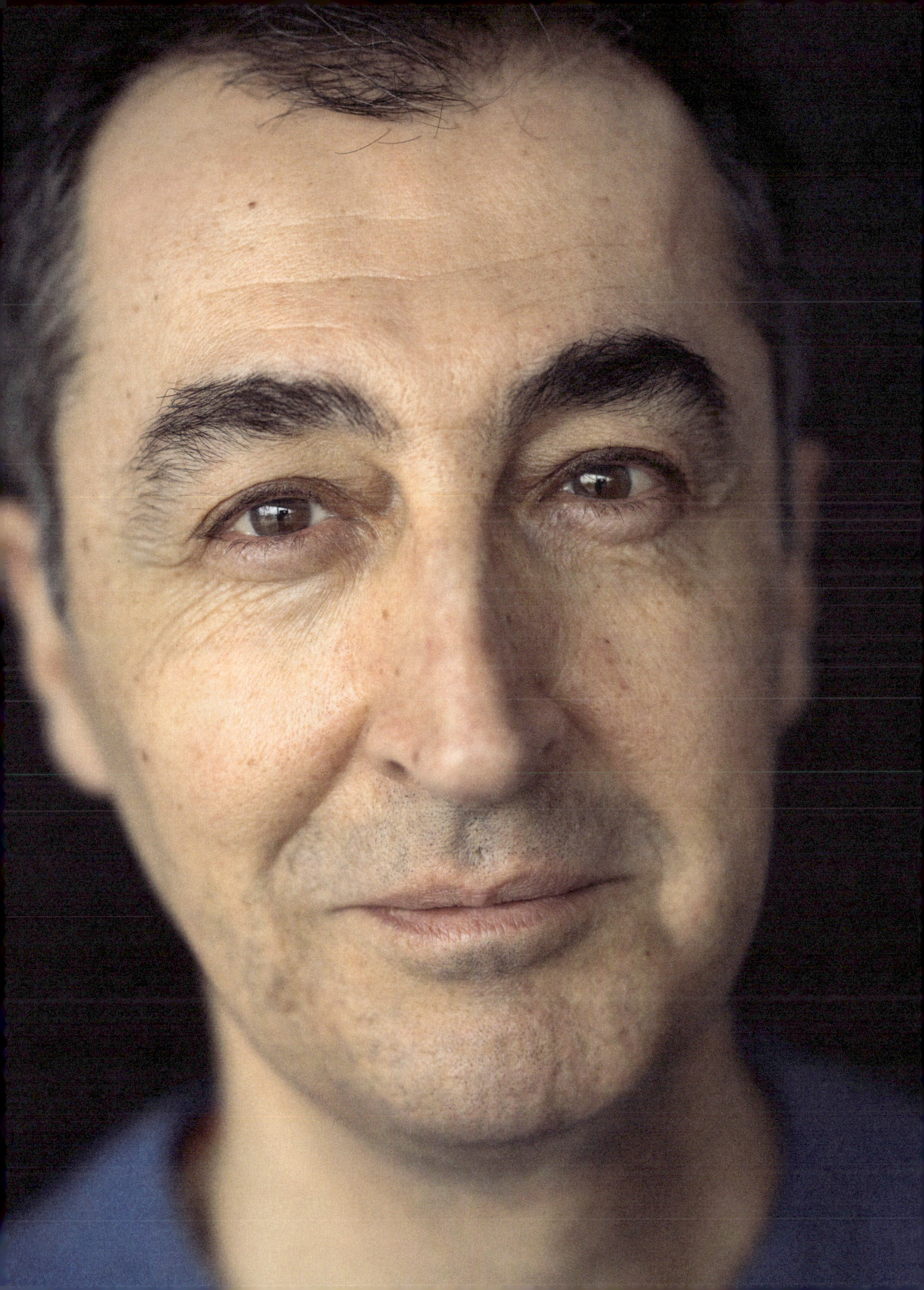

„

Ich hatte für meine Familie immer wenig Zeit, als ich noch gearbeitet habe. Wünsche meiner Enkel haben meistens die anderen Omas erfüllt. Mit meinem Ruhestand hat sich das verändert: Jetzt male ich auch Ostereier an oder backe Schokoladenkuchen und fahre den Kinderwagen des fünften Enkelkindes aus. Meine Eltern und ich wohnen in einem Mehrfamilienhaus seit meiner Kindheit. Seit mein Vater tot ist, sind wir mehr aufeinander angewiesen. Meine Mutter ist nun fast blind, aber hat noch so viel zu erzählen. Ich habe nun Zeit und kann ihr zuhören. Sie erzählt mir all die Geschichten über den Krieg, unsere Familiengeschichte und meine Kindheit. Vor 30 Jahren hätte ich nicht den Nerv zum Zuhören gehabt. Jetzt begreife ich es als das größte Geschenk."

MICHAELE SOJKA

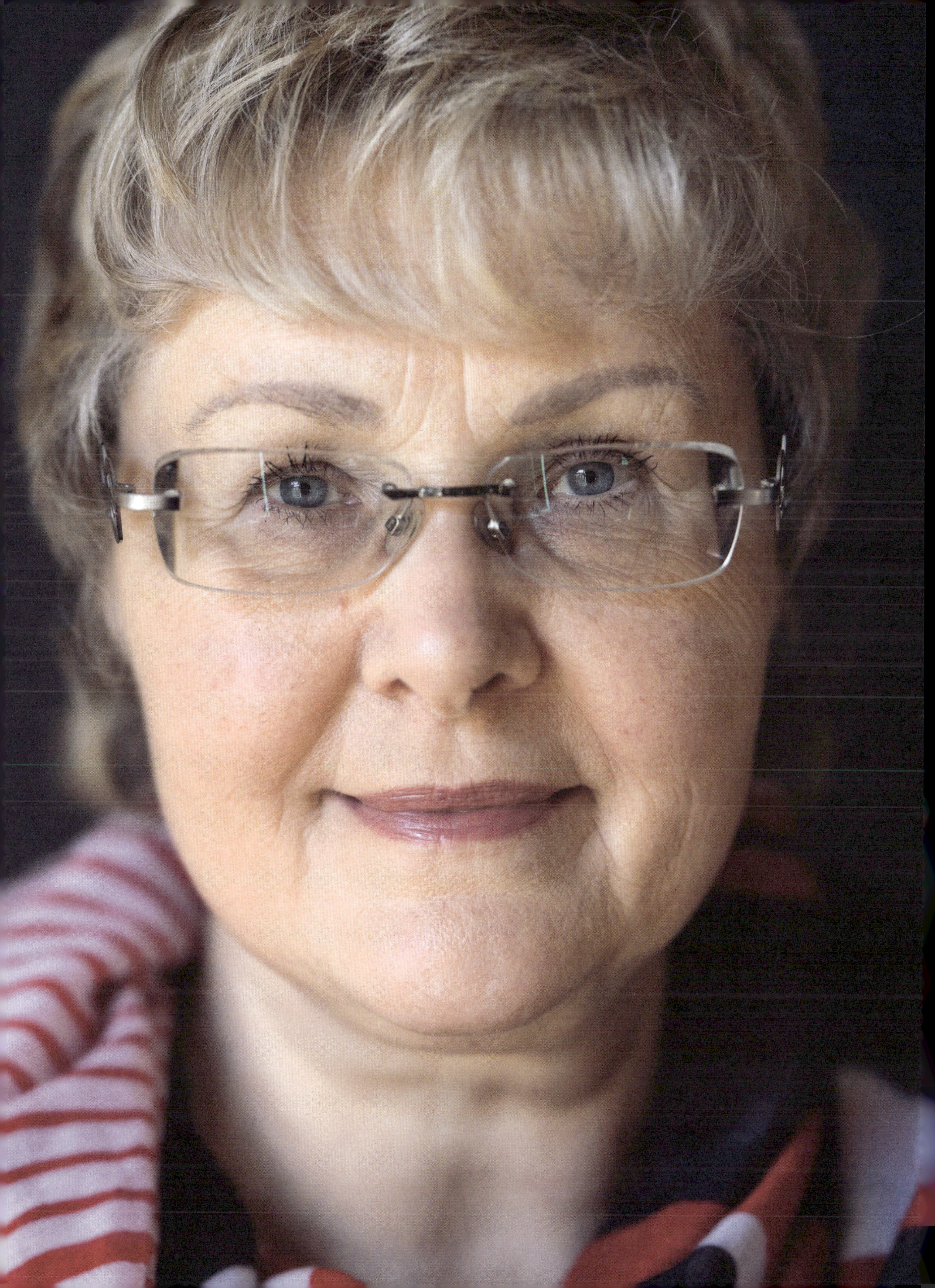

„

Ich habe in den vergangenen Jahren meine Leidenschaft fürs Kochen entdeckt. Auch wenn das ausgelutscht klingt, hat es mir insbesondere die italienische Küche angetan. Es macht mir Riesenspaß, da Tricks zu lernen und neue Kombinationen aus Zutaten auszuprobieren. Umso besser, wenn ich damit Freunde erfreuen kann. Die liebe ich nämlich mindestens genauso sehr wie Essen."

TILL ECKERT

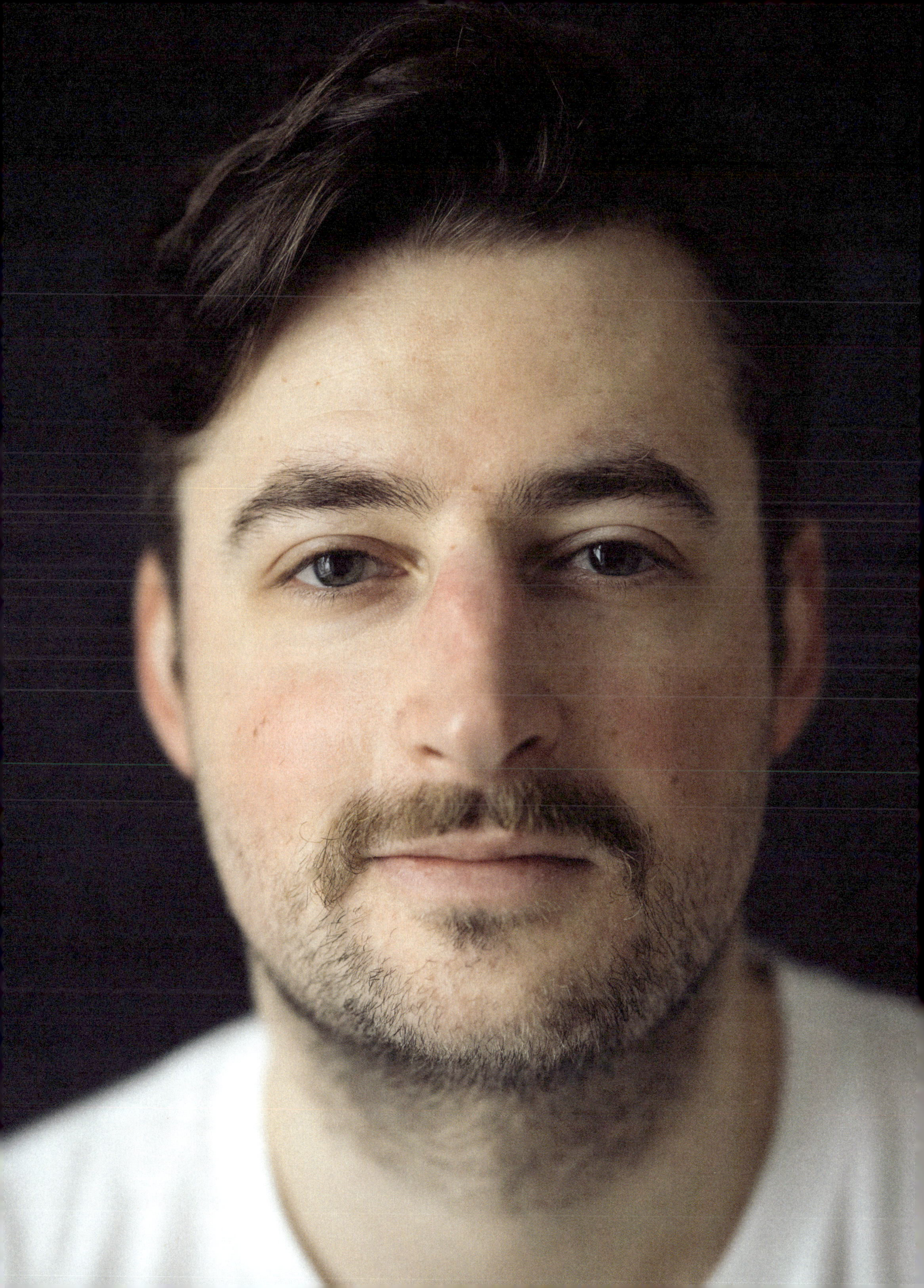

"

Ich lebe seit meiner Geburt vor 30 Jahren im Norden. Dabei erfülle ich viele Klischees nicht: Ich kann wahnsinnig schlecht schwimmen, ich habe nicht mal das Seepferdchen. Trotzdem bin ich gerne an der Küste geblieben, auch wenn es nicht komplett freiwillig war. Nach der Schule hatte ich nicht wirklich das Geld, um wegzuziehen. Das gehört zur Wahrheit dazu. Aber ich mag es hier. Es ist gelassen und bodenständig, wir haben in Kiel keine sichtbare High Society, die auf Schickimicki macht. Woanders ist das schon ein ganz anderer Schnack. Wir haben hier den Wind, die Möwen und das Meer, das reicht."

LASSE PETERSDOTTER

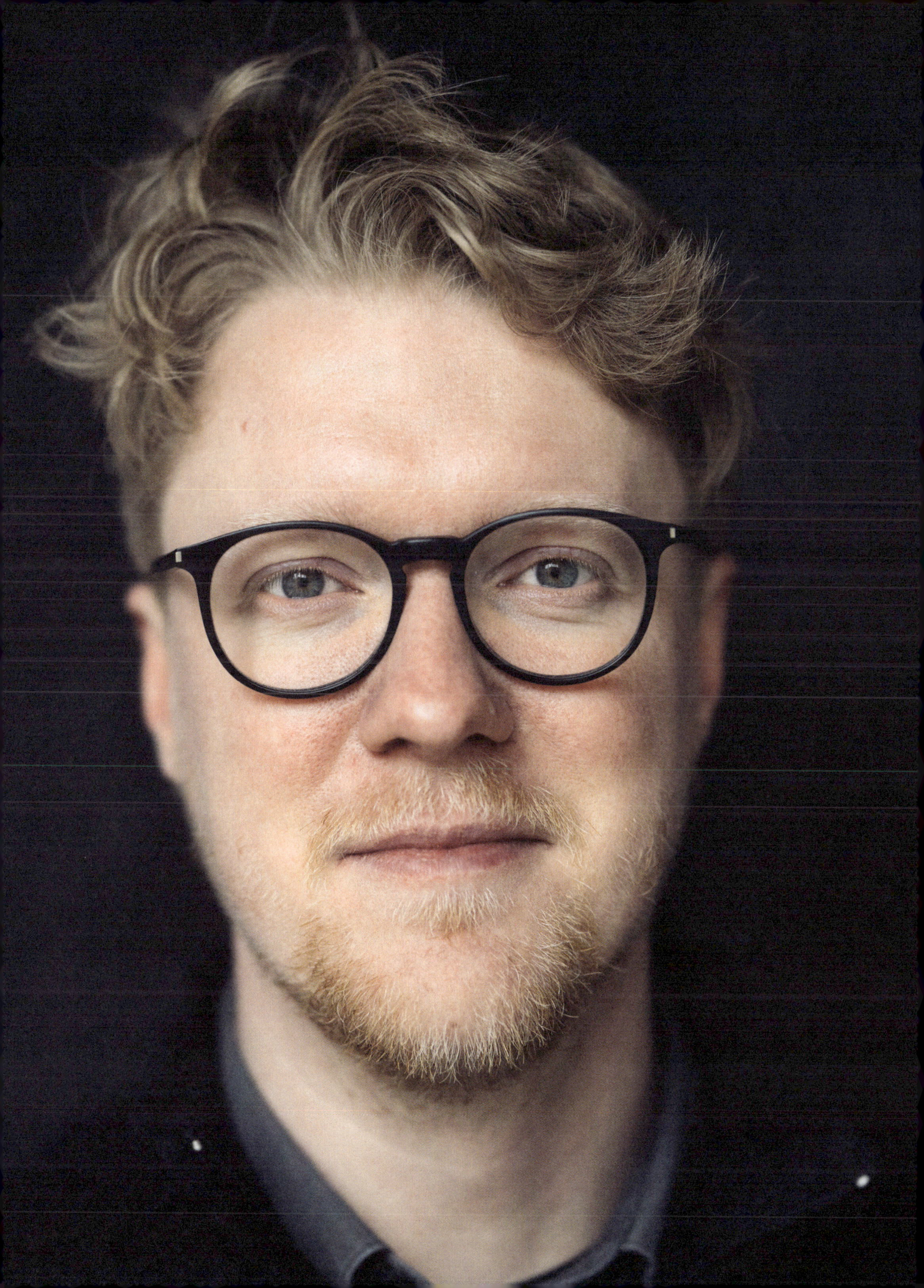

„

Ich freue mich immer auf jüdische Feiertage wie Rosch Haschana. Ich mag es, mit der Familie zu essen, Kerzen anzuzünden, und die Besuche. Es gibt eine schöne Tradition, bei der man überlegt, was man loslassen will aus dem vergangenen Jahr. Da wirft man Brotkrumen – bei mir war es ein Herbstblatt – in einen Fluss, und der trägt das Vergangene davon. Ich hab am Tag nach einem solchen Fest eine alte Bekannte, über die ich mich sehr geärgert hatte, angerufen und gefragt, ob wir nicht mal wieder einen Kaffee trinken gehen wollen. Das war auf einmal ganz leicht, ich dachte mir: Was soll's, wir machen weiter."

ANETTA KAHANE

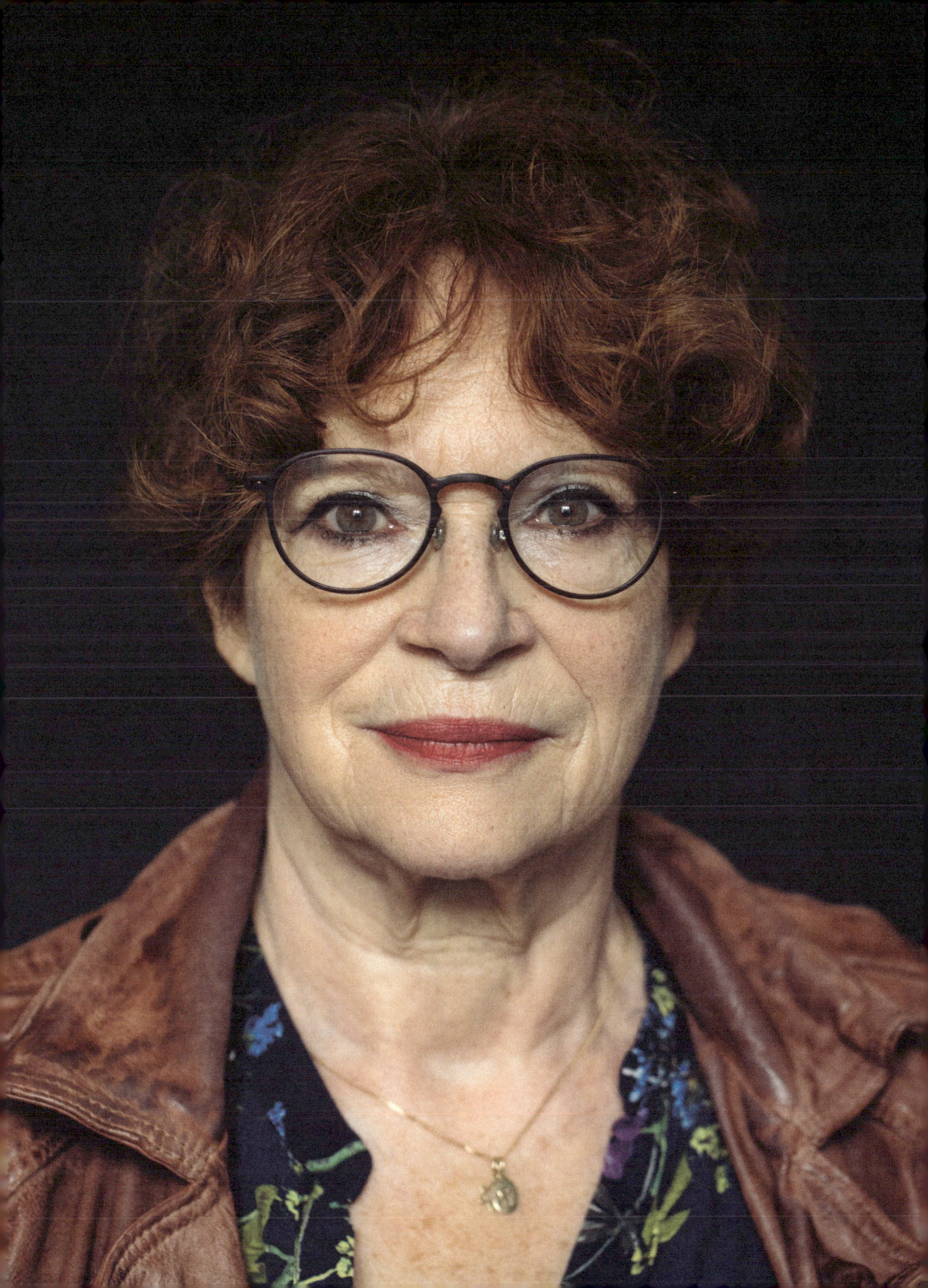

"

Ich möchte über Musik sprechen. Ich erinnere mich noch sehr gut an ein Konzert der Rolling Stones in Prag. Über 100.000 Menschen haben sich das Konzert im Jahr 1995 live angeschaut. Ich stand hinten und konnte trotz meiner 1,89 Meter nur wenig sehen. Das war Rock für mich, das wilde Leben, tanzende Menschen. Heute höre ich lieber Johann Sebastian Bach.

Ich finde, man braucht eine gewisse Erfahrung und Reife für klassische Musik. Früher habe ich sie nicht verstanden, jetzt eröffnet sie mir neue Welten."

ANDREAS GEISEL

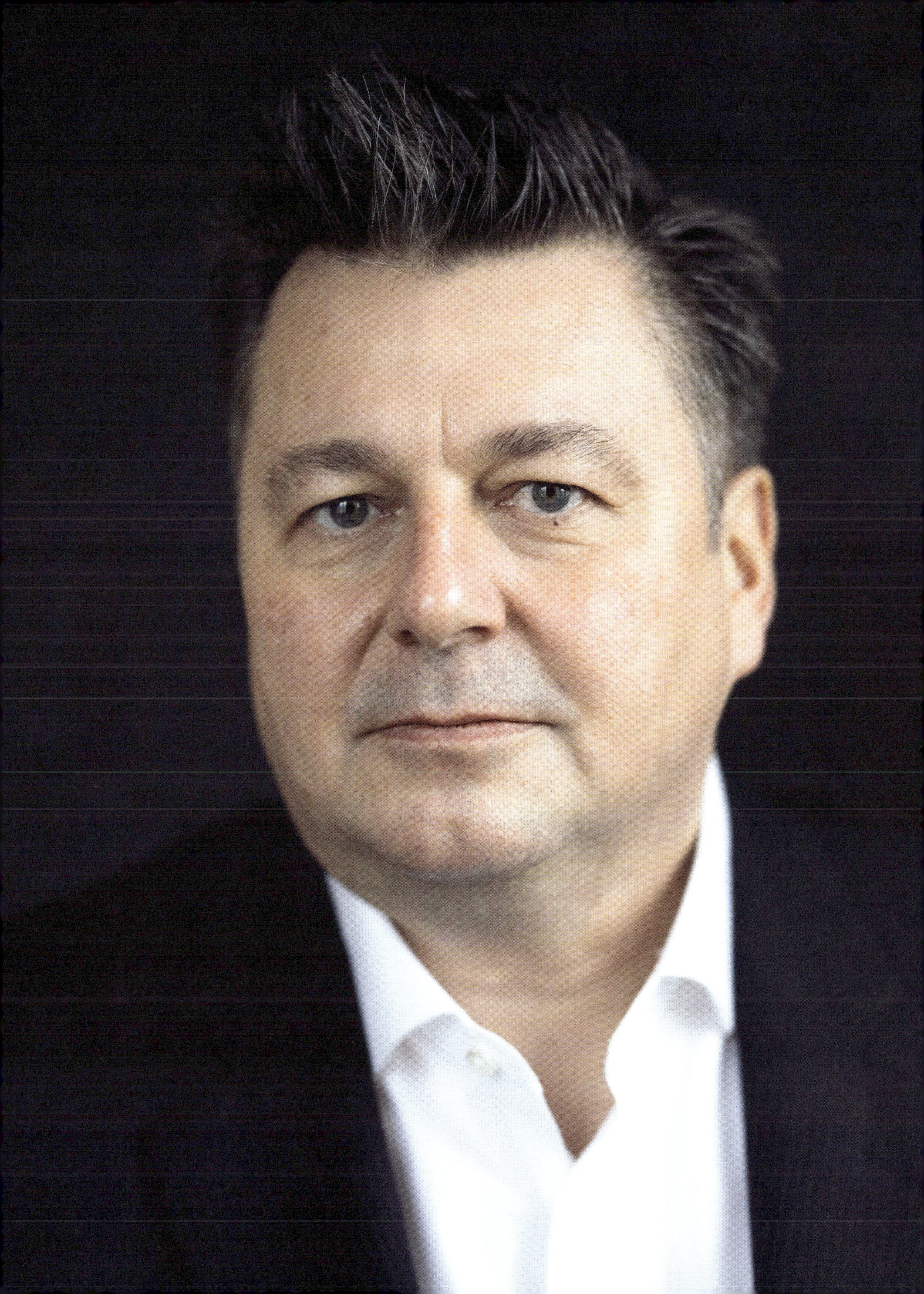

„

Mein Vater ist 72 und braucht immer mehr Zuwendung, was natürlich auch Zeit beansprucht. Das belastet mich gelegentlich, auch wenn ich es gerne mache. Seit über sechs Jahren gehe ich praktisch jeden Sonntag zu ihm und koche. Darauf freut er sich immer, weil es dann Hausmannskost gibt. Am liebsten mag er Hähnchenschenkel mit Ofenkartoffeln, ich mache gerne auch mal einen Braten oder Rouladen."

SASCHA RONCEVIC

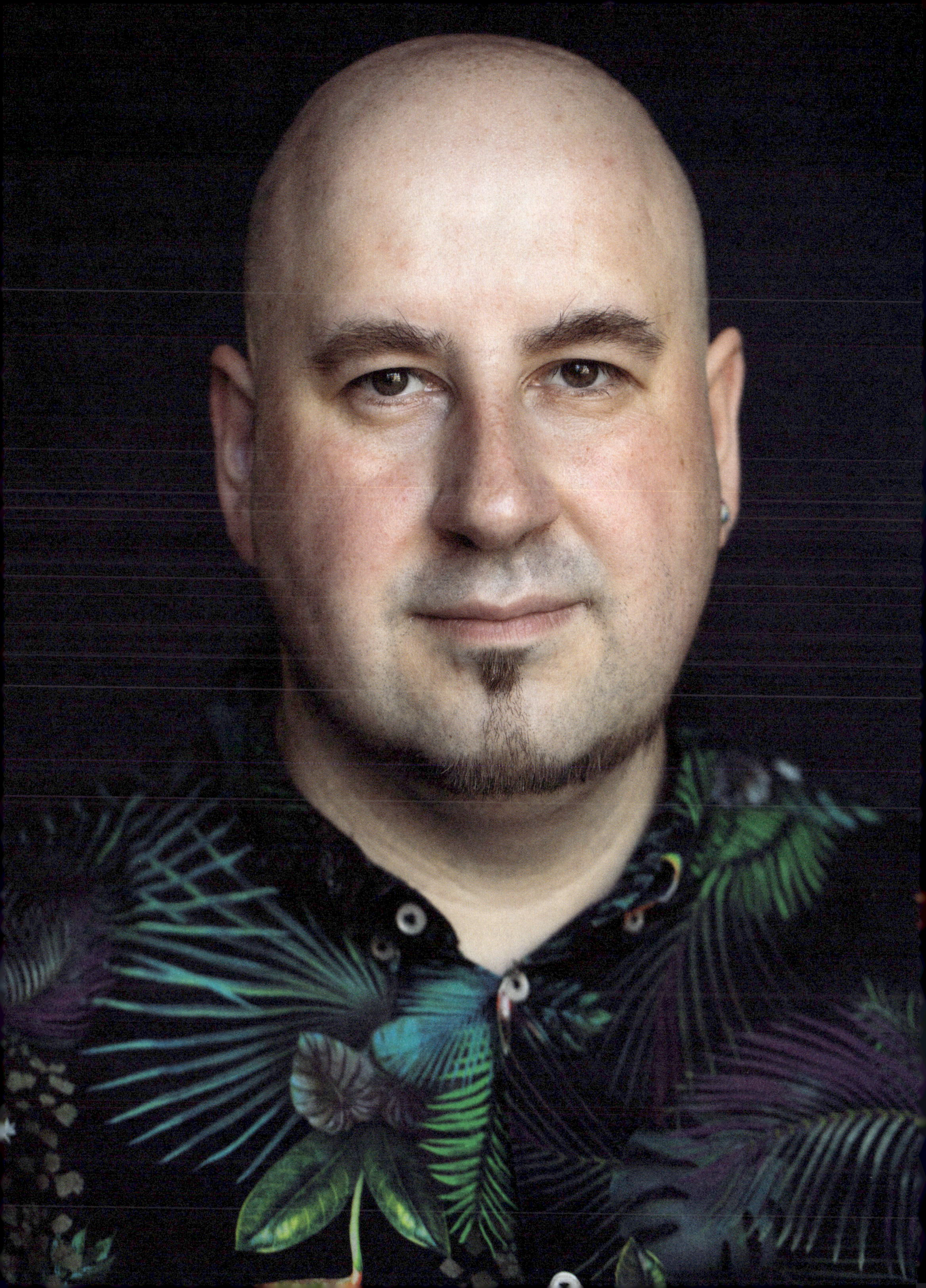

„

Lange dachte ich, ich wäre nicht für das Gastgewerbe geeignet. Jetzt liebe ich mein Lokal. Wir versuchen, so viele Produkte wie möglich regional und als Bioware einzukaufen. Wenn wir die Welt verbessern wollen, müssen wir bei unseren Gewohnheiten anfangen. In unserem Gasthof gibt es zum Frühstück die Brötchen vom Bäcker nebenan und abends einen Biowein. Einen Tee gegen Husten aus selbst angebauten Kräutern können wir auch anbieten. Ich möchte, dass meine Gäste bewusst genießen können, was gut ist."

KIRSTEN PATZIG

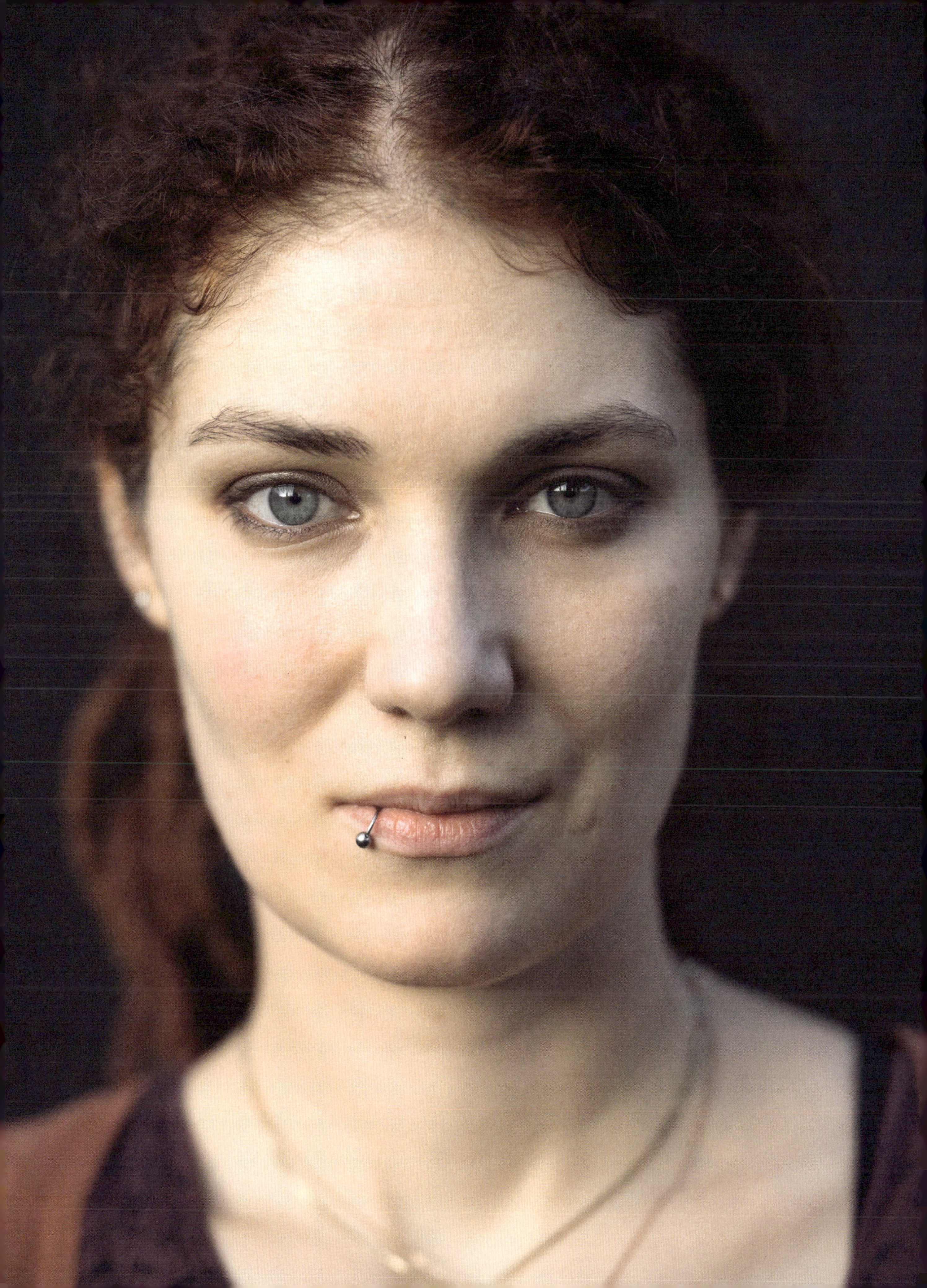

> *Mein absolutes Lieblingsessen sind Piroggen, gefüllt mit Käse und Kartoffeln. Dazu eine Scheibe Brot und eine saure Gurke. Als ich das erste Mal offiziell als Abgeordneter mein Geburtsland Polen besuchte, habe ich natürlich bei den Terminen in Warschau auf das Gericht gehofft. Leider wurde mein Lieblingsessen nie serviert, es war wohl zu gewöhnlich."*

PAUL ZIEMIAK

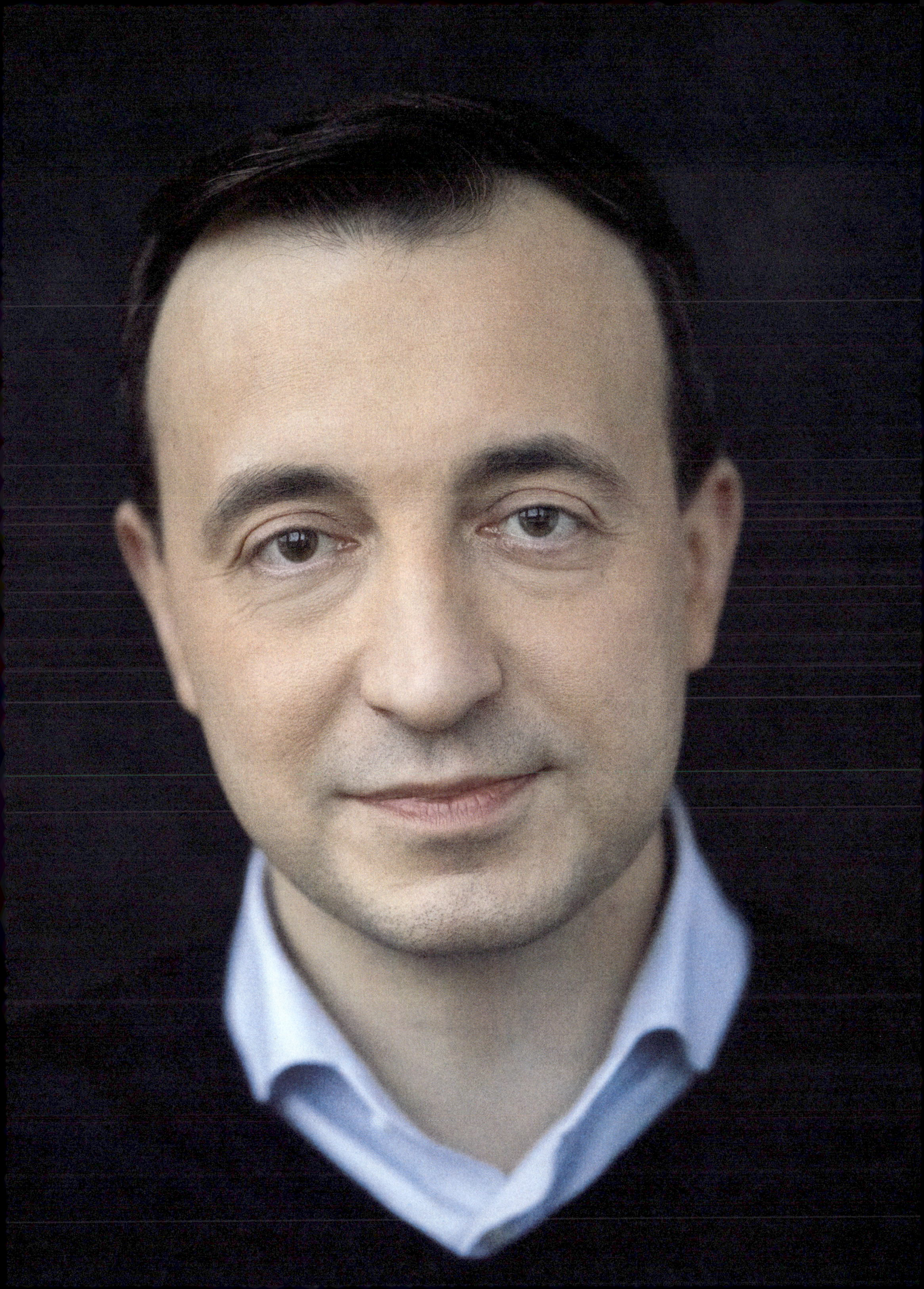

„

Mein Mann gehört zu denen, die meinen, an Äußerlichkeiten könne man immer sparen. Irgendwann kam er auf die Idee, das Geld für den Friseur zu sparen, kaufte sich eine schrottige Haarschneidemaschine und machte mich zu seiner Friseurin. Es kam, wie es kommen musste. Er ging kurze Zeit später wie ein gerupftes Huhn zum Friseur, der den Schaden beheben musste. Am Ende bezahlte er drauf. Männer und ihre Haarschneidemaschinen halt."

LALE AKGÜN

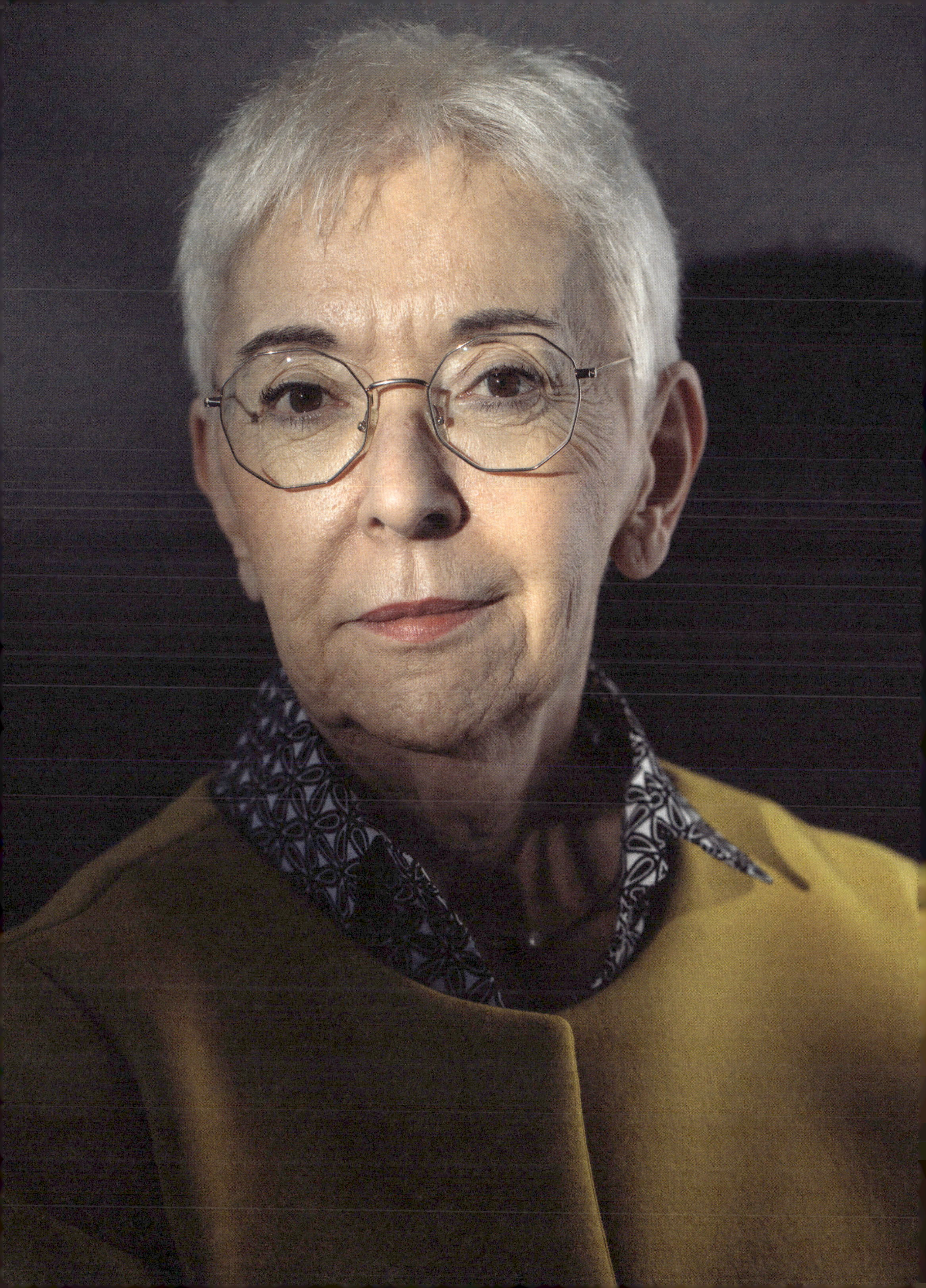

„

Wir Wuppertaler müssen immer improvisieren, hier ist immer Geldnot, immer stören Baustellen. Allein die berühmte Baustelle am Döppersberg. Das zieht sich seit Jahren. Die hässlichen Bauzäune können mich echt aufregen. Ich rege mich aber auch zu gerne darüber auf – auch eine Wuppertaler Eigenart. Aber das ist nicht das Einzige, was ich mit Wuppertal verbinde. Mich überkommt immer wieder ein ganz herzliches und warmes Gefühl, wenn ich durch meine Stadt ins Büro gehen. Hier lebe ich. Meine Heimat."

HELGE LINDH

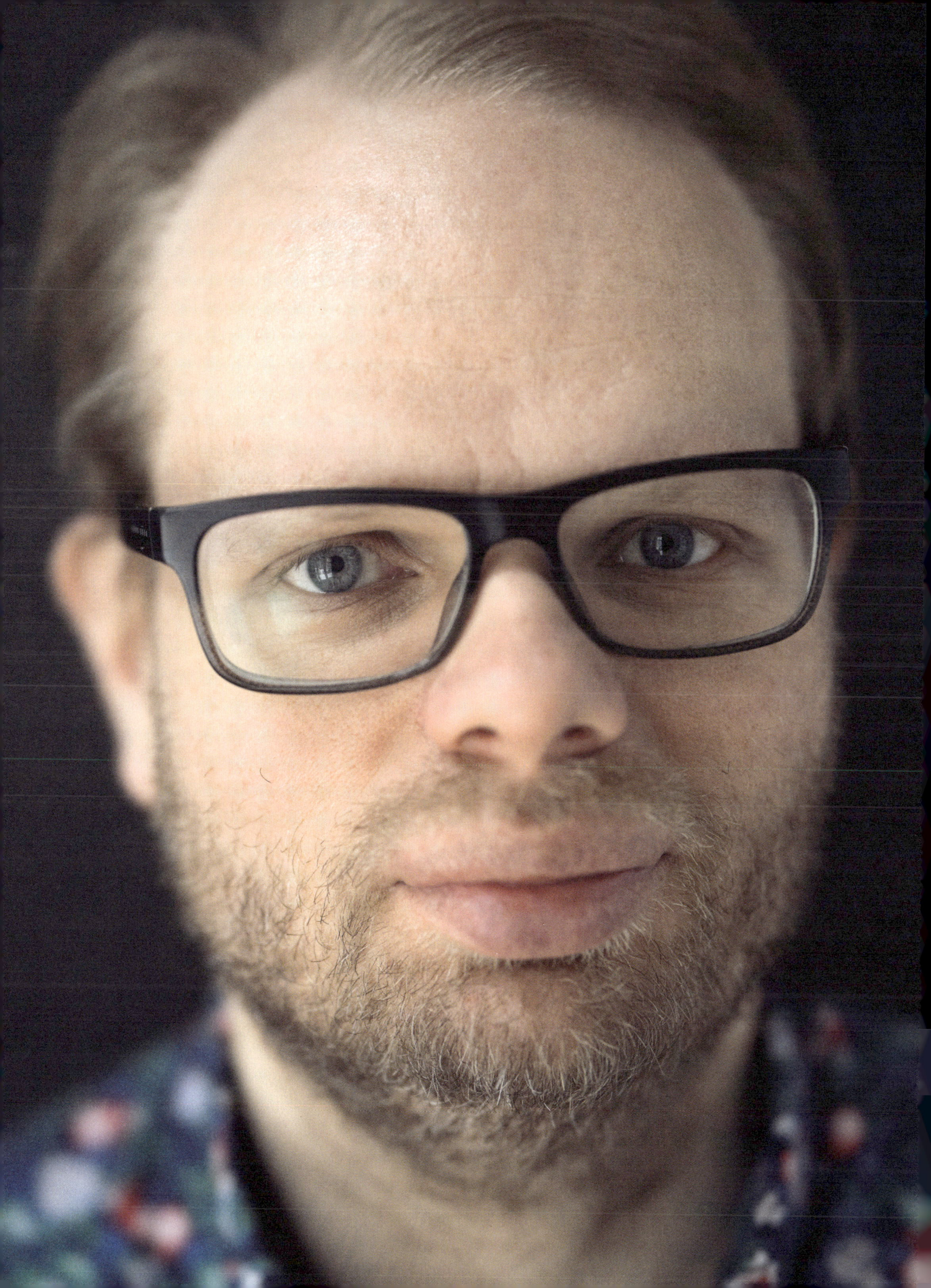

„

Ich bin einer dieser schrecklichen Menschen, die immer Bücher schreiben wollen. Mit acht Jahren habe ich mein erstes Buch an einen Verlag geschickt. Es sollte ein Kinderlexikon sein, der Titel lautete: ‚Amazing book of plants'. Mit 16 Jahren folgte der zweite Versuch, da hatte ich schon eine Schreibmaschine – allerdings ohne Ausrufezeichen. Ich dachte mir, dann schreibe ich eben eine Liebesgeschichte, dafür brauche ich keine Ausrufe oder Spannung. Ein paar Jahre später, im Jahr 2011, habe ich dann mein erstes Buch verkauft. Mit Ausrufezeichen."

JACINTA NANDI

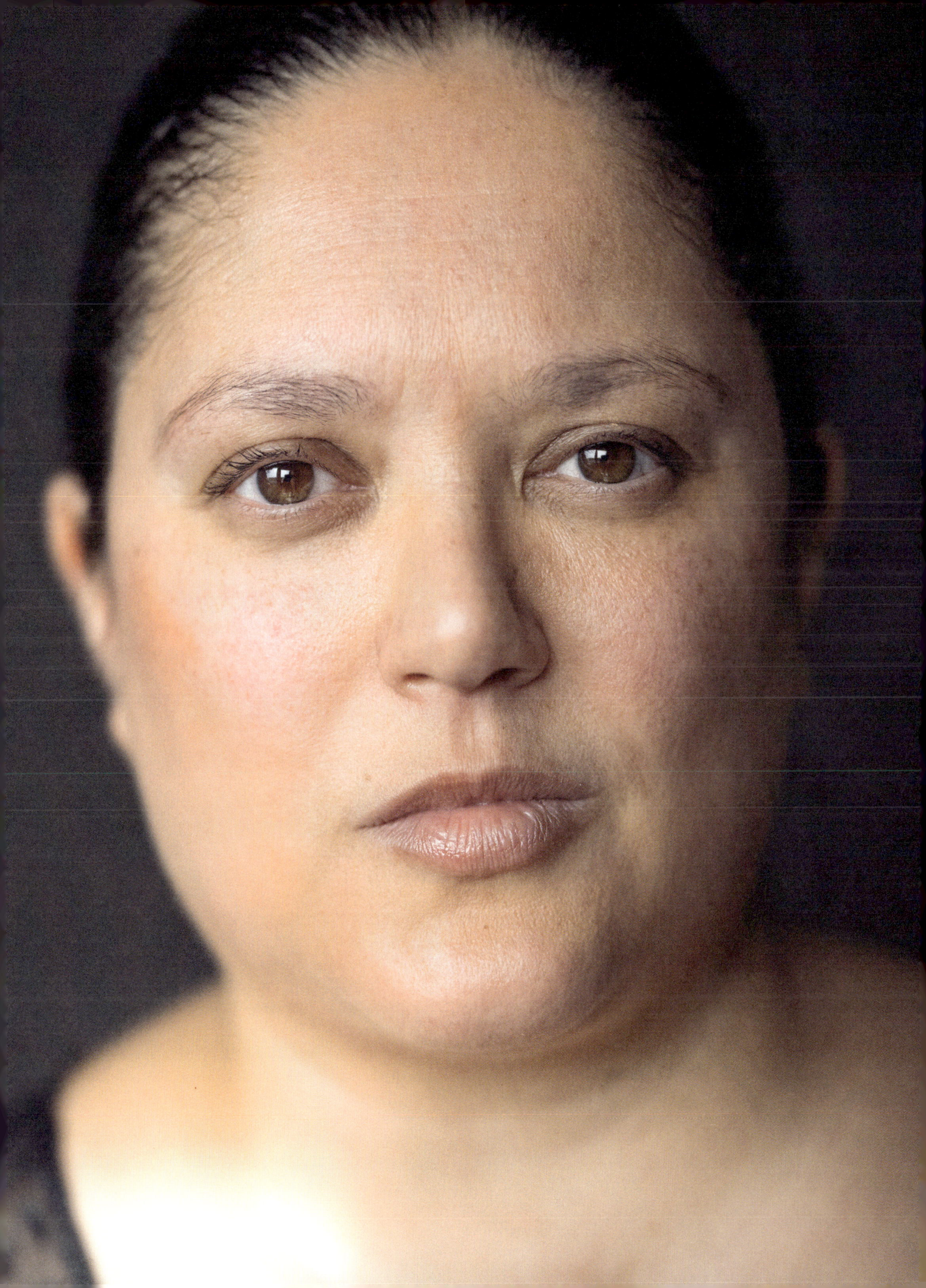

Die patriotischen Aktivisten: Wie die Neue Rechte versucht, Hass und Rechtsextremismus zur Popkultur zu machen

von Jonah Lemm

Da ist ein außergewöhnlicher Satz, den Alexander Markovics, Mitgründer und zu dieser Zeit noch Führungskraft der rechtsextremen „Identitären Bewegung Österreich", 2016 im Interview mit der Neuen Zürcher Zeitung gesagt hat. Er, damals ein junger Mann Mitte 20, hellbraunes kurzes Haar, karierte Hemden, kaum auffälliger als ein BWL-Student, spricht gerade vom „Großen Austausch". Es ist eine, wenn nicht die beliebteste Verschwörungstheorie der Neuen Rechten: Politikerinnen und Eliten, so unterstellen sie, würden bewusst und geplant das eigene Volk langsam von Migrantinnen und Migranten unterwandern lassen, mit dem Ziel, es auszulöschen.

Der rechtsradikale Attentäter aus dem neuseeländischen Christchurch, der 2019 in zwei Moscheen 51 muslimische Menschen ermordete, der rechtsradikale Attentäter aus El Paso in Texas, der nur wenige Monate später in einem Supermarkt 22 Menschen erschoss, und der rechtsradikale Attentäter aus Halle an der Saale, der im selben Jahr versuchte, am höchsten jüdischen Feiertag Jom Kippur einen Massenmord in einer Synagoge zu begehen, sie alle bezogen ihre Taten auf diesen Verschwörungsmythos. Der Attentäter von Christchurch überschrieb sogar sein krudes „Manifest" mit der englischen Übersetzung des Ausdrucks: „The Great Replacement".

2016, drei Jahre vor diesen Anschlägen, sagt Alexander Markovics in dem Interview: Dieser Bevölkerungsaustausch sei „das Brutalste an von oben herab verordneter Politik, was man in den letzten Jahrhunderten gesehen hat".

Der Reporter fragt: „Schlimmer als der Holocaust?" Markovics antwortet: „Man könnte es parallelisieren. Beides ist Völkermord."

Das Außergewöhnliche an diesem Satz ist nicht sein Inhalt selbst, ist nicht, dass Markovics als bekennender Rechter hier die Schoah, den systematischen Mord der Nazis an sechs Millionen Juden, verharmlost.

Das Außergewöhnliche ist, dass Markovics das öffentlich tut, gegenüber einem Journalisten. Liefert er selbst damit doch einen Beweis, dass sich zwischen alten und neuen Rechten anscheinend das Gedankengut oft kaum unterscheidet. Dass das Einzige, das sich geändert zu haben scheint, die Wörter sind, in denen sie es verpacken.

Die Neue Rechte ist eine schwierig zu fassende Gruppe. Der Begriff bezeichnet eine ganze Reihe von sehr unterschiedlichen Akteurinnen und Akteuren. Manche könnte man vielleicht noch als „erzkonservativ" bezeichnen, viele aber sind stramm rechts, manche rechtsextrem oder -radikal. Sie alle eint, dass sie eine neue Strategie verfolgen, um ihre Ideologie schleichend in den politischen und kulturellen Diskurs zu tragen, dort einen Nährboden für rechte Ideen zu schaffen. Christian Fuchs und Paul Middelhoff schreiben in ihrem Buch „Das Netzwerk der Neuen Rechten": „Sind die alten deutschen Neonazis größtenteils isoliert und haben sich mit ihrem Dasein als radikale Minderheit abgefunden, so streben die Neuen Rechten in die gesellschaftliche Mitte."

Neue Rechte tragen keine Glatze oder hören Rechtsrock, sie lauern auch nicht mit Baseballschläger vor der Geflüchtetenunterkunft, um

Asylsuchende zu verprügeln. Sie brüllen nicht: „Deutschland den Deutschen!" Auch wenn viele Akteurinnen und Akteure eine Vergangenheit in der nationalistischen Kameradschaftsszene haben – sie wollen weg vom Schmuddel-Image der Neonazis. Sie finden ihre Vorbilder nicht in der NS-Zeit, sie himmeln zumindest öffentlich keine Nazigrößen an, sondern Autoren wie Armin Mohler, der den Begriff der „konservativen Revolution" prägte.

Sie geben sich nachdenklich, philosophisch, schreiben Essays, in denen sie nicht von „Rassen" sprechen, sondern vom „Ethnopluralismus". Sie fordern nicht: „Ausländer raus!", sondern: „Remigration" – was im Kern dann aber doch meint: Wer nicht „ethnisch deutsch" ist, kann kein Deutscher sein und soll gehen, dahin, wo er nach seiner Ethnie, seiner „Kultur" hingehöre. Der Bundesverfassungsschutz nennt diese Position in seinem Bericht (2019) einen „exkludierenden Biologismus", der nicht mit dem Grundgesetz vereinbar ist.

Vor allem aber wirkt es wie der Versuch einer Pseudoakademisierung eines nationalistischen Weltbilds, das in seiner alten Form, in den Nullerjahren, in Zeiten des NSU und der Springerstiefel, kaum noch Anziehungskraft hatte auf junge Leute, erst recht aber nicht auf Menschen mit Job, Familie und gesicherten Lebensverhältnissen. Wie ein Versuch, aus dem Rechtssein, aus der Ablehnung des Liberalismus, eine Art Subkultur, einen intellektuellen Chic zu machen.

Die „Identitäre Bewegung" ist dafür das prominenteste Beispiel. Ihr bekanntestes Mitglied nennt sich selbst neurechts: Martin Sellner, der oft als „Posterboy" der „Identitären" bezeichnet wird – und durch seine fast schon Influencer ähnlichen YouTube-Videos maßgeblichen Anteil daran hatte, dass die „Identitäre Bewegung", ursprünglich erdacht in Frankreich, wie ein rechtsextremistischer Exportartikel über Österreich auch nach Deutschland kam.

Das Ziel sei, so formulierte es Sellner, schwarzer Rollkragenpullover, große Brille, akkurater Scheitel, selbst in einem Vortrag beim neurechten Thinktank „Institut für Staatspolitik" in Schnellroda, „die Kulturrevolution von rechts".

Seit Jahrzehnten, sagt Sellner, der selbst als 17-Jähriger Hakenkreuze an eine Synagoge geklebt haben soll, sei ein „Race War" die große Hoffnungsfantasie vieler Rechter gewesen. Sie glaubten, die Politik der Masseneinwanderung nur über „ein kriegerisches Szenario" beenden zu können. „In dieses Szenario träumen wir uns hinein, das wünschen wir uns zurück und haben dann alle möglichen Nostalgien von Freikorps-Zeiten (…)." Man könne sich aber nun mal nicht aussuchen, in welchen Zeiten man lebe, sagt Sellner. Und ein Fetisch sei ein schlechter Berater für politische Strategie.

Deswegen plädiert er für eine andere Form des Krieges, für den „Infokrieg gegen Metapolitik".

Wieder zwei dieser typischen, mit Scheinkomplexität aufgeblasenen Wörter der Neuen Rechten. Was sie meinen: Man will die Zivilgesellschaft nicht mehr durch Gewalt von rechts einschüchtern, vielmehr sollen ihre Werte, soll die „kulturelle Hegemonie" durch Propaganda nach rechts gerückt werden. Passieren soll das in einem „vorpolitischen Raum". Durch rechte Medien, Musik, Bücher, durch eine eigene rechte Popkultur.

Für ein älteres, bildungsbürgerliches Publikum gibt es in Deutschland schon länger ein solches Angebot von neurechts: Die Wochenzeitschrift „Junge Freiheit" etwa erscheint bereits seit 1986, die erwähnte und vom Bundesverfassungsschutz zum „Rechtsextremismus-Verdachtsfall" erklärte Denkfabrik „Institut für Staatspolitik" gründete sich im Jahr 2000. Seit allerdings die „Identitäre Bewegung" in Deutschland aktiv ist, hat sich etwas verändert.

Sie nämlich lieferte der Neuen Rechten erstmals seit Jahren wieder eine Gruppe von jungen Aktivistinnen und Aktivisten, die bereit sind, nicht nur in Seminaren über ideologische Theoriegebilde zu diskutieren, sondern durch die Bundesrepublik zu reisen und mit möglichst öffentlichkeitswirksamen Protestaktionen auf sich aufmerksam zu machen. Dabei inszeniert sich die Gruppe gern als eine Art patriotisches Greenpeace.

2016 kletterten ihre Anhänger auf das Brandenburger Tor, um dort ein Banner mit der Aufschrift „Sichere Grenzen, sichere Zukunft" zu hissen,

2017 charterten sie ein Schiff, um Geflüchtete auf ihrem Weg nach Europa im Mittelmeer abzufangen,

2019 versuchten sie, Redaktionsgebäude von Zeitungen wie der taz oder der Frankfurter Rundschau mit Plakaten zu bekleben.

Die Aktionen filmten sie mit professionellem Equipment, um sie anschließend als Hochglanz-Videos in den sozialen Medien zu posten und als „Erfolg" zu feiern – auch wenn es offensichtlich so gar keiner war: Das Schiff der „Identitären" zum Beispiel geriet schon nach wenigen Tagen selbst in Seenot. Bei der Plakataktion in Frankfurt wurden die Aktivistinnen und Aktivisten von der Polizei erwischt, bevor sie überhaupt richtig angefangen hatten. Doch für die „Identitären" ist vor allem eins wichtig: dass sie im Internet groß wirken, größer, als sie mit ihren rund 600 Mitgliedern in Deutschland eigentlich sind.

„Das Bild ist das Wichtigste", hat Sellner einmal gesagt. „Die Schlagzeile ist realer als die Aktion."

„Ein ständiges Spiel um öffentliche Resonanz" nennt das der Sozialwissenschaftler Alexander Häusler, der an der Hochschule Düsseldorf zu Rechtsextremismus forscht. „Die Mittel dafür sind völkische Untergangsparolen und Islamhass."

Alles an der „Identitären Bewegung", die auch intern streng autoritär-hierarchisch organisiert sein soll, ist durchkonzeptioniert. Mit dem Ziel, die maximale Aufmerksamkeit zu bekommen und für möglichst jedes Interesse von jungen Menschen immer ein „heimattreues" Gegenangebot parat zu haben: Es gibt Merchandise, Kleidung und Sticker, mit dem eigenen Logo – dem griechischen Buchstaben Lambda, den die Soldaten Spartas im Film „300" im Kampf gegen die Perser auf ihren Schildern tragen. Eigenes „identitäres" Bier, Bravo-ähnliche, neurechte Magazine und Newsportale, Zeltlager, Memes, eigene Rapper.

Es gibt „identitäre" Influencerinnen, die vor allem auf der Fotoplattform Instagram versuchen, mit Wald-, Dirndl- oder Mutter-Vater-Kind-Fotos gegen den Feminismus anzuposten, wie CORRECTIV in der Recherche „Kein Filter für Rechts" enthüllte. Überhaupt: Es gibt – anders als bei vielen Organisationen aus der klassischen rechten Szene – Frauen. Und die, so zumindest sieht es nach außen aus, bis in die erste Reihe der „Identitären Bewegung".

Insider berichten allerdings immer wieder, das Sagen hätten hinter den Kulissen doch die männlichen Mitglieder, von denen die führenden fast alle eine Neonazi-Vergangenheit haben. Neben

Sellner ist da etwa noch Mario Müller, ehemals in der rechtsextremen Szene in Niedersachsen aktiv und mehrfach wegen gefährlicher Körperverletzung verurteilt. Er leitete lange ein „patriotisches Hausprojekt" der „Identitären" in Halle an der Saale. Oder Nils Altmieks, einst Mitstreiter bei der mittlerweile verbotenen „Heimattreue Deutsche Jugend". Er hatte 2014 den Verein „Identitäre Bewegung Deutschland e.V." registriert und war lange auch dessen Vorsitzender. Oder Daniel Fiß, früher in der NPD-Jugendorganisation „Junge Nationaldemokraten" aktiv. Er war jahrelang der Stellvertreter des Vereins.

Sie alle verstehen sich als Teil der „letzten Generation", die Europa noch vor der Umvolkung retten könne. Sie vernetzen sich international mit Menschen aus ähnlichen Gruppierungen, etwa der amerikanischen Alt-Right-Bewegung, der neofaschistischen „CasaPound" aus Italien oder der mittlerweile per Verbot aufgelösten Ursprungsorganisation „Génération Identitaire" aus Frankreich.

In Deutschland selbst ist um die „Identitäre Bewegung" ein Netzwerk entstanden. Einerseits aus Internettrollen, die in organisierten Kampagnen mit Fake-Profilen in den sozialen Medien politische Gegner simultan attackieren. Andererseits aus Unternehmen und Organisationen, mit dem der selbst ausgerufene Widerstand der Neuen Rechten finanziert werden soll. Eine Medienagentur, die Marketing, Film und Fotografie oder Webdesign anbietet, eine Art Finanzdienstleister, über den Investoren Geld für Immobilienkäufe bereitstellen können, und eine Art „patriotische NGO" namens „Ein Prozent", die Spenden sammelt und dann an rechte Projekte verteilt. Mitbegründet unter anderem vom AfD-Politiker Hans-Thomas Tillschneider.

Eigentlich existiert seit 2016 in der AfD ein sogenannter Unvereinbarkeitsbeschluss mit der „Identitären Bewegung", der festlegt, dass es keine Zusammenarbeit zwischen der Partei und den „Identitären" gibt. Offiziell. Denn seit 2016 wird die „Identitäre Bewegung" vom Verfassungsschutz beobachtet.

Auf der anderen Seite unterhielt der erwähnte Tillschneider ein Abgeordnetenbüro im Gebäude des Hausprojekts der „Identitären" in Halle. Weitere AfD-Politiker wie Hagen Kohl, Landtagsabgeordneter aus Sachsen-Anhalt, oder Roger Beckamp, Landtagsabgeordneter aus Nordrhein-Westfalen, nahmen an Veranstaltungen in dem Haus teil, das als Zentrum der „Identitären" in Deutschland galt – und Ende 2019 von der Gruppe nach anhaltendem Protest der Bevölkerung vor Ort verlassen wurde. Im selben Jahr stellte ein AfD-Bundestagsabgeordneter den IB-Vize Fiß als Mitarbeiter ein. Bekannte Sanktionen seitens der Partei gab's keine.

Der Infokrieg der Neuen Rechten, sagt Martin Sellner bei seinem Vortrag im „Institut für Staatspolitik" im Jahr 2017, müsse gewaltfrei geführt werden. Die Waffen seien „Videos, ästhetische Interventionen, politische Aktionen, neue Begriffe, die man einbringt in die Debatte".

Kurz nach dem Attentat von Christchurch wurde bekannt, dass der Täter 2018 noch 1.500 Euro an Sellner gespendet hatte. Der Österreicher soll sich per Mail bedankt haben. Und ihm geschrieben haben: „Wenn Du mal nach Wien kommst, müssen wir einen Kaffee oder ein Bier trinken gehen." Zu einem Treffen, soll Sellner in einer Vernehmung durch die Wiener Polizei nach dem Terroranschlag gesagt haben, sei es aber nie gekommen. Überhaupt, er könne sich an keinerlei Kontakt erinnern.

Rechte Codes

Folgende Symbole und Codes (beispielhaft und unvollständig) werden als Erkennungszeichen innerhalb der rechten Szene genutzt.

Neonazisymbole und Symbole mit NS-Bezug

Hakenkreuz (STRAFBAR)

Schwarze Sonne / Sonnenrad

Hammer & Schwert – NS Volksgemeinschaft

Schwarz-Weiß-Rot: 1933-1945 die Farben und Flagge des Dritten Reichs

Reichskriegsflagge

Reichsadler

Sigrune – einzeln oder doppelt „SS-Totenkopf" Emblem (STRAFBAR)

Sturmabteilung (SA) (STRAFBAR)

Wolfsangel und Gezackte Triskele White-Pride-Keltenkreuz (STRAFBAR)

Variationen der „Othala" Odal Rune teilw. strafbar (STRAFBAR)

FAP – Verbotene Nazipartei Hammerskins Geheimbund Logo (STRAFBAR)

Terrorgruppen „Combat 18" und „Blood & Honour" (STRAFBAR)

Deutscher Landser / Wehrmachtssoldat

Ku-Klux-Klan (KKK) Logo – Rassistische Terrorsekte

Fasces – Symbol für Faschismus

White-Power-Faust – Symbolik für „Weiße Vorherrschaft"

Good Night Left Side (GNLS) Gewaltslogan

Kameradschaft / Freie Kräfte – Selbstbezeichnung für Parteilose Nazigruppen

Zahlencodes und Grußformeln

18 – 18 für A. H. – Adolf Hitler

C18 – C18 für Combat 18 „Kampfgruppe Adolf Hitler"

88 – 88 für HH – „Heil Hitler" Häufig auch 1888 oder 1488

HKNKRZ für Hakenkreuz

14 words – Zitat eines Rechtsterroristen: „We must secure the existence of our people and the future for white children."

28 – 28 für BH – Sympathiebekundung für das „Blood & Honour" Netzwerk

2YT4U – Rassistisches Bekenntnis: „Too white for you" – „Zu weiß für dich"

Parteien und Organisationen

AfD / Junge Alternative

Die Rechte

Der 3. Weg

NPD / JN

Nazihooliganszene

HoGeSa – Hooligans gegen Salafisten

Gemeinsam Stark – Hooligannetzwerk

Kategorie C – Hungrige Wölfe Nazihooliganband mit Wolfskopflogo

Sport- und Modemarken

Thor Steinar – Nordic Company S.T.N.R. – TS Performance – TSNC

Masterrace Europe

Consdaple

Phalanx Europa

Ansgar Aryan – Germanic Brand

Erik and Sons – Viking Brand

Pro Violence – Streetsport

Pride France

Walhall Athletik – Southside Fightwear

Label 23 – Boxing Connection

Whiterex / WHTRX

SVA Stone – Perun Company

Greifvogel Wear

Sport Frei – Extremsport

Brachial – The Lifestyle Company

Resistend Sportswear

Dobermans Aggressive

Suizhyde Division / Dryve By Suizhyde

Black Legion – Iron Youth Division

Musik: Subgenres und Bands

Rechtsrock
Sleipnir, Sturmgewehr, Oidoxie, Kraftschlag, Flak, Blutzeugen, Endstufe, Landser / Lunikoff, …

National Socialist Hardcore (NSHC) auch Hatecore / H8Core
Brainwash, Path of Resistance, Painful Awakening, Moshpit, …

Rock Against Communism (RAC) und White-Power-Music
Skrewdriver / Ian Stuart, Ultima Thule, Blue Eyed Devils, Youth Defense League, …

National Socialist Black Metal (NSBM)
Burzum, Absurd, Totenburg, Satanic Warmaster, Graveland, Goatmoon, Leichenzug, …

Neurechte Symbolik

Lambda – Logo der Identitären Bewegung (IB)

REMIGRATION – Neusprech für „Ausländer raus"

PEGIDA – Neurechte Sammelbewegung

EIN PROZENT – Neurechter Verein und Bindeglied

RECONQUISTA – Islamfeindliche Parole zur „Rückeroberung Europas"

Wirmer Flagge – Symbol für „Deutschen Widerstand"

Unequal – Symbol gegen Gleichberechtigung

Die Zentrale der Rechten. Auf den Spuren des Lübcke-Mörders Stephan Ernst – die Kneipe „Stadt Stockholm"

von Matthias Lohr

Nach dem Mord am Regierungspräsidenten Walter Lübcke lauteten einige Schlagzeilen: „Kassel ist eine Neonazi-Hochburg." Für den Experten Christopher Vogel ist das eine populistische These. „Es gibt in der Stadt nur wenige Orte, an denen sich Rechtsextreme offen zeigen können, ohne auf Widerspruch zu treffen", sagt der Sozialpädagoge, der beim Mobilen Beratungsteam gegen Rassismus und Rechtsextremismus arbeitet.

Kassel ist nicht Dortmund, wo es mit Dorstfeld ein ganzes Viertel gibt, das die Nazis als ihren Kiez proklamieren. Man findet hier auch keine No-go-Areas wie in Ostdeutschland, wo man mit dunkler Hautfarbe oder bunten Haaren lieber nicht allein unterwegs sein sollte. Trotzdem existieren auch in Kassel Orte, an denen Rechtsextremisten zu Hause sind – oder früher mal waren.

Einer dieser Orte befindet sich am Rand der Innenstadt. Die Kneipe „Stadt Stockholm" verdankt ihren Namen dem schwedischen König, der hier im 18. Jahrhundert übernachtet haben soll. Später ging hier nicht nur der Lübcke-Mörder Stephan Ernst ein und aus.

„Das war eine ganz schlimme Zeit", erinnert sich die Betreiberin Claudia Hauck. Ihr Mann hatte die Kneipe Anfang der 80er Jahre übernommen. Damals trafen sich vor allem Fußballfans des KSV Hessen Kassel hier, dann kamen die Hooligans und später die Neonazis.

Deutschlandweit bekannt wurde die „Stadt Stockholm" nach dem Lübcke-Mord, als ein Foto die Runde machte. Es zeigt Ernst und ein Dutzend andere Rechtsextreme vor der Kneipe, wo sie sich am 30. August 2002 für eine Auseinandersetzung mit linken Gegendemonstranten wappnen. Anlass war eine Wahlkampfveranstaltung der NPD. Ernst hält einen Stuhl als Wurfgeschoss in der Hand, die anderen Stöcke oder Steine.

Claudia Hauck kann sich noch gut an eine Begebenheit aus dem April 2006 erinnern. Damals soll der Kasseler Neonazi Bernd T., Anführer der mittlerweile verbotenen Kameradschaft „Sturm 18", mit NSU-Mitglied Beate Zschäpe und weiteren Rechtsradikalen in ihre Kneipe gekommen sein. Am 6. April 2006 wurde Halit Yozgat in seinem nur zwei Kilometer entfernten Internetcafé durch den NSU erschossen.

Später rief Hauck regelmäßig die Polizei, um die Nazis aus ihrer Kneipe zu bekommen. Angst vor ihnen hat sie heute nicht: „Wenn sich einer von denen blicken lässt, greife ich zum Telefonhörer."

Die „Stadt Stockholm" war nicht der einzige Treffpunkt der Kasseler Rechten. In einem Nebenraum der Kneipe „Goldener Anker" besuchte Stephan Ernst in den Nullerjahren den Stammtisch der NPD. Die Gaststätte gibt es nicht mehr. Dort bietet ein Restaurant nun türkische und mediterrane Spezialitäten an.

Rechte Zentralen

Auswahl

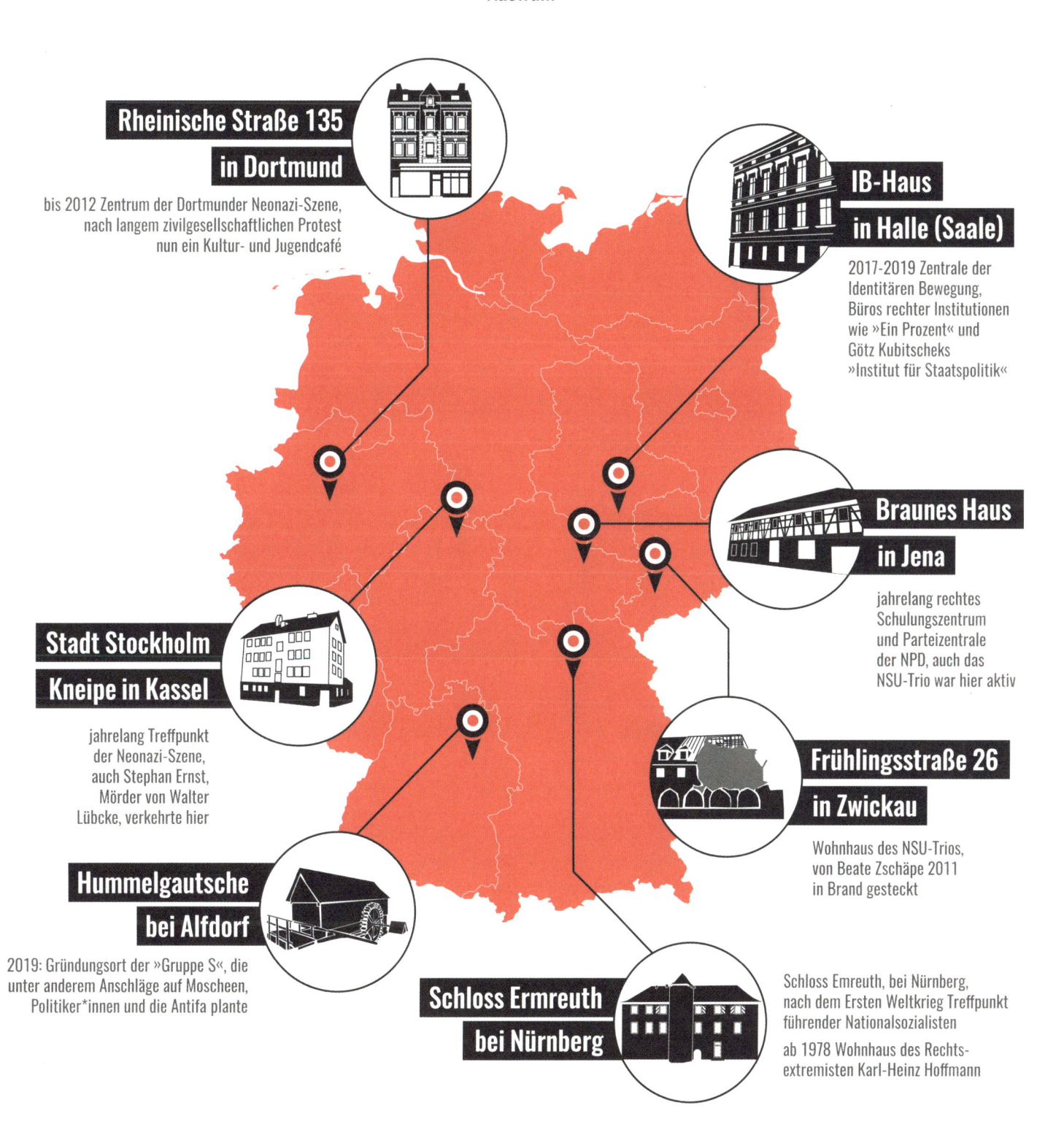

Rheinische Straße 135 in Dortmund
bis 2012 Zentrum der Dortmunder Neonazi-Szene, nach langem zivilgesellschaftlichen Protest nun ein Kultur- und Jugendcafé

IB-Haus in Halle (Saale)
2017-2019 Zentrale der Identitären Bewegung, Büros rechter Institutionen wie »Ein Prozent« und Götz Kubitscheks »Institut für Staatspolitik«

Braunes Haus in Jena
jahrelang rechtes Schulungszentrum und Parteizentrale der NPD, auch das NSU-Trio war hier aktiv

Stadt Stockholm Kneipe in Kassel
jahrelang Treffpunkt der Neonazi-Szene, auch Stephan Ernst, Mörder von Walter Lübcke, verkehrte hier

Frühlingsstraße 26 in Zwickau
Wohnhaus des NSU-Trios, von Beate Zschäpe 2011 in Brand gesteckt

Hummelgautsche bei Alfdorf
2019: Gründungsort der »Gruppe S«, die unter anderem Anschläge auf Moscheen, Politiker*innen und die Antifa plante

Schloss Ermreuth bei Nürnberg
Schloss Emreuth, bei Nürnberg, nach dem Ersten Weltkrieg Treffpunkt führender Nationalsozialisten
ab 1978 Wohnhaus des Rechtsextremisten Karl-Heinz Hoffmann

Quellen: Recherche

Rechtsextreme in Sicherheitsbehörden: Terror, der ein ganzes Gesellschaftsbild ins Wanken bringen kann

von Aiko Kempen

Polizeichats mit rechtsextremen Inhalten, rassistische Misshandlungen von Verdächtigen, illegale Datenabfragen und Todesdrohungen gegen Politikerinnen, Anwältinnen und Aktivisten, ungeklärte Todesfälle in Arrestzellen und Dienstmunition bei Rechtsextremen, die sich auf einen politischen Umsturz vorbereiten.

Die Liste der aktuellen Vorwürfe gegen die deutsche Polizei ist lang. Und sie wiegen schwer. Denn wo Rechtsextreme sich organisieren, gibt es viel zu oft auch Verbindungen in die Sicherheitsbehörden: Ob „NSU 2.0" oder „Nordkreuz", ob „Gruppe Freital", „Gruppe S.", „Freie Kameradschaft Dresden" oder „Aryans". Im Raum steht die Frage: Geht die Gefahr für eine freie Gesellschaft auch von jenen aus, die diese Gesellschaft und ihre Freiheit eigentlich beschützen sollen? Und seitdem Dutzende von Todesdrohungen an Menschen geschickt wurden, deren persönliche Daten überall in Deutschland von Polizeicomputern abgerufen worden waren, steht sogar im Raum, ob es ein ganzes Neonazi-Netzwerk in der deutschen Polizei gibt.

Hessens Innenminister Peter Beuth räumte im Sommer 2020 ein, er könne dies zumindest bei der hessischen Landespolizei nicht länger ausschließen. Zu ihr gehören 14.000 Polizistinnen und Polizisten. Bundesweit sind es knapp 300.000 Polizistinnen und Polizisten. Alle mit Macht, Waffen und Wissen ausgestattet. Selbstverständlich ist nicht jeder einzelne Mensch in Polizeiuniform rechts oder gar rechtsextrem. Und zugleich gibt es sie: Rassisten in Uniform. Rechtsextreme in Uniform. Und Neonazis in Uniform.

Das Bedrohungspotenzial, das von ihnen ausgeht, ist immens – und nichts davon ist neu.

Welche Folgen es hat, wenn gerade diejenigen zur Bedrohung werden, die eigentlich für Schutz sorgen sollen, ist seit Jahren sichtbar: Schon 2007 fanden Ermittler ausgerechnet bei jenen Polizeibeamten, die zum Schutz des jüdischen Funktionärs Michel Friedman abgestellt waren, jede Menge Rechtsrock, das verbotene Horst-Wessel-Lied und Fotos der Polizisten in SS-Uniform. „Es ist ein unerträglicher Gedanke, dass die, die mich vor den Nazis schützen sollen, teils selbst Nazis waren", sagte der vormalige Vizepräsident des Zentralrats der Juden in Deutschland damals. Dass diese Beamten stellvertretend für die gesamte Polizei stehen, dachte Friedman nicht. Doch jede Ausnahme sei eine zu viel, betonte er. Zu Recht. Denn durch solche Fälle schwindet zugleich das Vertrauen in den Staat.

Auch die Frankfurter Anwältin Seda Başay-Yıldız hat das Vertrauen in die Polizei verloren. Seit 2018 erhielt sie immer wieder rechtsextreme Todesdrohungen, nachdem ihre Adresse auf Polizeicomputern abgerufen wurde. Dass die Polizei selbst in der Lage ist, den Fall aufzuklären, glaubte sie offensichtlich lange nicht mehr und hatte 5.000 Euro Belohnung für Hinweise ausgesetzt. „Ich kann doch nicht Däumchen drehen und warten, bis uns jemand abknallt", sagte sie im November 2020.

Bedroht sind auch demokratische Grundlagen: Denn die Polizei ist in einer Demokratie nicht nur die Gewalt, sie hat zugleich das Monopol darauf. Wer unzufrieden mit einem Handwerker ist, ruft beim nächsten Mal einen anderen. Wer die Polizei hingegen als Gefahr und nicht als Hilfe erlebt, hat keine Alternative. Der Schutz, den ein demokratischer Rechtsstaat bieten und sicherstellen sollte, fällt weg. Er kann nicht mehr in Anspruch genommen werden. Es kann passieren, dass die Betroffenen ihren Eigenschutz stattdessen schlimmstenfalls selbst in die Hand nehmen.

Wenn die Bedrohung gerade von denjenigen ausgeht, die solche Bedrohungen abwehren sollen, gibt es nur ein Wort, das dieser Dimension gerecht wird: Terror. Terror im eigentlichen Sinne des Wortes: die Verbreitung von Angst und Schrecken. Terror, der ein ganzes Gesellschaftsbild ins Wanken bringt. Denn dieser Terror, der auch von Polizisten ausgeht, bedroht zugleich genau jenes Gefühl von Sicherheit, das ein demokratischer Rechtsstaat seinen Bürgerinnen und Bürgern garantieren sollte. Dieser Terror ersetzt Gewissheiten durch Unsicherheit und indifferente Bedrohung. „Das sind die Leute, die man im Zweifel anrufen soll. Da ist jetzt jedes Mal die Frage: Wenn ich jetzt bei der Polizei anrufe, hab ich dann den Kumpel von dem dabei, und wie läuft das?", sagt eine Rostocker Kommunalpolitikerin, die im Juli 2019 gemeinsam mit rund 1.200 weiteren Menschen vom Landeskriminalamt Mecklenburg-Vorpommern informiert wurde, dass auch ihr Name auf den Feindeslisten der Gruppe „Nordkreuz" zu finden war. Diese Angst und Unsicherheit ist ein Effekt, der sich quer durch alle Fälle zieht, in denen Rechtsextreme in den Sicherheitsbehörden bekannt werden, sei es in Hessen, Berlin, Mecklenburg-Vorpommern oder Nordrhein-Westfalen.

Ungeachtet dessen, ob es sich um ein einziges rechtes Netzwerk mit konkret nachweisbaren Verbindungen innerhalb der Sicherheitsbehörden handelt oder ob die einzelnen Akteure unabhängig voneinander agieren: Die Gefahr durch Rechtsextreme und Rassisten in der deutschen Polizei ist für etliche Betroffene sehr real.

Rückzugsort und Lautsprecher zugleich: Die Bedeutung von Messengerdiensten für die rechtsextreme Szene

von Jonah Lemm

Bei Brot und Wein will der Mann, der sich im Internet Teutonico nennt, den Krieg besprechen. So schreibt es der Rechtsradikale Werner S. im Januar 2020 in einen Chat auf dem Messengerdienst Telegram. „Das Risiko wird hoch, eine Veränderung im Leben jedes Einzelnen steht eventuell oder gar vermutlich auf der Agenda!", tippt er. Zwei Wochen später trifft er sich mit zwölf weiteren Männern aus der Chatgruppe im nordrhein-westfälischen Minden. Es ist nicht ihre erste konspirative Zusammenkunft, aber an diesem Tag werden ihre Pläne konkreter: Sie wollen in kleinen Ortschaften Muslime beim Freitagsgebet angreifen. Ermorden. So viele wie möglich. Dafür sollen Waffen beschafft werden. Anfang März wollen sie sich erneut treffen und die Anschlagsziele festlegen.

Wenige Tage danach spricht S. in einem abgehörten Telefonat von „Kommandos": Zehn Männer sollen in zehn Bundesländern zuschlagen. Aber dazu kommt es nicht. Am 14. Februar 2020 durchsuchen Spezialeinsatzkräfte in insgesamt sechs Bundesländern die Wohnungen der Chatgruppenmitglieder sowie weitere Objekte. Sie finden Pistolen, selbst gebaute Schrotflinten, Armbrüste, Äxte, Morgensterne, Granaten, Munition. Zwölf Männer werden festgenommen, seit April 2021 stehen sie in Stuttgart vor Gericht. Die Anklage wirft ihnen die Gründung einer rechtsterroristischen Vereinigung vor. Der Prozess soll noch bis ins Jahr 2022 gehen.

Besonders an der Gruppe S., wie sie heute genannt wird, ist aber nicht nur die Brutalität, mit der ihre Mitglieder in ganz Deutschland offenbar Morde verüben wollten. Besonders ist auch: dass die meisten der Männer sich nicht aus der realen Welt kannten, etwa von Rechtsrock-Konzerten, Zeltlagern oder Stammtischen. Sondern nahezu ausschließlich aus dem Internet.

Werner S., der als Kopf der Gruppe gilt, soll seine Kumpanen bewusst über Facebook und über Telegram-Chats rekrutiert haben. Aktiv habe er im Umfeld von rechten Bürgerwehren, Rockerclubs und Reichsbürgern nach Mitstreitern gesucht, die „intelligent, hart, brutal, schnell, zügig", die zu „mehr als die Teilnahme an Demonstrationen" bereit seien. Mittlerweile gilt als gesichert, dass die Gruppe S. einem Telegram-Chat mit dem Namen „Der harte Kern" entwachsen ist. In einem Dutzend weiteren Chaträumen sollen sich die Männer, die aus verschiedenen Teilen Deutschlands kommen, gegenseitig in ihrem Hass angestachelt haben, mit Nachrichten wie: „So Bock auf ein Massaker."

Zu dieser Zeit standen die wenigsten der Mitglieder im Fokus der Polizei, keiner der Männer war als Gefährder eingestuft. Hätte sich nicht einer aus der Gruppe im Herbst 2019 als Informant an die Sicherheitsbehörden gewandt, wäre die Gruppe wohl später entdeckt worden. Vielleicht zu spät.

Bis heute hat die deutsche Polizei kaum Zugriff auf Telegram. Gerade deshalb ist der Messengerdienst bei Rechtsradikalen so beliebt. Telegram sei für die rechtsextremistische Szene die „Alternative zu bekannten Instant-Messaging-Diensten wie beispielsweise ‚WhatsApp' oder ‚Threema'", schrieb die Bundesregierung im Februar 2020 als Antwort auf eine Kleine Anfrage der Grünen im Bundestag. Es gibt noch eine ganze Reihe weiterer Portale, auf denen sich Rechtsextreme gern vernetzen: Da ist Discord, ursprünglich als Sprachkonferenz-Dienst für Gamer entwickelt. Über ihn organisierten bereits Akteure der rechtsextremen Identitären Bewegung zusammen mit weiteren neurechten Gruppen virtuelle Trollangriffe auf politische Gegner, Rechte in den USA nutzten Discord zur Planung von Demonstrationen. Da ist 8kun, früher 8Chan, eine Art anonymes Forum, in dem mehrere Rechtsradikale ihre Anschläge vorab ankündigten, so auch der Täter aus dem neuseeländischen Christchurch.

Telegram allerdings ist für die Rechtsextremisten mehr als ein Rückzugsort im Internet. Es ist zugleich auch ihr Lautsprecher.

Gegründet haben Telegram im Jahr 2013 die Brüder Nikolai und Pawel Durow, ebenso Schöpfer des auch von vielen Rechten genutzten russischen Facebook-Klons „Vkontakte". Mittlerweile nutzen Telegram nach eigenen Angaben des Unternehmens pro Monat weltweit 500 Millionen Menschen.

Auf der Website von Telegram schreiben die Gründer, dass „politisch motivierte Zensur" gegen ihre Grundsätze verstoße. Man werde „keinesfalls Nutzer daran hindern, auf friedliche Weise alternative Meinungen zum Ausdruck zu bringen". Und: „Bis zum heutigen Tag haben wir 0 Byte Nutzerdaten an Dritte weitergegeben, einschließlich aller Regierungen."

Ein hochrangiger Ermittler, der im Bereich der Cyberkriminalität arbeitet, berichtet, auch ihm sei keinerlei Zusammenarbeit zwischen Telegram und den deutschen Strafverfolgungsbehörden bekannt. „Es ist ein offenes Geheimnis, dass es eine gewisse Hilflosigkeit bei den Behörden im Umgang mit Telegram gibt", sagt der Mann am Telefon. Da sei zwar eine Adresse in Dubai, unter der angeblich das Entwicklerteam der App zu erreichen sei. Schreibt man als deutsche Behörde dorthin, bekomme man in der Regel aber gar keine Antwort.

Ihm sei kein einziger Fall bekannt, in dem Telegram Bestandsdaten von Nutzern zur Identifizierung von potenziellen Straftätern herausgegeben hätte — obwohl das Unternehmen nach dem Telekommunikationsgesetz wohl eigentlich dazu verpflichtet wäre. „Aus Strafverfolgungssicht ist die Sache ganz klar: Auf Telegram gibt es massenhaft strafrechtlich relevante Inhalte, davon wird nur ein Bruchteil verfolgt, und davon wiederum ist nur ein Bruchteil identifizierbar", sagt der Beamte. Das gehe in der Regel nur, wenn Verdächtige selbst Hinweise zu ihrer Identität in den Chats hinterließen. Das passiere bei Telegram aber sehr selten, auch weil Nutzerinnen und Nutzer unter selbst gewählten Pseudonymen kommunizieren könnten, ohne überhaupt ihre Telefonnummer für andere sichtbar zu machen. Gerade der Zugang zu kleinen, nicht öffentlichen Gruppen wie denen der Gruppe S. sei für die Polizei schwierig bis unmöglich. Überhaupt könne man nicht einfach V-Personen in private Chats einschleusen, wenn kein konkreter Tatverdacht bestehe.

Die Geschlossenheit von privaten Chats aber ist nicht die einzige Funktion, von der Rechte auf Telegram profitieren. Sondern auch vom Gegenteil: der extremen Öffentlichkeit. Denn auf Telegram ist gleichzeitig auch die Einrichtung sogenannter „Super-Gruppen" mit bis zu 200.000 Mitgliedern oder Kanälen mit Hunderttausenden Followern möglich. Sie funktionieren eher wie ein Blog, nicht mehr wie klassische Chats. Die Administratorinnen und Administratoren dieser Supergruppen können im Minutentakt ihr Gedankengut an ihre Abonnentinnen und Abonnenten senden, die wiederum unter den Beiträgen per Kommentarfunktion diskutieren können. Auch Weiterleitungen von Nachrichten aus einer Gruppe in die nächste sind möglich, Nutzerinnen und Nutzer können dann wiederum auch in die Ursprungsgruppe der Nachricht eintreten. Zudem gibt es eine Suchfunktion, über die mit Stichwörtern nach Chats gesucht werden kann.

Es ist die perfekte Lösung für das, was Expertinnen und Experten in der Vergangenheit als „online extremist's dilemma" beschrieben: Rechte können plötzlich eine hohe Reichweite generieren, ohne sich Sorgen um ihre eigene Sicherheit und Identität machen zu müssen. Rassismus und Hass verbreiten sich so im Kaskadeneffekt.

Etwa auf dem Kanal des Kochbuchautors und Verschwörungstheoretikers Attila Hildmann. An einem Freitag im April schickt er eine Umfrage an seine knapp 110.000 Followerinnen und Follower: „WAS IST MERKEL?" Die Antwortmöglichkeiten: „DEUTSCHE SEHR SORGSAME UND SEHR GUTE KANZLERIN!" oder „JÜDIN UND PSYCHISCH VÖLLIG GESTÖRTE MASSENMÖRDERIN & SADISTIN, DIE GESTOPPT WERDEN MUSS!" Als Reaktion glorifizieren seine Fans den Nationalsozialismus und schreiben zutiefst antisemitische Kommentare als Antworten. „Wenn ich die Wahl hätte zwischen Juden und Hitler also ich würde direkt für Hitler sein" steht dort oder „ES WAREN 12 JAHRE FREIHEIT OHNE JUDENKNECHTSCHAFT!". Dazu postet ein Nutzer, der auf seinem Profilfoto eine Reichskriegsflagge in die Kamera hält, noch ein Bild. Es zeigt den Reichsadler. Gegenrede gibt es nicht. Und offensichtlich scheint auch niemand zu befürchten, für solche Postings strafrechtlich belangt zu werden.

„Ich betrachte das alles mit extrem großer Sorge: Wir sehen ganz klar eine Abwanderung von Rechten zu Telegram und ähnlichen Portalen. Menschen, die früher lange Gleichgesinnte suchen mussten, vernetzen sich plötzlich spielend leicht mit Tausenden in solchen Gruppen, stacheln sich unkontrolliert gegenseitig an. Man muss befürchten, dass es zu weiteren Straftaten in der realen Welt kommt", sagt der Beamte.

Kurzzeitig hatten Rechtsextreme in Deutschland eigentlich ihren Zugang zu einem breiten Publikum wieder verloren, nachdem die US-amerikanischen Plattformen wie Facebook und YouTube nach massivem politischem Druck damit begonnen hatten, vermehrt und proaktiv strafrechtlich relevante Profile und Posts zu sperren — auch dauerhaft. Auf Telegram aber konnten sich Radikale, gerade während der Coronapandemie, wieder eine große Reichweite aufbauen. So seien die followerstärksten Telegram-Kanäle rechtsextremistischer Akteurinnen und Akteure seit Beginn der Pandemie um knapp 350 Prozent gewachsen, schreiben Jakob Guhl und Lea Gerster in ihrem Report „Krise und Kontrollverlust: Digitaler Extremismus im Kontext der Corona-Pandemie" für die Denkfabrik „Institute for Strategic Dialogue". Und weiter: „Das Ausmaß der Vernetzung zwischen verschiedenen rechtsextremen Strömungen und Verschwörungstheoretikern auf Telegram ist immens: Knapp 40 Prozent aller geteilten Posts, Videos und Audiobotschaften wurden von anderen Kanälen weitergeleitet."

Die nordrhein-westfälische Landesanstalt für Medien veröffentlichte im November 2020 ein Screening von rechtsverstoßenden Inhalten auf Telegram, für das Wissenschaftlerinnen und Wissenschaftler der Universität Greifswald 913 Gruppen oder Kanäle überprüft hatten. 141 stuften sie als „regulierung-relevant" ein – und 576 als „problemverschärfend". „Hier handelt es sich nicht in erster Linie um Rechtsverstöße, sondern vorrangig um die Verbreitung von Verschwörungstheorien und mutmaßlich falschen Aussagen. Dieser Bereich weist starke extremistische Züge auf und ist durch emotionalisierend-empathielose Kommunikation geprägt", schreiben Autor Jakob Jünger und Autorin Chantal Gärtner. Darüber hinaus fanden sie neun rechtsextremistische Kanäle und fünf Gruppen, die direkt oder indirekt zum Hass und zur Gewalt gegen Teile der Bevölkerung aufrufen. Dort fantasierten die Mitglieder darüber, Schwarzen in den Kopf zu schießen, weil sie „unwürdig seien den Hitlergruß zu machen". Den Holocaust nannten sie „Märchen". Diese Gruppen und Kanäle hatten bis zu 18.226 Mitglieder, erreichten im Median bis zu 8.723 Nutzerinnen und Nutzer pro Nachricht, schreiben Jünger und Gärtner.

Zur Vorstellung der Untersuchung sagte der Direktor der Landesmedienanstalt, Tobias Schmid: „Freiheit im Netz kann (…) nur funktionieren, wenn Regeln eingehalten werden. Spätestens mit dieser Studie wird klar, dass das nicht nur für Facebook und YouTube gelten muss, sondern natürlich auch für Telegram. (…) Es wäre sicher eine gute Idee, wenn der Gesetzgeber seinen Fokus gleichfalls ausweitet." Schmid spielt hier auf das sogenannte Netzwerkdurchsetzungsgesetz an, mit dem der Bund seit 2017 Soziale Netzwerke dazu zwingt, innerhalb von kürzester Zeit rechtswidrige Inhalte zu entfernen. Allerdings fällt Telegram nicht unter dieses Gesetz, weil es offiziell als Messengerdienst gilt. Gleichwohl haben Kanäle wie die von Attila Hildmann und anderen Verschwörungstheoretikerinnen und Verschwörungstheoretikern kaum noch etwas mit Messengern im klassischen Sinne zu tun. Es geht nicht darum, Nachrichten auszutauschen.

„Der überwiegende Anteil von Kanälen zeigt, dass in den von uns erhobenen Angeboten Informationen eher im Stil einer One-to-many-Kommunikation gestreut werden, als dass gemeinsam über die Inhalte diskutiert wird", schreiben Jünger und Gärtner in ihrer Studie.

Der Ermittler, der sich mit Cyberkriminalität befasst, sagt, er glaube nicht, dass ein einfaches Verbot von Telegram das Problem lösen könnte. „Dann ziehen die Rechten eben um, auf den nächsten Dienst. Es wird immer Alternativangebote geben." Dennoch: Eine bessere Strafverfolgung könnte zumindest Menschen abschrecken, ihren Hass öffentlich mit hunderttausend anderen zu teilen.

Als im Januar 2021 Anhängerinnen und Anhänger des scheidenden US-Präsidenten Donald Trump das Capitol stürmten, stand ein anderes soziales Netzwerk im Fokus der Öffentlichkeit: Parler. Auf dem Mikroblogging-Dienst hatten Extremistinnen und Extremisten ihren Angriff auf das Kongressgebäude in Echtzeit mit Videos geteilt und sich gegenseitig weiter aufgehetzt. Das Portal griff nicht ein.

Google und Apple nahmen als Reaktion den Dienst aus ihren App-Stores. Nur wenige Tage später löschte plötzlich auch Telegram eine ganze Reihe von Kanälen der verschwörungstheoretischen QAnon-Bewegung. In der FAQ des Dienstes heißt es mittlerweile: „Unsere Mission ist, ein sicheres, globales Kommunikationsmittel zu schaffen. Um das auch dort, wo es am meisten gebraucht wird, zu gewährleisten (ebenso die Verbreitung von Telegram über den App Store und Google Play), müssen wir legitime Anfragen bezüglich illegalen, öffentlichen Inhalten auf Telegram nachgehen und solche Dinge entfernen." Wenn Dritte das Portal denn darauf aufmerksam machen.

Unzureichende Aufklärung der NSU-Morde: Das Desaster der offenen DNA-Spuren

von Sebastian Leber

Es beginnt mit einer Flasche Erdbeermilch. Sichergestellt im Kühlschrank des Wohnmobils, in dem Uwe Mundlos und Uwe Böhnhardt starben. 400 Milliliter, aus Plastik, Marke „Müllermilch". An ihrer Außenseite findet das Labor eine DNA-Spur, die bis heute keiner Person zugeordnet werden kann. In den Ermittlungsakten bekommt die unbekannte Person ein prägnantes Kürzel: „P12".

Sicher ist, dass es sich bei der Person, die diese Plastikflasche anfasste und dabei ihren genetischen Abdruck hinterließ, weder um einen Mitarbeiter des Getränkeherstellers noch um den Kassierer im Supermarkt handelte. Denn „P12" wird noch eine Reihe weiterer DNA-Spuren zugerechnet. Diese finden sich in den Überresten der ausgebrannten Wohnung in der Zwickauer Frühlingsstraße, der letzten Bleibe des vermeintlichen NSU-Kerntrios vor dessen Selbstenttarnung. Die Spuren haften unter anderem an einem Rucksack und einer handbeschrifteten Diskette.

Das Rätsel um die Identität von „P12" gilt als anschauliches Beispiel für die Vielzahl offener Fragen zu Unterstützern, Mitwissern und möglichen Mittätern, denen im NSU-Komplex nicht zufriedenstellend nachgegangen wurde. Die frühe Festlegung auf die These eines isoliert handelnden Trios hat aus Sicht zahlreicher Prozessbeobachter dazu geführt, dass wichtige und naheliegende Ermittlungsschritte unterblieben. Und es gibt dafür eindrückliche Belege.

An den verschiedenen Tatorten des NSU wurden insgesamt 24 Haarspuren gefunden. Im Labor untersuchten die Techniker jeweils nur, ob diese Haare von Mundlos, Böhnhardt oder Zschäpe stammten, was in sämtlichen Fällen ausgeschlossen werden konnte. Weitere Abgleiche fanden nicht statt. Als dieser Umstand 2016 im zweiten Untersuchungsausschuss des Bundestags zur Sprache kam, wunderte sich der Vorsitzende, CDU-Innenexperte Clemens Binninger, und hielt der geladenen Oberstaatsanwältin vor: „Wenn Sie immer nur selektiv auf das Trio schauen, werden Sie natürlich nie auf weitere Personen kommen oder auch andere Mittäter."

Insgesamt stellten die Ermittler im NSU-Komplex mehr als 40 DNA-Muster sicher, die bislang niemandem zugeordnet werden konnten. Was auch daran liegen mag, dass von etlichen Menschen im engeren Umfeld des Trios zu keinem Zeitpunkt DNA-Proben genommen wurden – auch nicht von solchen mit offen rechtsradikaler Haltung.

Grund hierfür ist, dass viele Weggefährten der drei Terroristen nicht als Beschuldigte, sondern lediglich als Zeugen vernommen wurden. Auch diese Entscheidung wurde im Untersuchungsausschuss des Bundestags hinterfragt. Die zuständige Oberstaatsanwältin erklärte, man könne Zeugen eben rechtlich nicht zwingen, derartige Proben abzugeben. Auf den Einwand des Vorsitzenden, ob man die Zeugen nicht wenigstens um eine eigenverantwortliche Abgabe hätte bitten können, erwiderte sie, auch dies wäre illegal. Für eine konkrete Frage wie „Sind Sie mit einer freiwilligen DNA-Abgabe einverstanden?" fehle schlicht die Rechtsgrundlage. Nicht einmal von dem Mitglied des „Thüringer Heimatschutzes", das nachweislich engen Kontakt zu dem Trio hatte, besitze man eine Probe. Der CDU-Mann Clemens Binninger reagierte fassungslos. Er antwortete: „Dann frage ich mich allerdings schon, wie man überhaupt jemals einen Unterstützenden oder Nichtunterstützenden nachweisen will."

Dass sich die Ermittler derart auf Mundlos, Böhnhardt und Zschäpe fokussierten, irritiert rückblickend noch stärker, bedenkt man, dass von keinem der drei Terroristen jemals Fingerabdrücke oder DNA-Material an einer der Mordwaffen gefunden wurde. Oder irgendwo an einem der insgesamt 27 Tatorte. Dafür aber viele andere.

Zu den bis heute offenen DNA-Spuren, die auf einen größeren Täterkreis hindeuten, zählen auch jene aus Heilbronn. Dort verübte der NSU im April 2007 seinen mutmaßlich letzten Mord. Nachdem die Polizistin Michèle Kiesewetter in ihrem Streifenwagen durch einen Kopfschuss ermordet und ihr Kollege durch eine Kugel lebensgefährlich verletzt wurde, zerrten die Täter die Beamten aus dem Wagen, entwendeten ihre Dienstwaffen und Handschellen, es kam mehrfach nachweislich zu Körperkontakt. Später fanden Techniker an Brust und Rücken des verletzten Polizisten mehrere DNA-Spuren. Weil rund 100 Kollegen, Familienangehörige und Rettungssanitäter freiwillig Proben abgaben, können sie als Verursacher ausgeschlossen werden. Dennoch wertet die Staatsanwaltschaft die fremde DNA nicht als Täterspur. Eine ungeklärte DNA-Spur sei schließlich nicht automatisch ein Anhaltspunkt für weitere Unterstützer oder Mittäter, heißt es.

Clemens Binninger, der CDU-Abgeordnete und Vorsitzende des Untersuchungsausschusses im Bundestag, sieht das anders. Durch die Konzentration auf Mundlos, Böhnhardt und Zschäpe sei möglicherweise eine ganze Reihe von Personen aus dem Ermittlungsfokus geraten, von denen belegt sei, dass sie das Trio kannten, mit ihm in Kontakt standen, teilweise über lange Zeit hinweg. Es sei fatal, nicht einmal ihre DNA abgleichen zu können. Wörtlich sagte Binninger:

„Dann wissen wir ja nie, ob von denen irgendwo einer auch mal eine Spur hinterlassen hat, oder?"

Die unbekannte Person „P12", deren Spur sich 2011 an der Flasche Erdbeermilch im Kühlschrank des Wohnwagens und an mehreren Gegenständen in der Zwickauer Wohnung fand, hat wahrscheinlich noch einen weiteren DNA-Abdruck hinterlassen. Dieses Mal im Norden Berlins, im Juli 2012, sieben Monate nach der Selbstenttarnung des NSU, bei einem Verbrechen in einem vermeintlich völlig anderen Kontext. An einem späten Mittwoch wurden zwei Mitglieder des Rockerklubs Bandidos vor ihrem Vereinsheim niedergeschossen. Acht Kugeln trafen die Männer in Beine und Oberkörper. Sie überlebten. Am Tatort wurde später eine Patronenhülse mit einer DNA-Übereinstimmung zu „P12" gefunden.

Zum Zeitpunkt des Anschlags waren die Bandidos in eine deutschlandweite, blutige Fehde mit den rivalisierenden Hells Angels verwickelt. Im Kampf um Anteile im Drogen- und Waffenhandel sowie im Geschäft mit der Prostitution waren Mitglieder und Unterstützer beider Gruppen wiederholt aufeinander losgegangen, gerade im Großraum Berlin. Im Laufe des Konflikts hatte es bereits Tote gegeben. Daher stuften Ermittler die Schüsse vor dem Vereinsheim der Bandidos als Racheakt der Hells Angels ein. Schoss „P12" also im Auftrag der Höllenengel – gehörte er gar selbst dem Klub an?

Die Polizei glaubt nicht daran. Eine einzelne DNA-Spur sei wenig aussagekräftig. Außerdem hätten die bisherigen Nachforschungen „keine Anhaltspunkte für strafrechtlich relevante Verbindungen" zwischen den Terroristen und dem Rockermilieu ergeben.

Diese Argumentation ist fragwürdig. Deutschlandweit existieren enge und vielfältige Verflechtungen von militanten Rechtsextremen in Rockerkreise. Im sächsischen Freital waren diverse Neonazis beim inzwischen verbotenen regionalen Ableger des „Gremium MC" Mitglied, darunter Sascha N., der Gitarrist der Neonazibands „Stahlwerk" und „Sachsenblut". In N.s Wohnung fanden Ermittler erst dieses Jahr NS-Devotionalien und ein Luftgewehr. Ein Rocker aus dem Umfeld der Bandidos saß bereits für die NPD im Landtag von Mecklenburg-Vorpommern, in Schleswig-Holstein befand sich eine ganze Ortsgruppe der Bandidos in den Händen von Faschisten. Das Bundeskriminalamt geht von mehr als 500 Menschen aus, die in Deutschland gleichzeitig in der extremen Rechten und im Rockermilieu verkehren. Schon 2008 bestätigte die Bundesregierung in einer Antwort auf eine Anfrage der Linken-Fraktion im Bundestag, es ließen sich gelegentlich „Hinweise auf gemeinsame Aktivitäten und Treffpunkte sowie einzelfallbezogene Kooperationen von Rechtsextremisten und Rockern feststellen".

Dokumentiert sind auch Kontakte der bekannten NSU-Mitglieder zu den Hells Angels. Die Ermittlungsakten enthalten zahlreiche Hinweise. In Paderborn soll Uwe Mundlos mehrfach eine Kneipe besucht haben, in der Hells Angels verkehrten. In Kiel soll das Trio am Rande einer Geburtstagsfeier eine Sporttasche in Empfang genommen haben, in denen sich Schusswaffen eines Höllenengels befanden. Der verurteilte NSU-Unterstützer Holger G. wurde auf dem Gelände der Hells Angels Hannover gesehen, Ralf Wohlleben pflegte ebenfalls Kontakte ins Rockermilieu. Auf dem Handy von André Eminger entdeckten Ermittler die PowerPoint-Präsentation eines polizeiinternen Vortrags über Rockerkriminalität. Und auch Andreas Temme, der Verfassungsschutzmitarbeiter, der beim Kasseler NSU-Mord am Tatort anwesend war, jedoch von den Schüssen nichts mitbekommen haben will, pflegte privat Kontakte zu mehreren Hells Angels, unter anderem zum Präsidenten des lokalen Ablegers.

Es gibt viele weitere Unstimmigkeiten, die gegen die Erzählung der Staatsanwaltschaft vom NSU als dreiköpfiger Terrorzelle mit kleinem Unterstützerkreis sprechen. Der Polizist, der 2007 den Mordanschlag des NSU in Heilbronn schwer verletzt überlebte, konnte Angaben zum Aussehen eines Täters machen. Auf dieser Grundlage wurde ein Phantombild erstellt. Es hat überhaupt keine Ähnlichkeiten mit Mundlos oder Böhnhardt. Mehrere Zeugen wollen in Tatortnähe zudem drei blutverschmierte Männer gesehen haben. Und laut Tatrekonstruktion müssen zwei Schützen Rechtshänder gewesen sein. Böhnhardt jedoch war Linkshänder. Ähnliche Widersprüche gibt es an anderen Tatorten.

Die Fokussierung auf Mundlos, Böhnhardt und Zschäpe mag zwar hilfreich für die Prozessdurchführung gewesen sein. Sie genügt aber nur demjenigen, der bereit ist, über reihenweise Spuren systematisch hinwegzusehen. Im Untersuchungsausschuss erklärte die zuständige Oberstaatsanwältin wörtlich: „Wir müssen natürlich auch mit offenen Spuren leben." Ihm wäre lieber, erwiderte der Ausschussvorsitzende, wenn „Sie mit den offenen Spuren nicht leben würden, sondern wenn Sie ermitteln würden, was geht".

Texte, Töne, Terror: Über die Bedeutung rechtsextremer Musik

Interview: Alexander Roth

Die Geschichte rechtsextremistischen Terrors ist eng mit der Geschichte rechtsextremer Musik verwoben. Timo Büchner beschäftigt sich seit Jahren damit, die Fäden zu entwirren und Strukturen aufzuzeigen. Im Mai 2021 ist sein Buch „Rechtsrock. Business, Ideologie & militante Netzwerke" erschienen.

Herr Büchner, seit wann gibt es rechtsextreme Musik in Deutschland?
Büchner: Die erste rechtsextreme Musikgruppe gab es in Deutschland Ende der 70er Jahre. Zu der Zeit kam Rechtsrock in Großbritannien auf. Bands wie „Skrewdriver" um den späteren „Blood & Honour"-Gründer Ian Stuart Donaldson waren damals populär. Die ersten nennenswerten Bands in Deutschland gab es dann in den 80er Jahren. In ihren Anfangsjahren lassen sich zum Beispiel die „Böhsen Onkelz" dazuzählen. Der richtige Boom kam aber erst in den 90er Jahren. Da gab es eine regelrechte Explosion der Tonträgerproduktion vor dem Hintergrund rechtsextremer Ausschreitungen wie 1992 in Rostock-Lichtenhagen. Zu dieser Zeit haben sich noch mal zahlreiche Rechtsrock-Bands gegründet. Das waren die wichtigsten Etappen am Anfang.

Wie hat sich diese Musik verbreitet?
Damals spielten die sogenannten „Fanzines" noch eine große Rolle. Selbst gebastelte Magazine von Nazi-Skins für Nazi-Skins. Darin wurden Konzerte besprochen und die neuesten Tonträger beworben. Damals gab es kein Internet, wie wir es heute kennen.

Was hat sich im Vergleich zu früher mittlerweile geändert?
Die Szene hat sich professionalisiert. Es gibt heute einen richtigen Markt mit Produktions- und Vertriebsstrukturen. Der Rechtsrock-Experte Jan Raabe, der sich schon lange mit der Szene beschäftigt, geht von aktuell etwa 25 Labels und ungefähr 80 Versandfirmen in Deutschland aus. Das gab es in den 90ern in dieser Form nicht. Fanzines spielen mittlerweile keine große Rolle mehr. Durch das Internet verbreitet sich die Werbung für Rechtsrock-Tonträger rasant. Leute, die schon lange in der Szene aktiv sind, haben ihre festen Kanäle, um sich zu informieren. Die Jüngeren, die frisch damit in Kontakt kommen, holen sich ihre Infos zum Beispiel über den Messengerdienst Telegram.

Welche Rolle spielen Netzwerke wie Blood & Honour heute noch?
Das ist schwer zu sagen. Das Rechtsrock- und Neonazi-Netzwerk Blood & Honour ist ja offiziell seit über 20 Jahren in Deutschland verboten. Daher gibt es wenige belastbare Fakten, trotz journalistischer Recherchen. Aber es gibt natürlich eine ganze Reihe von Gruppen, die Blood & Honour zugeordnet werden, und viele Kader von damals sind heute noch in irgendeiner Weise aktiv. Ich persönlich glaube nach wie vor, dass die „Hammerskins" als eine und das Blood-&-Honour-Netzwerk als andere Struktur eine große Rolle spielen. Das ist einfach über die Jahrzehnte hinweg gewachsen. Gerade bei

Rechtsrock-Veranstaltungen nehmen die Mitglieder dieser Netzwerke eine zentrale Funktion ein, weil es Leute sind, die sich schon sehr lange in der Szene bewegen, Konzerte veranstalten – und eben auch die nötigen Kontakte dafür haben.

Welchen Stellenwert nimmt die Musik innerhalb der rechtsextremen Szene ein?
Ich würde sagen, dass Rechtsrock ein wichtiger Bestandteil der rechtsextremen Lebenswelt ist. In der Musik werden Botschaften besungen und Gemeinschaftsgefühle geweckt, die elementar für die Szene sind. Aus Perspektive der Neonazis ist man überzeugt, dass man über die Musik Leute für die Szene gewinnen kann.

In den USA ist Rockmusik vor ein paar Jahren als meistgehörtes Genre abgelöst worden. Neuer Spitzenreiter: Rap. Wir haben bisher nur über Rechtsrock gesprochen. Macht sich dieser Wandel auch in Deutschland bemerkbar?
Ganz grundsätzlich muss man dazu sagen, dass der Begriff „Rechtsrock" ein Sammelbegriff mit wissenschaftlicher Prägung ist. „Rechtsrock" meint grundsätzlich eine Musik mit rechtsextremer Botschaft. Es ging dabei nie nur um Rockmusik. Sie macht aus Produktionsperspektive den größten Anteil aus, aber eben nur einen Anteil von vielen. Es gab früh auch extrem rechte Balladen von Liedermachern und in den letzten zehn Jahren eben auch den sogenannten „NS-Rap". Der gilt bis heute, verglichen mit den anderen Genres rechtsextremer Musik, nur als Randphänomen.

Es gibt ein paar Rechtsrapper, die immer wieder versuchen, Anschluss zu finden, aber das ist begrenzt. Die klassischen Rechtsrock-Bands haben definitiv den größten Marktanteil.

Was ist mit Rappern wie Chris Ares oder Labels wie „Neuer Deutscher Standard"? Die finden ja teilweise auch auf gängigen Plattformen wie YouTube statt.
Da muss man unterscheiden. Neurechte Rapper erreichen noch mal ein anderes Milieu, weil sie nicht in dieser extrem rechten Szene unterwegs sind. Sie bekennen sich nicht offen zum Nationalsozialismus wie Rechtsrock-Bands. Man gibt sich anders, auch ideologisch, und das öffnet einem auch neue Türen. Diese Rapper sind mit der „Identitären Bewegung" und der Kampagnenplattform „Ein Prozent" verbunden und konnten an deren Erfolge anknüpfen.

Es heißt: Aus Worten werden Taten. Der Attentäter von Halle hat auf dem Weg zur Synagoge den Song eines deutschsprachigen NS-Rappers gehört. Wie sind rechtsextreme Gewalt und Terror mit der Musik verbunden?
Da muss man, denke ich, zwei Sachen unterscheiden: Zum einen muss man sich die Inhalte anschauen. Was wird in den Liedtexten transportiert? Und zum anderen muss man sich die Musiker und deren Verflechtungen im Netzwerk anschauen. Fangen wir mit den Verbindungen an. Wenn ich mir zum Beispiel „Combat 18" anschaue, dann werden über Jahrzehnte hinweg

immer wieder Sampler produziert. Combat 18 ist ja bekannt als paramilitärischer Arm von Blood & Honour, die machen keinen Hehl aus Gewaltfantasien. Es gab auch immer wieder Sampler und Konzerte, mit denen Spenden für Rechtsterroristen gesammelt wurden. Das zeigt ganz klar: Es gibt Bands, die Terror verherrlichen und die Netzwerke dahinter unterstützen.

… und die Texte?

Zu den Liedtexten lohnt es sich, den Fall der in Szenekreisen bis heute populären Band „Landser" anzuschauen. Landser wurde 2003 als kriminelle Vereinigung verboten. Schon in der Anklageschrift wurde offengelegt, dass es eine Beziehung zwischen Musik und Gewalt gab. Anlass der Ermittlungen waren damals mehrere Vorfälle, wo vor brutalen Gewaltexzessen Lieder der Band gesungen oder gehört wurden. Zwei Beispiele: Im Februar 1999 haben Neonazis im brandenburgischen Guben Jagd auf Geflüchtete gemacht. Sie haben zum „Afrika-Lied" von Landser einen Algerier zu Tode gehetzt. Im August desselben Jahres hat eine Gruppe Neonazis zwei junge Vietnamesen auf einem Volksfest in Eggesin in Mecklenburg-Vorpommern fast totgetreten. Sie haben dabei „Fidschi, Fidschi, gute Reise" gegrölt, den Refrain des Landser-Songs „Xenophobia". Natürlich ist Radikalisierung ein komplexer Vorgang. Es wäre zu einfach zu sagen, dass aus Musik direkt Gewalt resultiert. Aber ich denke, dass Musik ein wichtiger Faktor sein kann. Und ich finde, das Beispiel Landser zeigt, dass es eine Beziehung zur Gewalt gibt. Dazu kommt der etwas aktuellere Fall der Band „Erschießungskommando", bei dem die Text- und die Netzwerkebene verschwimmen. Wenn man sich deren Texte anschaut – da gibt es neben vielen offenen Mordaufrufen klare Bekenntnisse zu „Blood & Honour" und „Combat 18". Mittlerweile hat die Band vier Alben veröffentlicht, alle gleich radikal. Da wird einfach offen zum Genozid aufgerufen. Bei Landser hat man die Mitglieder noch vor Gericht gestellt und verurteilt. Erschießungskommando kann seit Jahren agieren, und man schafft es wohl irgendwie nicht, die Leute ausfindig zu machen. Ich verstehe das nicht.

———

Timo Büchner beschäftigt sich für die Amadeu Antonio Stiftung mit Antisemitismus und Rechtsextremismus. Er schreibt für „Belltower.News" und den Zeit Online-Blog „Störungsmelder". Sein Buch „Rechtsrock. Business, Ideologie & militante Netzwerke" ist im Unrast-Verlag erschienen.

CORRECTIV

Rossi Kaliber 38 Spezial: Die Mordwaffe im Mordfall Lübcke ist seit Jahrzehnten beliebt unter Neonazis

von Nathan Niedermeier

Wenige Wochen nach dem Mord an dem Regierungspräsidenten Walter Lübcke im Juni 2019 führte sein Mörder die Ermittler zu einem Erddepot. Dort lag die Mordwaffe vergraben: eine Rossi Kaliber 38 Spezial. Neben dem Revolver fanden die Ermittler dort auch eine Maschinenpistole und eine Pumpgun. Insgesamt wurden bei Stephan Ernst, Markus H. und dem mutmaßlichen Waffenhändler Elmar J. im Zuge der Ermittlungen 46 Schusswaffen sichergestellt.

Woher die Tatwaffe stammt, ist nicht gänzlich geklärt. Der Trommelrevolver des brasilianischen Waffenherstellers „Amadeo Rossi" soll 1987 von einem Schweizer Unternehmen importiert worden sein, wie NDR und Spiegel aus Ermittlungskreisen erfuhren. Das Unternehmen soll die Waffe anschließend an einen Schweizer weiterverkauft haben. In die Hände von Ernst gelangte sie nach Auffassung der Bundesanwaltschaft über den Waffenhändler Elmar J. im Jahr 2016, der dies jedoch in einer Vernehmung bestritt. J. soll Ernst bereits seit 2014 Waffen verkauft haben, die dieser teilweise gewinnbringend weiterverkauft haben soll.

Die Pistole, mit der der NSU mordete, eine Ceska Zbrojovka Modell 83, Kaliber 7,65 Millimeter, gelangte ebenfalls über die Schweiz nach Deutschland, verkauft von einer Waffenfirma. Der exakte Weg der Waffe bis in die Hände des NSU-Kerntrios konnte bislang nicht lückenlos aufgeklärt werden.

Die Rossi Kaliber 38 Spezial war jedenfalls eine beliebte Pistole unter Neonazis. Waffen dieses Typs wurden auch 2003 bei Durchsuchungen der inzwischen verbotenen Terrorgruppe Combat 18 (C18) in Pinneberg sichergestellt.

Ein Kumpel von Andreas Temme, ein ehemaliger Mitarbeiter des hessischen Verfassungsschutzes mit zumindest fragwürdiger Rolle bei einem der NSU-Morde, war 2006 ebenfalls Inhaber einer Rossi Kaliber 38 Spezial. Jürgen S. war sein Name, dieser nutzt sie als Dienstwaffe, wie er in einer Vernehmung im Juni 2006 erzählt. Er war Geldtransporteur und verfügte entsprechend über einen Waffenschein. In derselben Vernehmung, gut zwei Monate nach dem NSU-Mord an Halit Yozgat in Kassel, sagt S. noch weitere brisante Dinge, nämlich, dass er Temme eine solche Tat zutrauen würde: „So, wie ich ihn kenne, würde ich ihm so was zutrauen. Er war schon ruppig", sagt S. gegenüber den Beamten.

Andreas Temme wurde zwischenzeitlich als Tatverdächtiger in den Ermittlungen zu der Ermordung von Halit Yozgat, dem neunten Todesopfer des NSU, geführt. Als am 6. April 2006 der 21-jährige Halit Yozgat in seinem Internetcafé in Kassel erschossen wird, ist Temme nur wenige Meter entfernt. Die anderen Anwesenden melden sich bei der Polizei als Zeugen, Temme als einziger nicht. Als er später von der Polizei befragt wird, gibt er an, er habe nichts von dem Mord mitbekommen. Dem widerspricht ein später angefertigtes forensisches Gutachten von Wissenschaftlern, und auch die Ermittler halten das für fraglich.

Nachdem im Januar 2007 das Verfahren gegen ihn eingestellt wird, wechselt er in das Regierungspräsidium Kassel. Also in genau die Behörde, deren Kopf, Walter Lübcke, im Juni 2019 mit einer Rossi Kaliber 38 Spezial ermordet wird.

Waffen rechter Terroristen und Akteure

NSU-Trio

Ceska CZ 83: 9 von 10 Opfern des NSU-Trios wurden mit der Ceska-Pistole erschossen.

Stephan Ernst

Rossi Kaliber 38 Spezial: Wurde am 1.6.2019 zur Ermordung des Kasseler Regierungspräsidenten Walter Lübcke (CDU) verwendet.

Nordkreuz

Maschinenpistole Typ Uzi: Waffe des Nordkreuz-Gründers Marco G., gestohlen aus Bundeswehrbeständen und sichergestellt bei einer Hausdurchsuchung – neben zahlreichen weiteren illegalen Waffen und zehntausenden Schuss Munition.

Stephan Balliet

Plastic Luty: Eine der Waffen beim antisemitischen Anschlag in Halle (Saale) 2019, selbstgefertigt mit dem 3D-Drucker.

Verschwörungserzählungen – wer an sie glaubt, wie sie sich verbreiten und welche Folgen sie haben

von Alexander Roth

Am 16. Januar 2019 hielt Markus H. in Stuttgart einen Vortrag. Wie viele Menschen, die Vorträge halten, erstellte er dafür im Vorfeld eine Präsentation, die er anschließend auf einer von ihm verwalteten Website zum Download anbot.

In den Kommentaren auf dieser Webseite bezeichnen Menschen, die diesen Vortrag offenbar gehört haben, ihn als „gelungen", „informativ", „hochinteressant", ein richtiges „Highlight". Man ist dankbar für die Themenauswahl, die Sachkenntnis, die „Denkanstöße".

Lädt man sich die Präsentation herunter, findet man auf mehreren Hundert Seiten wirr formatierter Folien „Thesen" wie diese:

– Bundeskanzlerin Angela Merkel soll „mit Hilfe künstlicher Befruchtung und sowjetischer Unterstützung 1954 durch tiefgefrorenes Sperma Adolf Hitlers" gezeugt worden sein.

– Die Menschheit werde von Aliens, Reptiloiden, Klonen und anderen Wesen beherrscht.

– Wir befinden uns angeblich „inmitten der Endphase des Genozids und Ethnozids an den deutschen Völkern und der weißen Rasse".

Verschwörungserzählungen. Unzählige, sich teils widersprechende, scheinbar wahllos aneinandergereihte Verschwörungserzählungen. Es lässt sich wohl kaum eine Verschwörungserzählung finden, die Markus H. nicht über die Jahre auf seiner Webseite oder in seinen Vorträgen thematisiert hätte.

Was verbindet diese Erzählungen? Wie verbreiten sie sich? Wer glaubt tatsächlich daran? Und welche Folgen kann das haben?

Die globale „Infodemie": Was ist eine Verschwörungserzählung?

Das Phänomen der Verschwörungserzählung ist nicht neu. Manche Wissenschaftler sind sogar der Meinung, Verschwörungserzählungen habe es zu allen Zeiten gegeben. Der deutsche Historiker Dieter Groh sprach von ihnen als „anthropologischer Konstante".

Doch selten haben sich so viele Verschwörungserzählungen so schnell und öffentlichkeitswirksam verbreitet, wie während der Coronapandemie. WHO-Generaldirektor Tedros Adhanom Ghebreyesus warnte in diesem Zusammenhang schon im Februar 2020 vor einer globalen „Infodemie".

Als das Coronavirus Deutschland erreichte, verbreiteten sich schnell Verschwörungserzählungen über die angebliche Herkunft des neuartigen Virus, angebliche Machtstrukturen „hinter Corona" und die teuflischen Pläne, die damit angeblich verfolgt werden.

Im Rahmen einer Befragung, die von Wissenschaftlern der Universität Bielefeld im März 2020 durchgeführt wurde, stimmten 24 Prozent der Befragten der Aussage zu, dass Medien und Politik bestimmte Informationen zur Coronakrise gezielt verschweigen würden. Acht Prozent waren der Meinung, es gebe geheime Organisationen, die während der Krise großen Einfluss auf politische Entscheidungen hätten.

Aber was genau ist eigentlich eine Verschwörungserzählung?

Die Psychologin Pia Lamberty und die Publizistin Katharina Nocun definieren Verschwörungserzählungen in ihrem Buch „Fake Facts" als „eine Annahme darüber, dass als mächtig wahrgenommene Einzelpersonen oder eine Gruppe von Menschen wichtige Ereignisse in der Welt beeinflussen und damit der Bevölkerung gezielt schaden, während sie diese über ihre Ziele im Dunkeln lassen".

„Als Psychologin würde ich sagen, dass der Verschwörungsglaube eine Vorurteilsstruktur gegen all jene ist, die als mächtig markiert werden", sagt Pia Lamberty, die an der Universität Mainz zu Verschwörungsglauben forscht, im persönlichen Gespräch. Es gelte nicht die objektive Macht einer Person oder Gruppe, sondern wie diese Macht wahrgenommen werde.

Das zeige sich zum Beispiel bei antisemitischen Verschwörungserzählungen. „Juden und Jüdinnen sind häufig marginalisiert und keine mächtige Gruppe, werden aber dennoch oft so gezeichnet."

Michael Blume, Religionswissenschaftler und Antisemitismusbeauftragter des Landes Baden-Württemberg, beschäftigt sich seit Längerem mit Verschwörungserzählungen. Er sagt: „Bislang ist es keiner Gruppe Verschwörungsgläubiger gelungen, sich glaubwürdig vom Antisemitismus zu distanzieren".

Auch Markus H. verbreitete während der Pandemie Verschwörungserzählungen zum Coronavirus, in denen er seinen Antisemitismus offen zur Schau stellte. In einem seiner „Webinare" hieß es im März 2020, israelische Wissenschaftler würden einen Impfstoff herstellen, der „Biochips zur Kontrolle der Oberflächenbevölkerung enthält."

Oder: „Laut P3-Freimaurer-Quellen führt der israelische Verbrechensminister Benyamin Netanyahu (sic!) den jüngsten Versuch an, den dritten Weltkrieg zu beginnen und 90 Prozent der Menschheit zu töten".

Verschwörung und Feindbild

In solchen Verschwörungserzählungen würden sich bereits lange bestehende Feindbilder Bahn brechen, sagt Michael Blume. „Die jüdische Gesellschaft ist die des Alphabets, die der Gelehrten, und am Ende traut man eine Weltverschwörung offenbar immer nur diesen Menschen zu."

Feindbilder und Verschwörungserzählungen erfüllen eine ähnliche Funktion, sagt Pia Lamberty. „Man erschafft mit einem Feind das absolut Böse, das Satanische, und in dem Moment hat man psychologisch die Möglichkeit, sich als das absolut Gute darzustellen."

Mit der eigenen Aufwertung sei das Erfüllen narzisstischer Bedürfnisse verbunden, die auch im Verschwörungsglauben eine Rolle spielen.

Und noch eine Funktion, die sich Feindbilder und Verschwörungserzählungen teilen, sei während der Pandemie erneut deutlich geworden, sagt Lamberty: „Mit beidem lassen sich abstrakte Bedrohungen handhabbar machen. Nehmen wir die Coronakrise – man hat plötzlich nicht mehr dieses unsichtbare Virus, sondern konkrete Verschwörer, gegen die man sich zur Wehr setzen kann."

Das sei bei Verschwörungsgläubigen mit Widerstands- und Heldennarrativen verbunden. „Diese Menschen sehen sich als Opfer einer Verschwörung, was sich zum Beispiel in unsäglichen NS-Vergleichen bei Demonstrationen äußert", sagt Pia Lamberty.

„Querdenker" und rechtsextreme Reichsbürger

Im Widerstand wähnt sich auch die „Querdenken"-Bewegung, auf deren Demonstrationen Lamberty anspielt.

Seit dem Frühjahr 2020 protestiert die Initiative „Querdenken711" unter Gründer Michael Ballweg gegen die Coronapolitik und Maßnahmen zur Eindämmung des Virus. Heute gibt es Ableger in ganz Deutschland.

Bestimmte Gruppen und Einzelpersonen der „Querdenken"-Bewegung werden seit April 2021 vom Bundesamt für Verfassungsschutz beobachtet. Man hat dafür einen eigenen Phänomenbereich geschaffen: „Verfassungsschutz relevante Delegitimierung des Staates". Zuvor hatten bereits Landesbehörden, allen voran das Landesamt für Verfassungsschutz in Baden-Württemberg, die Szene unter Beobachtung gestellt.

Die selbst ernannten „Querdenker" leugnen die Gefährlichkeit des Coronavirus, fordern ein Ende der Maßnahmen zu dessen Eindämmung und sprechen auf Bühnen und in Chatgruppen von einer „Plandemie". Sowohl führende Köpfe, als auch Anhänger und Personen aus dem erweiterten Umfeld der Bewegung fielen während der Coronakrise durch das Verbreiten von Verschwörungserzählungen auf.

Eine dieser Personen hat eine Verbindung zu Markus H., dieser hält nicht nur Vorträge, in denen er seinen eigenen Verschwörungsglauben ausbreitet. Er ist auch der Vorsitzende eines rechtsextremen Reichsbürgervereins aus dem schwäbischen Schorndorf, der seit Jahren vom Landesamt für Verfassungsschutz Baden-Württemberg beobachtet wird: „Primus inter Pares".

Gründungsmitglied von „Primus inter Pares" ist Stephan Bergmann, der bis Herbst 2020 Sprecher von „Querdenken711" war und auch danach immer wieder auf Demonstrationen der „Querdenker"-Bewegung zu sehen war.

Als mein Kollege Peter Schwarz und ich Bergmann im Frühjahr erstmals im Zuge unserer Recherche für den Zeitungsverlag Waiblingen kontaktierten, gab dieser lediglich an, „seit vielen Jahren" nichts mehr von „Primus inter Pares" gehört zu haben. Seine Botschaft sei „Menschlichkeit, Herzlichkeit und Freiheit".

Rückfragen sowie weitere Anfragen ließ Bergmann, wie er bei einer Demo auf der Bühne selbst einräumte, bewusst unbeantwortet. Fest steht aber, dass der selbst ernannte schwäbische Schamane weiterhin Verschwörungserzählungen verbreitet. Vor allem zur Coronakrise.

Während eines Interviews am Rande einer „Querdenken711"-Großdemonstration in Berlin bezeichnete Bergmann das Coronavirus im August 2020 als „politische Agenda" und forderte Beweise für die Existenz von Viren.

Als der SPD-Politiker Thomas Oppermann am 25. Oktober 2020 vor einem Live-Interview zusammenbrach und starb, suggerierte Bergmann auf seinem Telegram-Kanal, Oppermann sei wegen seiner Kritik an der Coronapolitik ermordet worden.

Superspreader Telegram

Der Messengerdienst Telegram hat sich während der Coronapandemie zur zentralen Anlaufstelle für Verschwörungsgläubige entwickelt.

„Telegram hat mittlerweile einen sehr großen Stellenwert in der Szene", sagt Josef Holnburger. Der Politikwissenschaftler liefert auf Twitter seit Längerem immer wieder umfangreiche Datenanalysen zum Messengerdienst. Mit Pia Lamberty und weiteren Expertinnen und Experten hat Holnburger das „Center für Monitoring, Analyse und Strategie" (CeMAS) gegründet, wo er sich mit Verschwörungsideologien, Antisemitismus und Rechtsextremismus beschäftigt.

Bereits seit 2018 werde Telegram von Rechtsextremen und Rechtspopulisten genutzt. Damals habe vor allem die Identitäre Bewegung diese Entwicklung vorangetrieben, nachdem Instagram und Facebook gegen die rechtsextreme Gruppierung vorgegangen waren.

Dass mittlerweile auch massenhaft Verschwörungsgläubige und Coronaleugner die Plattform bevölkern, habe mit einem Facebook-Beitrag vom 28. April 2020 zu tun: „Es gab auf Facebook die Gruppe ‚Coronarebellen', die befürchtete, von der Plattform gelöscht zu werden", so Holnburger. „Deshalb hat man dazu aufgerufen, Telegram-Gruppen zu gründen." Was dann auch passierte.

Auch der sogenannte „Netzwerkeffekt" habe eine Rolle bei dieser Entwicklung gespielt. „Weil sehr viele der rechten Influencer Telegram früh genutzt haben, konnte sich der Dienst hierzulande etablieren. Im Gegensatz zur Twitter-Alternative ‚Parler' beispielsweise, die überwiegend in den USA genutzt wurde."

Telegram wurde schnell zum Dreh- und Angelpunkt der Szene. „Jede größere Demo wurde über die Plattform geplant", sagt Josef Holnburger. „Es wurden Busse organisiert, sogar darüber gesprochen, welche Plakate man malen darf." Außerdem werde immer wieder aufgerufen, an Umfragen teilzunehmen – egal ob es um universitäre Studien oder den Teletext geht. „Man versucht, eine größere Öffentlichkeit zu suggerieren, die die eigenen Überzeugungen teilt."

Die Mitglieder sind Teil einer Gemeinschaft und tauschen Verschwörungserzählungen aus, als wären sie Insiderwissen – innerhalb der Gruppe, aber auch zwischen verschiedenen Kanälen. Wer nicht Teil des eigenen Telegram-Netzwerks ist, den Erzählungen keinen Glauben schenkt und etablierten Medien vertraut, wird als „Schlafschaf" belächelt.

Manchmal kommt aber auch Frust hinzu: Mitglieder ärgern sich in Beiträgen darüber, dass Familie und Freunde sich abwenden, und die breite Öffentlichkeit trotz vermeintlich vieler „Beweise" Verschwörungserzählungen nicht als Wahrheit akzeptiert. Pia Lamberty verweist in diesem Zusammenhang auf Forschungen zum sogenannten „kollektiven Narzissmus".

„Beim Narzissmus hat man ein grandioses Selbst, hat eine übersteigerte Perspektive auf sich und sein Können, seine Werte, aber das ist nicht stabil. Das ist ein fragiles Konstrukt, was permanent eine Validierung von außen bedarf", so die Psychologin. Kollektiver Narzissmus beziehe sich dagegen auf die Gruppe, „deren Wahrnehmung ist, dass man permanent nicht gehört, dass die Großartigkeit der Gruppe nicht gesehen wird".

Eine der populärsten Verschwörungsideologien – nicht nur unter „Querdenkern" auf Telegram – spielt mit diesem Bedürfnis nach Wahrnehmung: QAnon.

QAnon: Brotkrumen für die Verschwörungsgläubigen

Die QAnon-Bewegung stammt aus den USA. An ihrem Anfang stand ein Beitrag auf dem Imageboard 4chan. Ein Nutzer namens „Q Clearance Patriot", kurz „Q", gab an, über klassifizierte Informationen aus dem Umfeld des damaligen US-Präsidenten Donald Trump zu verfügen. Demnach führe Trump einen geheimen Krieg gegen eine verborgene Elite, den sogenannten „deep state".

„Q Clearance" ist die höchste Freigabestufe für Geheiminformationen des US-Energieministeriums, die „Q" angeblich besitzt. Seine Anhänger werden „QAnon" genannt. Das „Anon" steht dabei für „anonymous" und bezeichnet die anonymen Nutzer auf Imageboards.

Die Kommunikation zwischen „Q" und seinen Anhängern läuft in der Regel folgendermaßen ab: „Q" schreibt einen kryptischen Beitrag, der für Außenstehende kaum zu verstehen ist. Diese Beiträge nennt man „Q Drops". Die QAnon greifen diese angeblichen Hinweise auf und versuchen zu erraten, was gemeint sein könnte.

Zentrale Erzählungen der QAnon lauten:

– Donald Trump sei ein Held, der vom US-amerikanischen Militär auserwählt worden sei, einen von einem geheimen Zirkel geführten internationalen Pädophilenring zu zerschlagen.

– In unterirdischen Lagern würden – auch in Deutschland – Kinder gefoltert und ermordet, um ihnen Adrenochrom abzuzapfen. Angeblich, weil es sich bei der chemischen Verbindung, die es frei zu kaufen gibt, um eine Verjüngungsdroge handelt.

– Der Lockdown im Zuge der Coronavirus-Pandemie diene nicht dem Gesundheitsschutz, sondern ermögliche eine geheime Operation zur Befreiung dieser Kinder aus ihren unterirdischen Gefängnissen.

Dazu kommen: popkulturelle Anleihen. Antisemitische Erzählmuster. Pathetische Durchhalteparolen für die Anhängerschaft. Die ständige Ankündigung eines angeblichen „Sturms", der alles verändern und ans Licht bringen werde. Und ab und an Prophezeiungen, die sich je auf ein exaktes Datum beziehen, aber bisher nie eingetroffen sind.

„Die [Verschwörungserzählung] findet auch im deutschsprachigen Raum Verbreitung, vor allem durch eine Vielzahl von Homepages, Blogs und YouTube-Kanäle, deren Reichweite aber weder zu quantifizieren noch zu qualifizieren ist", hieß es 2020 in einer Zusammenfassung des Bundesamtes für Verfassungsschutz. „Es liegen Hinweise darauf vor, dass sowohl einzelne Rechtsextremisten als auch eine Reihe von Reichsbürgern der QAnon-Theorie anhängen."

Auch Markus H. zählt zu diesen Reichsbürgern. Immer wieder finden die sogenannten „Q-Drops" in seinen Vorträgen oder auf seinem Profil beim russischen sozialen Netzwerk VK statt. Als die

Videoplattform YouTube im Oktober 2020 Zehntausende QAnon-Inhalte löschte, sprach H. in einem Webinar von einer „Zensurwelle". Die „alternative Medienszene" werde „ausgelöscht".

Neben dem Sänger Xavier Naidoo ist auch der ehemalige Finanzjournalist Oliver Janich ein prominenter Anhänger der QAnon-Bewegung in Deutschland. Und einer der größten Multiplikatoren dieser Verschwörungsideologie. Auf seinem Telegram-Kanal, wo Janich „Q" regelmäßig zum Thema macht, folgten ihm im Februar 2020 über 160.000 Menschen.

Dass es in Deutschland heute die größte „QAnon"-Community außerhalb der USA gibt, wäre ohne den Messengerdienst Telegram vermutlich undenkbar. „Telegram war ein großer Nährboden für QAnon", sagt Josef Holnburger. Dieser Nährboden könnte bald entzogen werden.

„Telegram war bisher mehr ein Freizeitprojekt von Gründer Pawel Durow", so Holnburger. „Man wollte eigentlich nichts löschen, außer es handelt sich um Spam-Bots und ab und an illegal hochgeladene Filme. Auch beim Islamischen Staat oder nach dem sogenannten ‚Sturm auf das Kapitol' hat man mal kurzzeitig eingegriffen."

Nun hat Telegram allerdings angekündigt, ab Januar 2021 die Monetarisierung des Dienstes voranzutreiben – zum Beispiel durch Werbung auf großen Kanälen. Das könnte für die Szene problematisch werden. „Ich kann mir nicht vorstellen, dass sich viele Unternehmen finden, die ihre Werbung zwischen terroristischen Inhalten und QAnon-Content schalten möchten", sagt Josef Holnburger.

Absurde Behauptungen, reale Gefahren

Dabei dürfte auch das Gewaltpotenzial der Bewegung eine Rolle spielen. „Derartige Verschwörungs[erzählungen] können sich zu einer Gefahr entwickeln, wenn antisemitische oder gegen politische Funktionsträger gerichtete Gewalttaten mit der Behauptung einer Bedrohung durch den ‚tiefen Staat' legitimiert werden", warnt das Bundesamt für Verfassungsschutz.

In den USA ist seit Jahren zu sehen, dass die absurd klingenden Behauptungen der QAnons reale Gefahren bergen. Anhänger der Bewegungen haben bereits mehrfach schwere Straftaten begangen.

Im März 2019 wurde in Staten Island, New York, ein amerikanischer Gangsterboss ermordet. Der mutmaßliche Täter bekannte sich vor Gericht offen zu „Q". Sein Anwalt baute gar die Verteidigung darauf auf, dass sein Mandant dieser Verschwörungsideologie verfallen sei. Der Mann hielt den Gangsterboss offenbar für ein hochrangiges „deep state"-Mitglied.

Im April 2020 stoppten Polizisten eine 37-Jährige, die mit mehr als einem Dutzend Messern im Gepäck nach New York City unterwegs war, um den Präsidentschaftskandidaten Joe Biden „auszuschalten". Die Frau, die ihre Fahrt per Livestream mit der Welt teilte, bezog sich dabei auf „Q".

Auch beim sogenannten „Sturm auf das Kapitol" in Washington am 6. Januar 2021 waren QAnon-Anhänger maßgeblich beteiligt.

Die Psychologin Pia Lamberty warnt seit Längerem vor den Konsequenzen, die die Verbreitung von Verschwörungserzählungen haben könnten.

„Wenn jemand wirklich an so etwas glaubt, sieht man sich im schlimmsten Fall berechtigt, auch gewaltsam vorzugehen", sagt sie. Je stärker jemand an Verschwörungserzählungen glaube, desto eher sei er bereit, zu drastischen Mitteln wie Anschlägen zu greifen.

Das Mobilisierungspotenzial sei groß. Nicht nur, aber vor allem unter Rechten.

„Studien in mehreren Ländern zeigen kohärent, dass der Verschwörungsglauben sich stärker bei Menschen, die sich politisch rechts verorten, eher rechtsextreme und rechtspopulistische Parteien wählen, manifestiert", sagt Lamberty. „Populismus ist in seiner Definition sehr nahe am Verschwörungsglauben dran – wir da unten gegen die da oben."

Verschwörungserzählungen über Kindesentführungen und ritualisierte Gewalt gegen Kinder würden von Rechtsextremen gerne für ihre Zwecke genutzt, sagt die Psychologin. Die Nähe der Szene zu QAnon sei daher nicht verwunderlich.

Auch Rassismus und Antisemitismus würden von Rechten immer stärker verschwörungsideologisch aufgeladen. „Vor allem mit dem Motiv des ‚Großen Austauschs'", sagt Pia Lamberty. „Mit solchen diffusen Verschwörungserzählungen lassen sich auch Leute erreichen, die man mit offenem Rassismus oder Antisemitismus verprellt hätte."

Die AfD, der „Große Austausch" und rechter Terror

Die Verschwörungserzählung vom „Großen Austausch" oder „Bevölkerungsaustausch" geht auf den Franzosen Renaud Camus zurück. Der Vordenker der Neuen Rechten behauptete, Einwanderer würden von Eliten gezielt ins Land gebracht, um Bevölkerungsschwund auszugleichen. Das führe letztlich zu einem Austausch der Bevölkerung, der mit einem Identitätsverlust verbunden sei. Camus sprach in diesem Zusammenhang auch von „Gegenkolonisierung".

Das Narrativ breitete sich mithilfe der rechtsextremen Identitären Bewegung schnell in der internationalen rechten Szene aus. Der „Bevölkerungsaustausch" wurde dabei meist als angebliches geheimes Ziel und nicht als bloße Folge von Politik beschrieben. In Verschwörungserzählungen, die rund um dieses Narrativ gesponnen wurden und werden, verbinden sich Rassismus, Islamfeindlichkeit und häufig auch Antisemitismus.

AfD-Politiker wie Alexander Gauland trugen zur Verbreitung dieses Narrativs bei. Im April 2017 veröffentlichte Gauland, damals stellvertretender Parteivorsitzender, eine Pressemitteilung zum Thema Familiennachzug. Zitat: „Der Bevölkerungsaustausch in Deutschland läuft auf Hochtouren."

Auch auf der Webseite des Reichsbürgers Markus H. gibt es eine ganze Reihe von Beiträgen, die sich mit dem angeblichen „Bevölkerungsaustausch" beschäftigen. Einer dieser Beiträge aus dem Jahr 2017 beginnt so: „Ohne weitere Worte gibt es nun genug Lesestoff zur empfohlenen Eigenrecherche, zum abkotzen und auch gerne zum handeln [sic!] – wer denn mag!"

Der Attentäter von Halle, der im Oktober 2019 zwei Menschenleben auslöschte, nachdem er an der Tür einer Synagoge gescheitert war, glaubte an die Verschwörungserzählung vom „Bevölkerungsaustausch". Vor Gericht behauptete er einem Spiegel-Bericht zufolge, „die Juden" seien „die Organisatoren".

Der Rechtsterrorist, der wenige Monate zuvor 51 Menschen muslimischen Glaubens bei einem Anschlag auf zwei Moscheen im neuseeländischen Christchurch getötet hatte, hing ihr ebenfalls an. Er hat seine Ideologie in einer Art „Manifest" ausgebreitet.

Es trug den Titel: „The Great Replacement".

Der Große Austausch.

Google-Suche nach Verschwörungstheorien

Trend-Analyse beliebter Schlagwörter in Deutschland

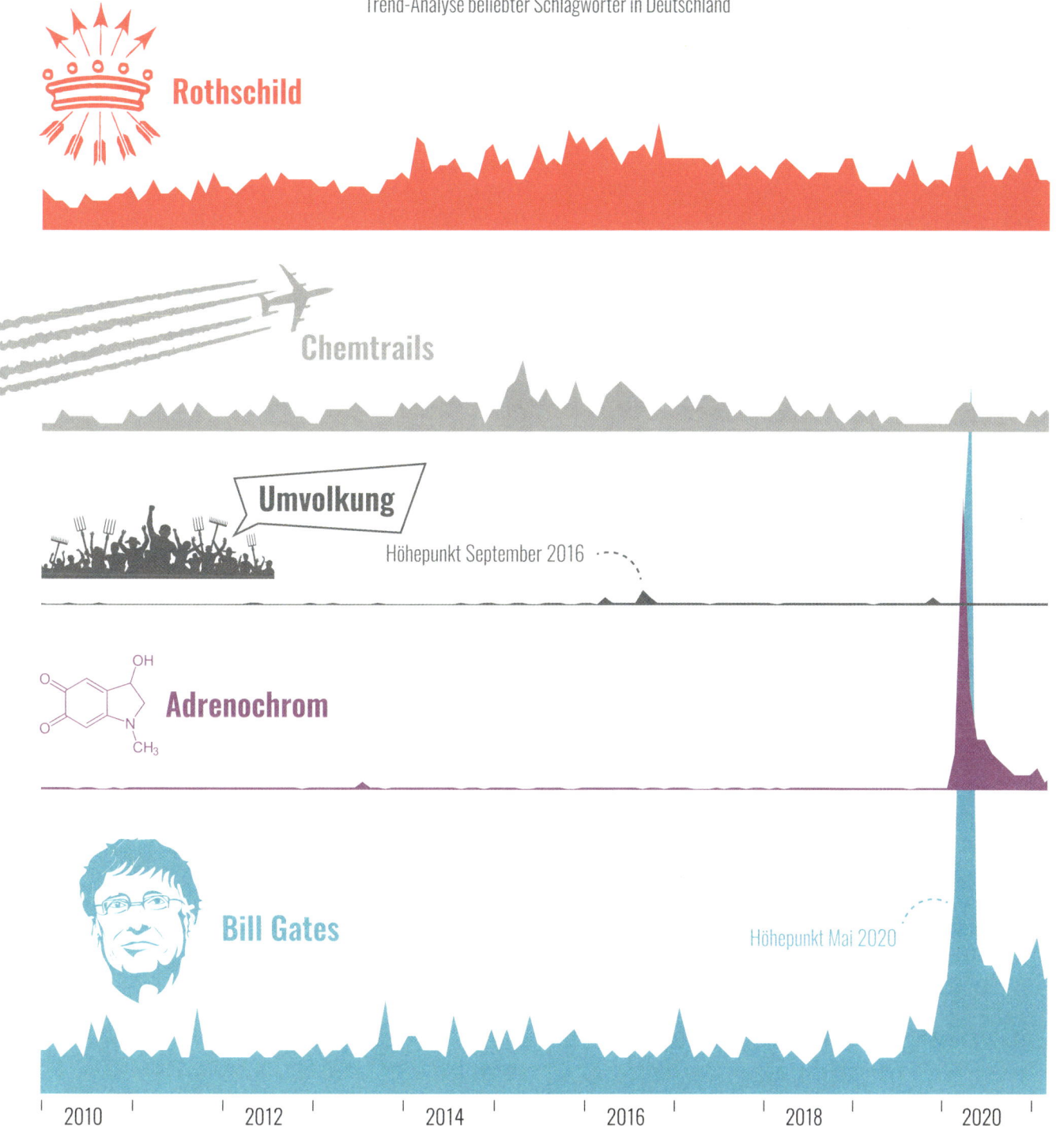

Rothschild

Chemtrails

Umvolkung — Höhepunkt September 2016

Adrenochrom

Bill Gates — Höhepunkt Mai 2020

2010 — 2012 — 2014 — 2016 — 2018 — 2020

Die Daten zeigen Werte relativ zum höchsten Punkt in den Diagrammen (Bill Gates im Mai 2020), nicht die absoluten Zahlen der Suchanfragen.

Quelle: trends.google.com

Von rechtsextremen Netzwerken in der Bundeswehr

von Jens Eumann

Wie eine Killermaschine sah der Mann auf der Anklagebank im Schurwollpulli gar nicht aus. Dennoch hatte die Bundeswehr bei Philipp S.' Inhaftierung per Brief die Leitung der Haftanstalt Dresden gewarnt. Der Oberstabsfeldwebel des Kommandos Spezialkräfte (KSK) habe eine Nahkampfausbildung durchlaufen. Diese befähige ihn auch zu „waffenloser Gefährdung Dritter". Besondere Sicherungsmaßnahmen in der U-Haft hielt man für geboten. Immerhin ist das vormals als Eliteeinheit gerühmte KSK für heikle Auslandseinsätze der Bundeswehr zuständig: Geiselbefreiung oder Festnahme von Kriegsverbrechern, die den Einsatz von auch „letaler Gewalt" einschließen. Vermerke wie dieser sorgten dafür, dass Philipp S. in der U-Haft einer „Absonderung" und straffen Sicherheitsmaßnahmen unterlag.

Mit Nato-Medaillen ist Philipp S. hochdekoriert. In vier Einsätzen in Afghanistan und einem im Kosovo hat sich der 45-Jährige bewährt. Doch auch vom militärischen Lorbeer war zum Prozessstart im Schwurgerichtssaal am Leipziger Landgericht im Januar 2021 nichts zu spüren. Der wegen Diebstahls von Kriegsgerät angeklagte kahlköpfige Mann verlas eine Erklärung. Beim Satz „Ich möchte mich hiermit aus tiefstem Herzen für meine gemachten Fehler entschuldigen" brach ihm die Stimme. Leises Schniefen. Er wischte sich die Augen. Seine Anwältin bat um Pause. Was bis zum Prozessende unklar blieb, war, ob Philipp S.' Berührtheit tatsächlich einer Reue entsprungen war oder eher einer Angst vor Strafe.

Vor Gericht rang Philipp S. um Verständnis. Dafür, dass er als Soldat im Feld seine Waffe „24/7" bei sich trage, also 24 Stunden lang, sieben Tage die Woche. Verständnis dafür, dass Waffen, Munition und Sprengmittel für einen Soldaten Dinge des täglichen Lebens seien. Und dafür, dass er sich das Bunkern von Munition angewöhnt habe. Zunächst angeblich durchs Zurücklegen von Material für Übungen. Bei denen habe so oft Mangel an Munition geherrscht. Als Ausbilder beim KSK in der Graf-Zeppelin-Kaserne im baden-württembergischen Calw habe er die ihm anvertrauten Soldaten aber doch so gut wie möglich vorbereiten wollen.

Die Dinge, die sich dann bei ihm daheim angesammelt hätten, seien aber „delaboriert und ungefährlich" gewesen. Delaboriert, also unschädlich gemacht? Das stimmte nicht – oder nur sehr bedingt. Mochte die abgefeuerte Einweg-Panzerfaust, die die Ermittler bei ihrer Razzia vom 13. und 14. Mai 2020 in Philipp S.' Einfamilienhaus im sächsischen Collm unter dem Dachboden hervorkramten, in der Tat nicht mehr schießtauglich sein. Das AK-47-Sturmgewehr, das man in einem Erddepot fand, als die Ermittler den Garten umpflügten, war es sehr wohl. Hinzu kamen rund 7.000 Schuss Munition – viele der Patronen panzerbrechend –, womit sie unter Beschränkung des Kriegswaffenkontrollgesetzes fallen. In eingebuddelten großen Plastikboxen hatte Philipp S. sich bevorratet, mit Munition, mit zwei Kilogramm Plastiksprengstoff Nitropenta (PETN) in vier 500-Gramm-Paketen, mit für Flächensprengung geeigneter Sprengfolie, mit Zündern, mit Fernzünde-Sprengschnüren, Rauchgranaten und vielem mehr. Bevorratet – nur wofür? Dass

Philipp S. das Kriegsgerät vorsorglich für Manöver deponiert haben wollte, 500 Kilometer von der Kaserne entfernt, darin sah der Vorsitzende Richter eine Schutzbehauptung. Wieso sollte illegal abgezweigtes Material leichter für Manöver zur Verfügung stehen, als wenn es in der Kaserne wieder in den Bestand einsortiert worden wäre?

Allerdings war in der Kaserne in Calw vieles, statt wieder einsortiert zu werden, abgezweigt worden – nicht nur von Philipp S. Das zeigte die im Februar 2021 bekannt gewordene Amnestie-Aktion, die Verteidigungsministerin Annegret Kramp-Karrenbauer (CDU) in Bedrängnis brachte: eine mit Gesetzen kaum in Einklang zu bringende Rückholaktion. 2020 hatte man KSK-Soldaten die Möglichkeit gegeben, entwendete Munition wieder abzugeben – ohne Konsequenzen fürs Abzweigen fürchten zu müssen. Berichten zufolge wurden rund 50.000 Schuss Munition abgegeben wie auch Handgranaten.

Wegen der inoffiziellen Handhabung geriet nicht nur der Kommandeur des KSK, Markus Kreitmayr, unter Druck, sondern auch die Ministerin, die Fehler einräumte. Beim Auffliegen des mit Rechtsextremismus in Verbindung gebrachten Munitionsdiebstahls von Philipp S. hatte KSK-Kommandeur Kreitmayr sogar selbst einen Notruf abgesetzt – in Form eines öffentlichen Briefes. „Eines ist schon jetzt klar, dieser Fall stellt eine neue alarmierende Qualität dar", schrieb der Kommandeur über den Fall Philipp S. „Waffe, Munition und Sprengmittel, sein Motiv und seine mögliche Vernetzung mit Gleichgesinnten" stünden im Mittelpunkt der Aufklärung.

Motive und Vernetzung? Immerhin waren bei den Razzien, nach denen man Philipp S. in U-Haft nahm, auch viele Nazi-Devotionalien gefunden worden. Unter anderem „Nation & Europa"-Magazine eines rechten Vordenkerverlags, propagandistische Postkarten aus der Nazi-Zeit und nicht zuletzt ein Liederbuch mit Kampfgesängen der SS.

Beim Prozess von Philipp S. stand die Frage im Raum, wie sehr der Soldat in weitere Organisationen, in Netzwerke eingebunden war. Schließlich stammte er aus jener Kompanie, die Verteidigungsministerin Kramp-Karrenbauer zwischenzeitlich hatte komplett auflösen lassen, weil es selbst innerhalb der Kaserne zu rechtsextremen Vorfällen gekommen war.

Allem voran war da jene Abschiedsfeier für Kompaniechef Pascal D. im April 2017. Zu der schleuste man eine Frau auf den Schießstand der Kaserne, die den scheidenden Kompaniechef hätte sexuell beglücken sollen. Dazu kam es wohl nicht, vielmehr wirbelten Zeugenaussagen ebendieser Frau später den ersten Staub auf. Sie berichtete von seltsamen Partyspielen, bei denen geworfene Schweineköpfe eine Rolle spielten. Mit rechtsextremer Musik hätten die Elitesoldaten sich beschallt. Salutiert worden sei mit Hitlergruß. Angeblich auch von Philipp S., den die damalige Zeugin als den „Nazi-Opa" geschildert hatte.

Im Zuge dieser Ermittlungen flog auch das sogenannte Hannibal-Netzwerk auf, über das 2017 als Erstes die Tageszeitung taz berichtet hatte. Ein rechtsextremes Chat-Netz, das vom ebenfalls beim KSK Dienst tuenden Soldaten André

S. (beim Militärischen Abschirmdienst MAD unter dem Codenamen „Hannibal" geführt) koordiniert wurde und bis in Sicherheitsbehörden unterschiedlicher Bundesländer reichte. Kontakte zu der rechtsextremen Prepper-Gruppe Nordkreuz in Mecklenburg-Vorpommern wurden ausgemacht (Prepper vom Englischen: to be prepared – vorbereitet sein).

Die Nordkreuzler schienen sich nicht nur auf Stromausfall und Zusammenbruch der Infrastruktur vorzubereiten. Die Gruppe plante den „Tag X", an dem man zu den Waffen greifen und links stehende politische Gegner ausschalten müsse. Ob „ausschalten" internieren oder töten heißen sollte, blieb zunächst unklar. Dann wurde bekannt, dass die Gruppe bereits 200 Leichensäcke auf einer Materialbestellliste hatte.

Zum engsten Kreis gehörten ein SEK-Beamter und ein Anwalt, der zum Schießtraining einen Wettbewerb eingeführt und nach dem Rostocker NSU-Opfer Mehmet Turgut benannt hatte. Zum erweiterten Kreis der Gruppe zählten weitere Polizisten und ein Reservisten-Kommandeur der Bundeswehr. Auch traf sich Hannibal offenbar mehrfach mit dem rechtsextremen Soldaten Franco A., der mit einer falschen Identität als Flüchtling Anschläge plante, um die Stimmung im Land gegen Flüchtlinge zu beeinflussen. Und nicht zuletzt gab es den von André S. alias Hannibal selbst gegründeten, ebenfalls unter Rechtsextremismus-Verdacht stehenden Verein „Uniter", eine Art Sammelbecken für Elitesoldaten.

Grundlegende Frage: Wie eng waren all die bundesweiten Vorfälle miteinander verbunden? Waren es Einzelfälle oder gab es ein Netzwerk? 2018 hatte MAD-Chef Christof Gramm diese Frage noch damit beantwortet, dass man keine rechtsextremen Netzwerke in der Bundeswehr ausmache. 2019 fiel die Einschätzung schon vorsichtiger aus. „Vernetzung" sah die MAD-Führung da sehr wohl, von „Netzwerk" mochte sie immer noch nicht sprechen.

Seit 2020, auch unter dem Eindruck des Falls Philipp S., räumt man selbst behördlicherseits „Netzwerke und Strukturen" ein. Allerdings hatte sich auch der Militärische Abschirmdienst (MAD), dessen Chef Christof Gramm zwischenzeitlich in einstweiligen Ruhestand geschickt wurde, zur Zeit dieser Ermittlungen selbst nicht mit Ruhm bekleckert.

Der Militärgeheimdienst hatte „Hannibal" nicht nur als V-Mann geführt. Hannibals V-Mann-Führer, MAD-Oberstleutnant Peter W., stand zeitweise selbst vor Gericht. Wegen des Vorwurfs des Geheimnisverrats. Er soll seinen V-Mann „Hannibal" vor Razzien, die das BKA in der Graf-Zeppelin-Kaserne plante, gewarnt haben. Obwohl „Hannibal" nach Zeugenaussagen anderer Soldaten zielgenau kompromittierende Daten auf einem Computer noch vor den Razzien fortschaffen ließ, war dem V-Mann-Führer vom MAD in seinem Prozess nicht mehr zu beweisen, als dass er „Hannibal" vorab von „zeugenschaftlichen Vernehmungen" in Kenntnis gesetzt hatte. Vom Geheimnisverrat sprach man Oberstleutnant Peter W. am Landgericht Köln frei.

Zu ähnlichen Indiskretionen kam es dann im Falle der Razzien bei Philipp S. in Collm durch einen weiteren MAD-Oberstleutnant, noch dazu aus derselben MAD-Abteilung, der auch Peter W. angehörte: Extremismus-Aufklärung. Peter W.s Geheimdienst-Kollege sandte Bilder des bei Philipp S. sichergestellten Kriegsmaterials an Mitglieder des KSK in Calw und riet zur Vorsicht.

Während die Aufklärung im Fall des zweiten MAD-Oberstleutnants noch aussteht, wurde Philipp S. inzwischen aus der Bundeswehr entlassen. Der Strafsenat in Leipzig verurteilte den Ex-Elitesoldaten zu einer Bewährungsstrafe von zwei Jahren. Seine mögliche Verbindung zu einem rechtsextremen Netzwerk aber liegt nach wie vor im Dunkeln. Ob Philipp S. das Liederbuch der SS auch benutzte? Diese Frage blieb dem Mann, dem zum Prozessauftakt vor Berührtheit die Stimme brach, in seiner sechstägigen Verhandlung komplett erspart.

Woher stammt die Munition der Nordkreuz-Gruppe?

Von rund 55.000 Schuss sichergestellter Munition war ein Teil bei Einheiten der Polizei und Bundeswehr gelistet. Besonders im Fokus: Ein Schießplatz in Güstrow, auf dem viele der Einheiten Übungen absolvierten. Die Ermittlungen aber laufen schleppend.

Legende:
- Polizei
- Bundeswehr
- 1.200 vermutete Schuss Munition, falls Zahlen vorhanden, *teils bestätigt, teils vorläufige Schätzungen*

Kiel – Polizei

Lübberstedt – Bundeswehr

Schwerin – Bundeswehr LKA – 8.000

Güstrow – Schießplatz – 5.300

Berlin – LKA

Potsdam – LKA

Wulfen – Bundeswehr

Duisburg – SEKs – 1.200

Sankt Augustin – GSG9, Verdachtsfall

Erfurt – LKA

Dresden – Polizei – 102

Dresden – MEK, Verdachtsfall* – 7.000

Nürnberg – Verdachtsfall*

Augsburg – Verdachtsfall*

Dachau – USK – 100

München – USK

---

* Verbindungen zum Schießplatz in Güstrow, wo Munition dieser Dienststellen gelandet ist, Verbindung zu Nordkreuz noch nicht klar

Quellen: Laabs, Dirk - Staatsfeinde in Uniform, Berlin 2021; LKA Bayern; Polizei Sachsen; Polizei NRW; taz; Frontal 21; eigene Recherche

Waffengeschäfte von AfD-Mitgliedern

von Nathan Niedermeier

Diese Geschichte beginnt mit einem Schmugglerring, der Waffen aus Kroatien nach Deutschland gebracht hat. Im Juni 2020 wurde der Hauptbeschuldigte in Kroatien festgenommen. Der Deutsche Alexander R. (damals 47 Jahre alt) aus dem Raum München soll der Verkäufer der Waffen sein und sitzt seitdem in Untersuchungshaft. Ermittelt wird wegen mutmaßlicher Verstöße gegen das Kriegswaffenkontrollgesetz und das Waffengesetz. Im Verlauf der Zeit wird eine immer stärkere Verflechtung in die Reihen der AfD deutlich.

Im Mai 2021 waren 16 Personen in dem Fall kriminell verwickelt, die laut der Generalstaatsanwaltschaft München aus „dem rechtsextremen Spektrum, der Reichsbürgerbewegung und der Rockerszene" stammen.

Bei den Durchsuchungen im Juni 2020 wurden eine Pumpgun, zwei Pistolen, ein Gewehr, 200 Schuss Munition und eine Handgranatenattrappe bei den Beschuldigten gefunden. Sichergestellt wurden darüber hinaus ein Schießkugelschreiber, ein Schalldämpfer, rechtsradikale Schriften und NS-Utensilien.

Brisant sind die Deals deshalb, weil gleich mehrere Spuren zu Mitgliedern und sogar Funktionsträgern der AfD führen. In einem Prozess in Kroatien waren 2019 elf Personen verurteilt worden, die in den internationalen Handel mit Kriegswaffen und anderem Schießgerät involviert waren. Ein Zeuge hat in dem Zusammenhang ausgesagt, dass die Waffen für die AfD bestimmt gewesen seien.

Die Spuren zu der Partei beginnen bei dem mutmaßlichen Verkäufer der Waffen, Alexander R., der Mitglied der AfD war, wie Peter Rohling, Sprecher der Partei, in einer Mitteilung der AfD einräumte.

Fotos des Journalisten Robert Andreasch zeigen R. bei einer AfD-Veranstaltung in Bayern 2016 neben AfD-Bundestagsabgeordneten und Björn Höcke.

Einer Mitarbeiterin des Bundestagsabgeordneten und ehemaligen bayerischen Landesvorsitzenden der AfD, Petr Bystron, soll Alexander R. 700 Euro für ein „Mitbringsel" aus Kroatien gegeben haben, wie taz-Recherchen ergaben. Wie die Generalstaatsanwaltschaft München gegenüber CORRECTIV bestätigte, wird die Frau als Beschuldigte in dem Verfahren geführt und soll zeitweise eine Kriegswaffe in ihrer Wohnung aufbewahrt haben.

Berichten des ZDF-Magazins Zoom zufolge soll auch eine über 80-jährige Frau eine Waffe bei R. gekauft haben. Die beiden sollen sich bei einer AfD-Mitgliederversammlung kennengelernt haben. In einem Wald will die alte Frau die Pistole ausprobiert haben.

Ein weiterer bayerischer Bundestagsabgeordnete der AfD, Hansjörg Müller, stand mit R. in Kontakt. Er soll R. Recherchen der taz zufolge 800 Euro überwiesen haben, angeblich, um ihm aus einer finanziellen Notlage zu helfen.

Unter den Beschuldigten im Verfahren wegen der Waffengeschäfte ist auch der bundesweit bekannte Neonazi Steffen Hupka, der von 1996 bis 2000 Vorsitzender des sachsen-anhaltischen Landesverbandes der NPD war. 2020 tauchte Hupka mehrfach bei Corona-Demonstrationen in Halle auf. Ein weiterer Kunde von R. ist Mitglied der Rockergruppe Hells Angels.

Mit dem Erlös aus dem illegalen Waffengeschäft wollte R. Ermittlern zufolge wohl einen bayerischen Ableger der „Patriotischen Alternative" aufbauen, wie die taz berichtete. Die Patriotische Alternative entstand demnach als eine Art Förderverein zur Unterstützung des rechtsextremen Flügels der AfD um Björn Höcke. Den taz-Recherchen zufolge soll es Alexander R. darum gegangen sein, „zielorientiert und effizient Kräfte zu bündeln und Parallelstrukturen zu schaffen für nationale volksbewusste Deutsche und Europäer". Was genau mit den Waffen aus Kroatien passieren sollte, ist noch unklar. „Erkenntnisse, wonach rechtsextreme Vereinigungen oder Gruppen bewaffnet werden sollten, ergaben sich bisher nicht", schreibt das bayerische Justizministerium zum Zweck der Waffengeschäfte als Antwort auf eine Anfrage von Grünen Landtagsabgeordneten.

Es ist nicht der einzige Fall, in dem ausländische Waffen eine Rolle spielen. Im Dezember 2020 wurde in Österreich ein riesiges Waffenarsenal sichergestellt. Es war mutmaßlich für den Aufbau einer deutschen Miliz gedacht. Es wurde bei einem bekannten österreichischen Rechtsextremisten sichergestellt. Sieben Verdächtige wurden festgenommen, fünf davon in Österreich und zwei in Bayern.

Bei den Durchsuchungen wurden 76 automatische und halbautomatische Schusswaffen, Pistolen, Sprengstoff, Handgranaten und rund 100.000 Schuss Munition gefunden. Der Hauptbeschuldigte war ein österreichischer Neonazi. Er sagte aus, die Waffen seien für Deutschland bestimmt gewesen. Hinweise deuten darauf hin, dass es Verbindungen zwischen den beiden Fällen gibt.

Auf Nachfrage von CORRECTIV teilte der Anwalt von Alexander R. mit, sein Mandant wolle sich „mit Blick auf die aktuellen Ermittlungen" nicht zu den Vorwürfen äußern.

Kreuz, Kapuze, Klan: Der KKK in Baden-Württemberg

von Alexander Roth

Januar 2019: Großrazzia in acht Bundesländern. Unter Leitung des Landeskriminalamts Baden-Württemberg durchsuchen Ermittler mehrere Räumlichkeiten, darunter auch die Wohnung zweier Verdächtiger im Rems-Murr-Kreis bei Stuttgart. Insgesamt finden sie an diesem Tag über 100 Waffen. Schreckschuss- und Druckluftwaffen, Schwerter, Macheten, sogar Wurfsterne.

Noch am selben Tag veröffentlicht das LKA Bilder der sichergestellten Gegenstände. Auf einigen ist eine Art Logo zu erkennen: weißes Kreuz, rote Flamme, roter Grund, dazu die Buchstabenkombination NSK KKK. Auf einem dieser Logos sind vier Figuren zu sehen. Sie tragen weiße Kapuzen.

Was die Ermittler an diesem Tag fanden, waren die ersten konkreten Hinweise auf eine Gruppierung namens „Nationalist Socialist Knights of the Ku-Klux-Klan". Auf die Spur der mutmaßlichen Mitglieder kamen die Behörden durch die Auswertung von Chatprotokollen eines beschlagnahmten Mobiltelefons.

„Die Mitglieder eint ihre rechte Gesinnung, die sich unter anderem in einer Glorifizierung des Nationalsozialismus äußert", hieß es in einer Pressemitteilung, die noch am Tag der Razzia veröffentlicht wurde. „Teile der Gruppierung zeigen zumindest verbale Gewaltbereitschaft, planen, sich zu bewaffnen, und hegen Gewaltfantasien."

Im November desselben Jahres antwortete die Bundesregierung auf eine Anfrage der Linkspartei, dass die Gruppierung bereits „mindestens seit dem Sommer 2016" existiert habe. In Baden-Württemberg und Nordrhein-Westfalen habe es „regionale Organisationsstrukturen" gegeben. Man gehe von insgesamt etwa 40 Mitgliedern aus.

Eine „valide Aussage zum Gefährdungspotenzial" der NSK KKK hielt die Bundesregierung zu diesem Zeitpunkt für „nicht möglich". Ob es zu Straftaten komme, hänge bei Ku-Klux-Klan-Mitgliedern vom Radikalisierungsgrad des Einzelnen ab.

Die Staatsanwaltschaft Stuttgart übernahm die Ermittlungen im Fall der Nationalist Socialist Knights. Ermittlungen, zu denen die Behörde im Frühjahr 2021, über zwei Jahre nach der Razzia, immer noch keinerlei Auskünfte erteilte.

Seit 150 Jahren zieht der Ku-Klux-Klan eine Blutspur durch die USA. Im Glauben an eine „white supremacy" („weiße Vorherrschaft") begehen die Mitglieder Lynchmorde, töten aus rassistischen Motiven und eliminieren politische Gegner.

Die NSK KKK, die selbst ernannten nationalsozialistischen Ritter, sind nicht der erste Ableger des rassistischen Geheimbundes in Deutschland. Und dass in diesem aktuellen Fall auch der Rems-Murr-Kreis eine Rolle zu spielen scheint, verwundert nicht weiter.

Die Region Stuttgart bildet für den Ku-Klux-Klan einen Schwerpunkt: Bis zu den Anfängen der 90er Jahre lassen sich Klan-Aktivitäten in Stadt und Umland zurückverfolgen. Einige davon wären bis heute unentdeckt geblieben, hätte es nicht die Mordserie des NSU gegeben.

Der zweite NSU-Untersuchungsausschuss in Baden-Württemberg beschäftigte sich zwischen 2016 und 2018 mit möglichen Verbindungen des Terror-Trios Beate Zschäpe, Uwe Mundlos und

Uwe Böhnhardt zur rechtsextremen Szene im Land – und stieß dabei immer wieder auf die Spuren des Klans. Folgt man ihnen, erzählen sie eine Geschichte von Hass unter weißen Kapuzen und Gewalt im Zeichen brennender Kreuze.

Am Anfang dieser Geschichte sind die Kapuzen und die Kreuze nicht zu sehen. Das birgt eine bittere Ironie: Der Ku-Klux-Klan versteht sich selbst als „invisible empire", als „unsichtbares Imperium".

Aber dennoch sind die Kapuzen da, wandern von Kopf zu Kopf. Und mit ihnen die rassistische Ideologie des Klans. Eine dieser unsichtbaren Kapuzen sitzt auf der Glatze eines Skinheads.

November 1991. Ein Asylsuchender läuft mit seiner Begleiterin durch die Fußgängerzone von Schwäbisch Gmünd. Der Skinhead geht auf die beiden zu. „We want the Ku-Klux-Klan", sagt er. „Wir wollen den Ku-Klux-Klan."

Dann sprüht der Mann, der die unsichtbare Kapuze trägt, dem Asylsuchenden Tränengas ins Gesicht. Anschließend beleidigt er dessen Begleiterin.

Der Vorfall wird später in den jährlichen Bericht des Landesamtes für Verfassungsschutz Baden-Württemberg aufgenommen. Und der Wunsch des rassistischen Kapuzenmannes geht schon bald in Erfüllung.

Juli 1993, ein Grillplatz in Waiblingen. In einem offenbar provisorisch aufgespannten Zelt haben sich überwiegend Männer versammelt – einige in weißen T-Shirts, andere halb nackt. Sie skandieren „White Power! White Power!" und recken die Fäuste hoch in Richtung Bühne.

Auf dieser steht, umgeben von den Mitgliedern seiner Band „Skrewdriver", der Brite Ian Stuart Donaldson. „This song is for you", ruft er ins Mikrofon, bevor die Gitarren einsetzen. „It's called Blood & Honour." Wieder ist die Kapuze da, wieder ist sie nicht zu sehen. Zumindest nicht auf den Videoaufnahmen, die von diesem Tag existieren. Außer man schaut ganz genau hin.

Blood & Honour, so heißt das in Deutschland mittlerweile verbotene internationale Netzwerk rechtsextremer Musiker und Konzertveranstalter, das Donaldson in den 80ern in England gegründet hat. „Blut und Ehre", so stand es auf den Fahrtenmessern der Hitlerjugend.

Doch Donaldson verehrte nicht nur die Nazis. Er war auch Anhänger des Ku-Klux-Klan.

Auf dem Skrewdriver-Album „White Rider" von 1987 ist ein Reiter in Klanmontur abgebildet – eine visuelle Anspielung auf den KKK-Propagandafilm „Birth of a Nation" von 1915.

Mit seinem Bandprojekt „Klansmen" („Klansmänner") nahm der Brite sogar eine Art inoffizielle Rekrutierungshymne auf – „Johnny joined the Ku-Klux-Klan". Das Cover der Single von 1989 zeigt Klan-Mitglieder, die um ein brennendes Kreuz stehen.

Dass Donaldson 1993 in Waiblingen beim Geburtstag einer rechtsextremen Gruppierung namens „Kreuzritter für Deutschland" auftrat, ist daher nur passend. Wie legendär das Konzert in Szenekreisen werden würde, konnte damals aber noch niemand ahnen. Zwei Monate später kam Ian Stuart Donaldson bei einem Autounfall ums Leben.

Sein letzter Auftritt gilt heute als Initialzündung für die rechtsextreme Musikszene in der Region Stuttgart, als Brückenkopf für den Einmarsch von Blood & Honour in den Südwesten Deutschlands. Er hat Menschen inspiriert, Donaldson nachzueifern.

Ein Beispiel von vielen: Anfang der Nullerjahre gründete sich in Schwäbisch Gmünd, etwa 40 Kilometer von Waiblingen entfernt, die Rechtsrock-Combo „Race War". Die Band veröffentlichte mehrere Tonträger. Ein wiederkehrendes Element: Coverversionen von Skrewdriver-Songs.

Die Kapuze hat Donaldson zum Zeitpunkt seines Todes längst weitergegeben.

Sommer 1998, ein NPD-Grillfest außerhalb von Winnenden: Zwei Männer sitzen bei einem Bier zusammen und führen ein Gespräch, über das die Journalisten Frederik Obermaier und Tanjev Schultz viele Jahre später in ihrem Buch „Kapuzenmänner" schreiben werden.

Der eine Mann wurde „Tweety" genannt. Er spielte mit der Rechtsrock-Combo „Triebtäter" 1993 in Waiblingen als Vorband für Skrewdriver, hatte sich einmal mit dem NSU-Trio „weggesoffen" und war Mitglied einer süddeutschen Gruppierung namens „International Knights of the Ku-Klux-Klan". Ein Klan-Ableger, der sich Anfang der 90er Jahre im Raum Heilbronn gegründet hatte.

Seine Kapuze trug Tweety an diesem Tag nicht. Doch seinem Gegenüber wollte er gerne eine aufsetzen. Der war ebenfalls ein bekannter Szenemusiker und hatte gerade seinen Auftritt hinter sich, als „Tweety" ihm die folgenschwere Frage stellte: „Willsch net bei de Zipfelmütze mitmache?" Er wollte.

Juli 2000, ein Neonazi-Geburtstag in Winterbach. Es ist spät. Dunkel. Männer sitzen um ein Lagerfeuer, sprechen über den Kampf für den Erhalt der weißen Rasse. Und irgendwann steht ein 1,50 Meter hohes Holzkreuz in Flammen. Ein Ku-Klux-Klan-Ritual.

Ein Informant nannte dem Landesamt für Verfassungsschutz später Namen zu den Gesichtern, die sich im Feuerschein versammelt hatten. Manche der Anwesenden hatten mehrere davon. Und manchmal verbargen sie sich unter Kapuzen.

Das Geburtstagskind, Neonazi Markus F., war maßgeblich am Aufbau von „Blood & Honour"-Strukturen im Südwesten Deutschlands beteiligt. Er leitete die „Sektion Württemberg" und die Nachfolgeorganisation „Furchtlos & Treu". Er hatte beste Kontakte in die rechtsextreme Szene, organisierte Gedenkfeiern für die Waffen-SS und ließ sich „Heil Hitler" tätowieren.

Außerdem war F. zum Zeitpunkt der Feier, wie er später im zweiten baden-württembergischen NSU-Untersuchungsausschuss bestätigte, Mitglied einer US-amerikanischen Ku-Klux-Klan-Gruppierung.

Auch der Mann vom NPD-Grillfest nahm an der Feier in Winterbach teil. Er hatte das „Zipfelmütze"-Angebot angenommen und gehörte mittlerweile zu den „International Knights of the Ku-Klux-Klan". Außerdem war er im Juli 2000 bereits seit mehreren Jahren Informant des Landesamtes für Verfassungsschutz. Deckname: „Radler".

Aussagen im Rahmen des zweiten NSU-Untersuchungsausschusses in Baden-Württemberg legen nahe, dass noch ein weiterer V-Mann an diesem Tag im Schein des brennenden Kreuzes stand. Sein Deckname ist heute, auch angesichts der Umstände seines Todes, deutlich bekannter. Er lautete „Corelli".

Wer am Ende die Information über das Treffen im Zeichen des brennenden Kreuzes an den Verfassungsschutz durchsteckte, ist unklar. Aber weitergegeben wurde sie. Genau wie die Kapuzen.

November 2000, in den Südstaaten der USA: Kapuzen versammeln sich vor einem brennenden Kreuz. Der Mann, den der Verfassungsschutz „Radler" nennt, kniet in weißer Klan-Robe vor dem Anführer des lokalen Ku-Klux-Klan. Ein Schwert liegt auf seiner Schulter, wie bei einem Ritterschlag.

Vor wenigen Eingeweihten wurde „Radler" damals zum „Grand Dragon des Realm of Germany" ernannt. Die Worte sind auch in den unscharfen Schwarz-Weiß-Videoaufnahmen noch gut zu hören, die er mir später von dieser Zeremonie zeigen wird: „Rise and be recognized." Erhebe dich und werde erkannt.

Zur Einordnung: Der Grand Dragon ist der zweithöchste Rang in der Klan-Hierarchie, darüber kommt nur noch der „Imperial Wizard", der „große Hexenmeister". Realm, das „Reich", ist die zweitgrößte Einheit innerhalb der territorialen Klan-Struktur. Es steht für einen Staat im „Unsichtbaren Imperium" des Geheimbunds.

„Radler", der zu dieser Zeit im Kreis Schwäbisch Hall wohnte, war also plötzlich Anführer eines eigenen Klan-Ablegers namens „European White Knights of the KKK" (EWK). Und zumindest dem Titel nach einer der mächtigsten Klansmänner in Europa.

Im Klan nannte „Radler" sich Ryan Davis. Wer einen Blick auf die Homepage seines Klans warf, dem wurde schnell klar, wofür er stand: „Wenn du eine weiße, patriotische, ehrliche Person mit gesunder Moral und gesundem Charakter bist, wenn du daran glaubst, dass die Reinhaltung der Rassen das Beste für alle Rassen der Erde ist, wenn du mit unserem Glauben übereinstimmst, dann kannst du Mitglied werden."

Heute nennt er sich TM Garrett und lebt in Memphis, Tennessee. Die Kapuze hat er abgesetzt. Er ist Botschafter der deutschen „EXIT"-Kampagne in den USA und hilft Menschen, den Ausstieg aus der rechtsextremen Szene zu schaffen.

Ende 2019 habe ich mit ihm ausführlich über seine Zeit als Anführer eines Geheimbundes von Rassisten sprechen können. „Unser Ziel war, die Gesellschaft zu unterwandern", sagte er. „Die Zielgruppe für neue Mitglieder waren Polizisten, Geschäftsleute, Staatsanwälte, Richter. So wie es in den 1920ern bis 1940ern in den USA war."

Und tatsächlich: Zwei Polizisten der Böblinger Bereitschaftspolizei waren zeitweise Mitglied bei den EWK. Sie sollen TM Garrett gegenüber von zehn bis 20 weiteren Kollegen im Stuttgarter

Raum gesprochen haben, die als potenzielle Mitglieder infrage kämen.

Doch die Pläne von der Unterwanderung der Gesellschaft hielten nicht lange. Nach internen Streitereien und Druck vom Staat lösten sich die EWK laut Garrett zwischen Ende 2002 und Anfang 2003 auf.

Auch die Tatsache, dass, wie sich später herausstellte, ein Mitarbeiter des Landesamtes für Verfassungsschutz den Klan-Führer vor einem Spitzel in den eigenen Reihen gewarnt hatte, dürfte eine Rolle gespielt haben. Bis die Öffentlichkeit vom Treiben des Klans Wind bekam, dauerte es nach der Auflösung jedenfalls noch fast zehn Jahre.

Während der Untersuchungen zum NSU gerieten die „European White Knights" gleich mehrfach in den Fokus der Ermittler. Aus verschiedenen Gründen.

Weil der Name des Anführers auf einer Liste möglicher NSU-Unterstützer auftauchte.

Weil alles darauf hindeutet, dass der V-Mann „Corelli" des Bundesamtes für Verfassungsschutz, Thomas Richter, Mitglied bei den EWK gewesen war. Ein rechtsextremer Aktivist, der Kontakte zum NSU pflegte und als die Topquelle des Geheimdienstes galt.

Weil die beiden Böblinger Bereitschaftspolizisten, die sich zeitweise dem Klan angeschlossen hatten, Kollegen der 2007 mutmaßlich vom NSU erschossenen Polizistin Michèle Kiesewetter waren. Mehr noch: Einer der beiden war damals ihr Gruppenführer.

Im Laufe der beiden NSU-Untersuchungsausschüsse in Baden-Württemberg wurden noch weitere Fragen zur Arbeit der Behörden im Zusammenhang mit den EWK aufgeworfen. Doch es war vor allem die nach der Rolle der Polizisten, die für Aufsehen sorgte. Der deutsche Klan-Ableger sei eine „nette Runde" gewesen, begründete einer der Bereitschaftspolizisten seinen Beitritt zum Klan. Zudem seien das „Exklusive, Geheime, Mystische und die Bibelauslegung sowie die Möglichkeit, Frauen kennenzulernen, anziehend gewesen", heißt es im Abschlussbericht des ersten NSU-Untersuchungsausschusses.

„Dass gar keine Frauen zur Anbahnung einer Beziehung unter den Mitgliedern gewesen seien, habe er vorher nicht gewusst. [..] Auf den Vorhalt, es entstehe der Eindruck, er, der Zeuge, habe sich nur insoweit für die Bibelauslegung interessiert, als damit die Ziele des Klans begründet werden könnten, äußerte der Zeuge, etwa der CVJM wäre zur Auslegung der Bibel tatsächlich die bessere Wahl gewesen."

Beide Polizisten gaben an, die EWK aus eigenem Antrieb nach wenigen Monaten wieder verlassen zu haben. Eine Verbindung zwischen Mitgliedern der „European White Knights" und den Morden des NSU konnte im Laufe der Ermittlungen nicht hergestellt werden.

November 2001 in Schorndorf: „Scheiß-Kanake!", hallt es durch die Innenstadt. Der rassistische Ruf kommt von einer Gruppe – zwei Männer, eine Frau, zwei Jugendliche. Einer der Männer trägt eine weiße Ku-Klux-Klan-Kapuze. Auf offener Straße. Am helllichten Tag.

Die Gruppe kommt gerade von einer stadtbekannten Punker-Unterkunft, wo sie dem Ex-Freund der Frau eine Abreibung verpassen wollten. Doch der konnte entwischen. Jetzt haben sie ein neues Opfer ausgemacht.

Das „Scheiß-Kanake!" gilt einem 44 Jahre alten Griechen. Den die Gruppe wenige Meter von seinem Zuhause entfernt niederprügelt. Selbst als er schon am Boden liegt, setzt es Stahlkappen-Springerstiefel-Tritte. Er täuscht einen Herzinfarkt vor.

Wer sich am Ende an der brutalen Tat beteiligt hatte, ließ sich auch vor Gericht nicht mehr abschließend rekonstruieren. Was sich klären ließ: Die Kapuze gehörte einem der jugendlichen Gewalttäter. Er war damals nicht älter als 16 und wurde wegen versuchter gefährlicher Körperverletzung später zu zwei Jahren Jugendstrafe auf Bewährung verurteilt.

Immer wieder landete der junge Mann mit der Kapuze in der Folge im Gefängnis. Stammheim, Schwäbisch Hall, Ravensburg, Ulm.

Er war gewalttätig, bewaffnet, drogensüchtig – und in den Jahren nach dem Vorfall in Schorndorf an weiteren Aktionen mit Bezug zur rechtsextremen Szene beteiligt. An Todesdrohungen gegenüber Polizisten. An einem Brandanschlag auf einen türkischen Kultur- und Jugendverein in Murrhardt.

Dass man heute so vieles über den Werdegang des Kapuzenbesitzers weiß, hat mit einem kuriosen Gnadengesuch zu tun, das der Mann 2015 aus dem Gefängnis an den baden-württembergischen Justizminister schickte. Mit dem Hinweis, dass er etwas über die Waffe wisse, mit der die Polizistin Michèle Kiesewetter 2007 in Heilbronn erschossen wurde.

Man zitierte ihn deshalb in den zweiten NSU-Untersuchungsausschuss, wo er sagte, dass man ihn wohl missverstanden habe. Statt über den Polizistenmord von Heilbronn sprach er über seine Kontakte zum Ku-Klux-Klan. Darüber, dass er unbedingt hatte Mitglied werden wollen, wie seine Freunde. Und, dass daraus nichts wurde. Eine Kutte samt Kapuze hängte er sich trotzdem in den Schrank.

November 2005, Unterweissach: Drei junge Männer aus dem Raum Backnang übergießen ein grob zusammengezimmertes Holzkreuz mit Benzin und richten es gegenüber einer Asylunterkunft auf. Dann zünden sie es an. Während das Kreuz brennt, wirft einer von ihnen einen Molotowcocktail gegen die Hauswand.

Ein paar Monate später wurde die Tat vor dem Landgericht Stuttgart verhandelt. Mein Kollege Peter Schwarz berichtete in der Waiblinger Kreiszeitung von dem Dialog zwischen der Richterin und dem damals 18-jährigen, wortkargen Hauptangeklagten:

Warum hat er die Asylbewerberunterkunft angegriffen?

„Dass die Angst kriegen. Dass die wieder zurück in ihr Land gehen."

Was sind das dort für Leute?

„Schwarze."

Und was sollte das mit dem brennenden Kreuz?

„Ku-Klux-Klan."

Was ist das?

„Die, wo gegen die Schwarzen sind."

Mehr wusste der junge Mann offenbar über den Klan nicht zu sagen. Statt in weißer Robe vor brennenden Kreuzen traf er sich mit seinen rechten Freunden lieber in einer Szenekneipe in Backnang.

Bei der Durchsuchung seiner Wohnung im Zuge der Ermittlungen fand man dementsprechend keine Kapuze. Dafür eine Soft-Air-Maschinenpistole, eine Gaspistole, ein Bajonett, ein Stilett, Flugblätter zum Geburtstag von Rudolf Heß und diverse Neonazi-Zeitschriften.

In Backnang tauchten ab Dezember 2009 über Monate hinweg Schmierereien mit Sprüchen wie „White Power" und Links zur Homepage von David Duke auf – einem der bekanntesten, mittlerweile ehemaligen Klanchefs der USA.

Oktober 2012, Schwäbisch Hall: Dem „Haller Tagblatt" werden Dokumente zugespielt, die, ein Jahrzehnt nach den „European White Knights", auf Aktivitäten eines Klan-Ablegers in der Region hindeuten: des „United Northern and Southern Knights of the Ku-Klux-Klan" (UNSK).

Die Zeitung schrieb damals, dass der „hochrangige Kapuzenträger" und UNSK-Chef „Didi White" in einem Teilort von Schwäbisch Hall lebt. Später stellte sich heraus, dass er in derselben Straße wie zu seiner Zeit EWK-Chef „Ryan Davis" wohnte. Offenbar ein Zufall, da sind sich beide einig.

„Didi White" wurde im zweiten NSU-Untersuchungsausschuss in Baden-Württemberg als Zeuge geladen. Dort erzählte er, dass er die „Europadivision" der UNSK leite und im täglichen Kontakt mit dem Klan in den USA stehe.

Im Ausschuss zeichnete „White" ein Bild seines Klans als kleine Glaubensgemeinschaft glühender, ausschließlich weißer Christen, die mit Rechtsradikalen nichts zu tun haben wolle. Beim Aufnahmeritual müsse man sich gar erst zum Grundgesetz bekennen, bevor man – „wie bei den Ritterfilmen" – mit dem Schwert eingeschworen werde.

Zweifel an diesen Aussagen weckte schon damals die Tatsache, dass „Didi White" während seiner Arbeit in einem Backnanger Bordell ein paar Jahre zuvor in schwarzem T-Shirt mit SS-Rune, Hakenkreuz und dem SS-Wahlspruch „Meine Ehre heißt Treue" einem Freier die Tür geöffnet hatte.

Auch dieser Vorfall war Thema im Untersuchungsausschuss. Das sei nur „ein Blödsinn" gewesen, sagte der Klanchef. Und seine Sammlung von NS-Devotionalien? Die habe er nur „rein aus Interesse besessen".

Zum Zeitpunkt der Anhörung existierte die Europadivision der UNSK noch. „Didi White" trug seine Kapuze – wenn auch nicht im Ausschuss – und es ist gut möglich, dass er das bis heute tut.

Im Januar 2021 ging die Bundesregierung in ihrer Antwort auf eine Kleine Anfrage der Linksfraktion im Bundestag jedenfalls noch davon aus, dass der

Klan-Ableger aus dem Teilort von Schwäbisch Hall weiterhin aktiv ist. Wenn auch mit geringer Mitgliederzahl.

März 2019: Ungewöhnliche Szenen am S-Bahnhof Fellbach: Eine Person in einer weißen Ku-Klux-Klan-Robe hält mit einem Polizisten Händchen. Daneben ein Banner: „Staat und Nazis Hand in Hand".

Dass an diesem Tag Kapuzen auf den Straßen nördlich von Stuttgart zu sehen waren, war einer „Blitzkundgebung" des Offenen Antifaschistischen Treffens Rems-Murr geschuldet. Die Aktivisten machten in Fellbach auf die damals gerade frisch bekannt gewordenen Umtriebe der Nationalist Socialist Knights of the Ku-Klux-Klan aufmerksam – und auf die Spuren, die der Klan jahrzehntelang in der Region hinterlassen hatte.

März 2021, Stuttgart. Sogenannte „Querdenker" protestieren in der baden-württembergischen Landeshauptstadt gegen die Coronapolitik. Vor einem Erotikshop in der Innenstadt staut sich die Menge. Am Rand stehen Polizeiautos. Männer und Frauen in Uniform versperren dem Demonstrationszug den Weg.

Ein Mann hält ein Plakat hoch: „Wir lassen uns nicht spalten." In diesem Moment betätigt ein Fotograf der Deutschen Presseagentur den Auslöser seiner Kamera. Ein Bild von vielen an diesem Tag.

Was der Fotograf hier unbewusst einfing, wurde erst nach der Veröffentlichung vom Rechercheteam „Affeu" auf Twitter bemerkt: Am rechten unteren Bildrand ist ein Demoteilnehmer zu erkennen, der einen Schal mit einem eindeutigen Symbol des Ku-Klux-Klan trägt: dem brennenden Feuerkreuz.

Die Kapuze des Ku-Klux-Klan ist über die Jahre weit gereist. Von den USA nach Deutschland und teilweise wieder zurück. Sie saß auf den Köpfen von NPD-Mitgliedern, rechtsextremen Musikern, jugendlichen Gewalttätern. Auf denen von V-Männern und Polizisten.

Extremismusforscher Thomas Grumke sagte als Sachverständiger im zweiten baden-württembergischen NSU-Untersuchungsausschuss, der rassistische Geheimbund sei für Menschen aus der rechtsextremen Szene mit hohem „Geltungsbewusstsein" besonders anziehend.

„Plötzlich ist man ‚Grand Dragon'. Das ist natürlich was. Das wird man bei der NPD nicht. Da wird man vielleicht zweiter Kassierer von Schwäbisch Hall. Das ist nicht so interessant." Fast so, als wäre die Kapuze bloß dazu da, die Banalität des Hasses darunter zu verbergen.

CORRECTIV

FRE

Menschen – Im Fadenkreuz des rechten Terrors

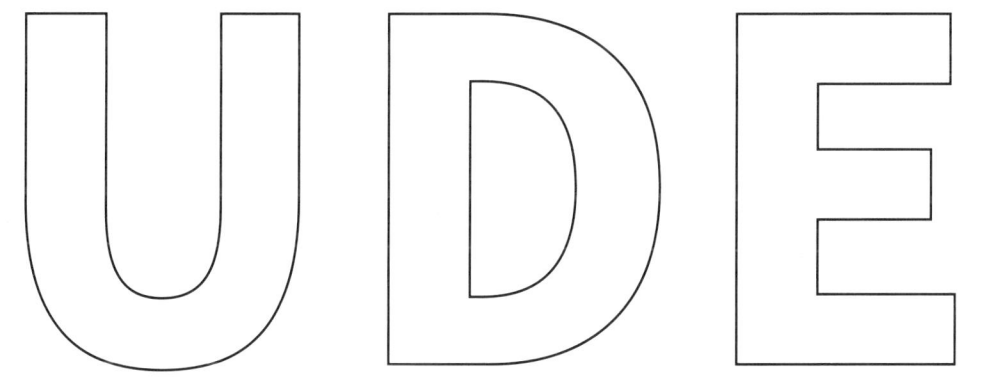

UDE

„

Seit fünf Jahren lade ich, so oft es geht, sonntags fast 50 Menschen ein, die ich in Berlin kenne und mag. Wer bis Samstag den Finger hebt, ist dabei. Mal kommen zwei, mal zwölf Leute. Diese Abende waren als Ersatz für meine Zeit mit meiner inzwischen verstreuten Familie gedacht. Sie entwickelten eine eigene Magie: Schon beim Gemüse schneiden, Teig kneten fällt die Anspannung der Woche ab. Ich fühle mich mit meinen Gästen schwerelos und zugleich eng verbunden. In diesen drei, vier Stunden erlebe ich die Unbeschwertheit, die ich als Kind kannte. Corona hat diese Tradition leider erst mal beendet. Diese Abende fehlen mir sehr."

ANDREA DERNBACH

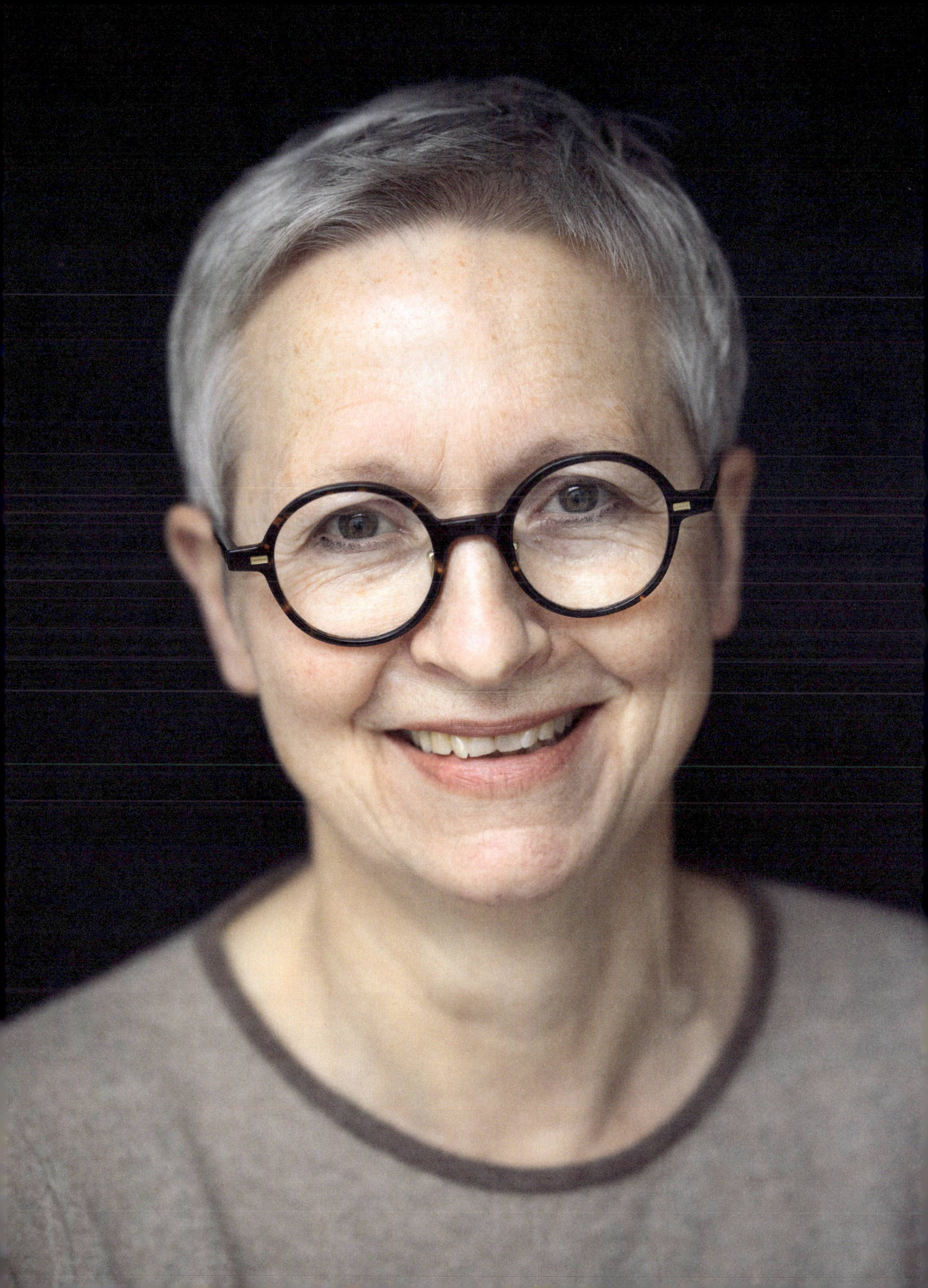

"*Wenn ich Zeit finde, dann schraube ich an Fahrrädern. Ich suche im Internet nach alten Modellen aus der DDR-Zeit. Die Räder von Mifa kosten heute zwischen 20 und 150 Euro. Die mache ich dann in meinem Wohnzimmer fertig. Normalerweise sitze ich acht Stunden an einem Fahrrad. Ich muss nicht viel nachdenken, sondern nur: schrauben, aufarbeiten, polieren, speichen und Probe fahren. Die ganzen Fahrräder müssen dann natürlich auch irgendwohin, im Keller ist dafür kein Platz mehr. Ich gebe sie deswegen in der Regel einfach weiter. Ein guter Freund von mir fährt deshalb jetzt mit einem Rad aus den 80ern herum.*"

THOMAS DUDZAK

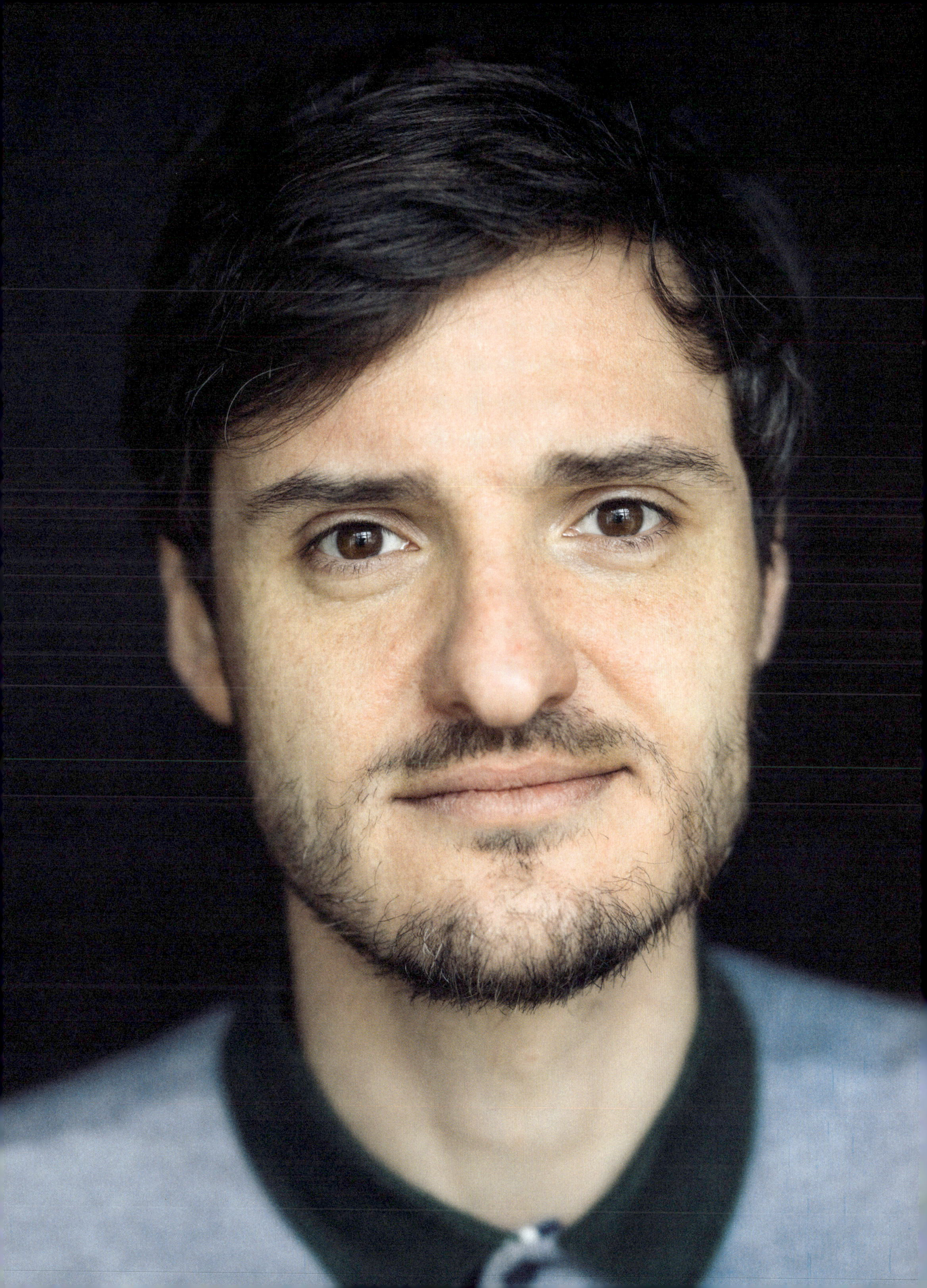

„

Ich habe mir gerade einen alten DDR-Zirkuswagen gekauft. Der war schon sehr alt, Baujahr 1965. Eine Familie aus dem Westen hatte ihn zuvor. Ich habe das Holz abgeschliffen und dann die Verkleidung neu gestrichen, alles mit meinen eigenen Händen. Teilweise stand nur noch das Gerüst des Wagens. Aber ich habe durchgehalten, obwohl ich viel neu lernen musste. Er ist jetzt meine Oase, wo ich nachdenken kann."

JEAN PETERS

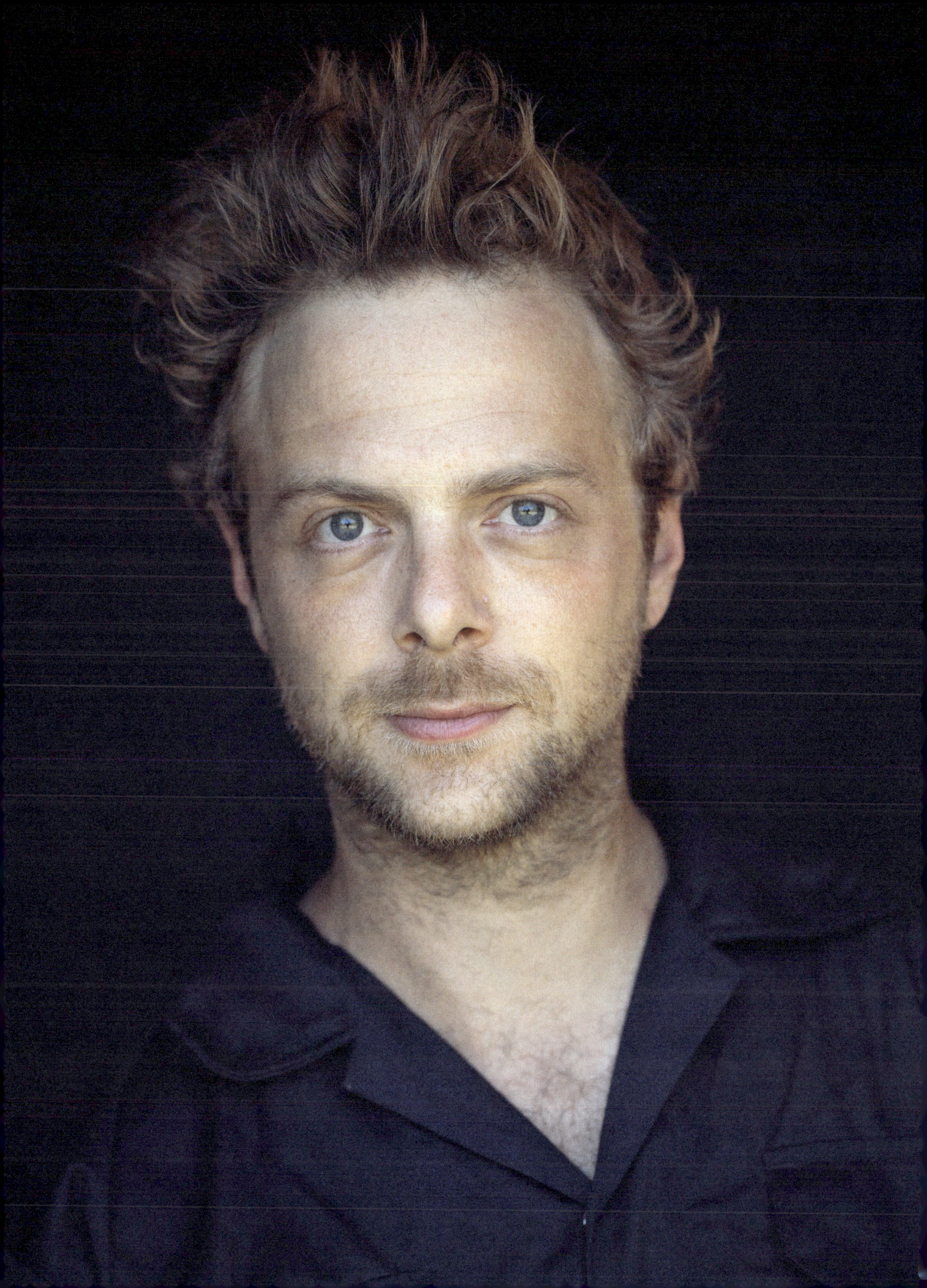

„

Ich probiere in der Küche gerne neue Rezepte aus oder variiere bekannte Kombinationen. Manche Sachen, die ich mache, stammen noch aus meiner Studentenzeit, in der vor allem der Geldbeutel diktiert hat, was in den Topf kommt. Wenn am Ende des Geldes noch zu viel Monat übrig war, gab es oft Käseknödel. Wir haben erst Teig zubereitet. Danach wurde Emmentaler gerieben, Ei dazugegeben und mit Semmelbröseln zu Kugeln verknetet, die dann mit dem Teig umhüllt wurden. Dazu gab es eine scharfe Tomaten-Paprika-Soße. Dieses Rezept wird, vielfach variiert, noch heute von meiner Familie und mir gerne gegessen."

SIGMOUNT A. KÖNIGSBERG

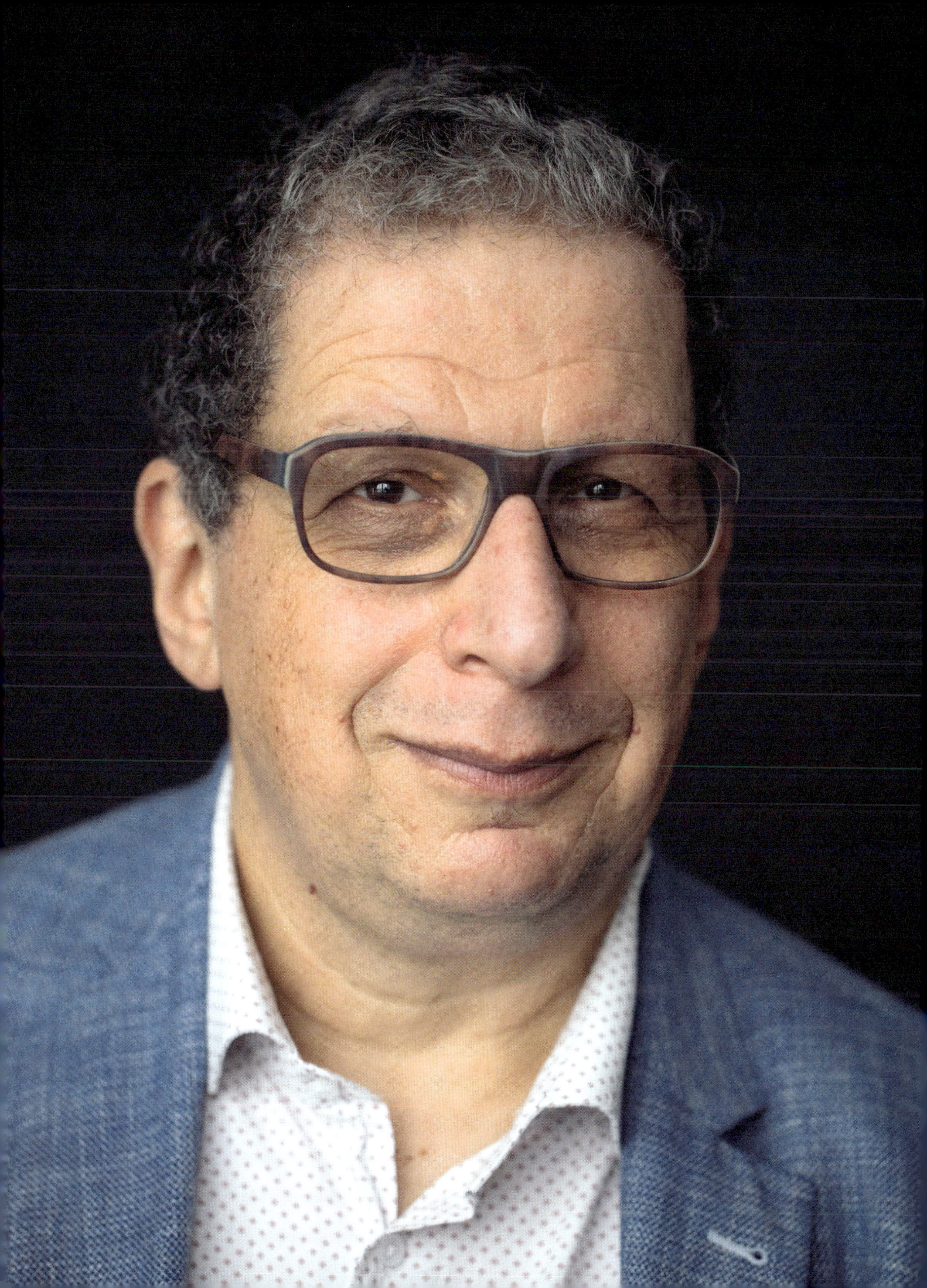

„

Zweimal in der Woche gehe ich laufen, auch noch nach langen Arbeitstagen um neun Uhr abends. Die Strecken sind immer zehn Kilometer lang. Meine Bestzeit liegt bei 54 Minuten. Manchmal brauche ich aber auch länger als eine Stunde, das ist ganz unterschiedlich. Ich habe auch einmal Boxen ausprobiert, das hat aber zeitlich nicht funktioniert. Beim Laufen bin ich auf niemanden außer auf meine Sportschuhe angewiesen. Ich kann einfach los."

SERAP GÜLER

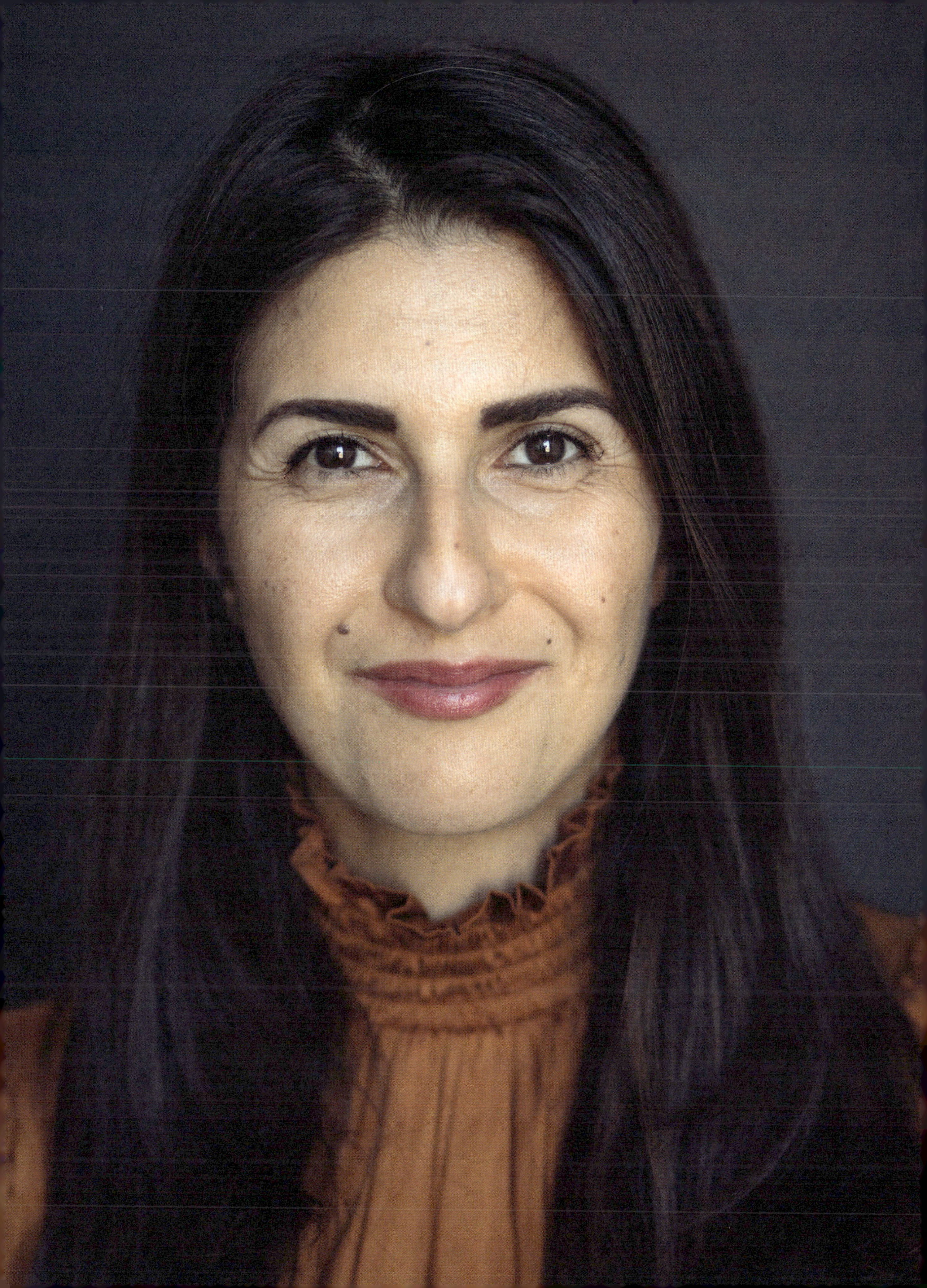

"

Mit dem Aus für die Zechen ist auch für mich eine Ära zu Ende gegangen. Als Kumpel ein großes Kreuz in unseren Dom in Essen trugen und dabei Grubenlampen in den Händen hielten, hat mich das sehr bewegt. Das war das Ende. Jeder konnte es sehen, jeder fühlen. Gleichzeitig hat mich der Gedanke getröstet, dass die im Bergbau gelebten Werte auch weiterhin das Leben der Menschen im Revier prägen: Verlässlichkeit und Solidarität."

FRANZ-JOSEF OVERBECK

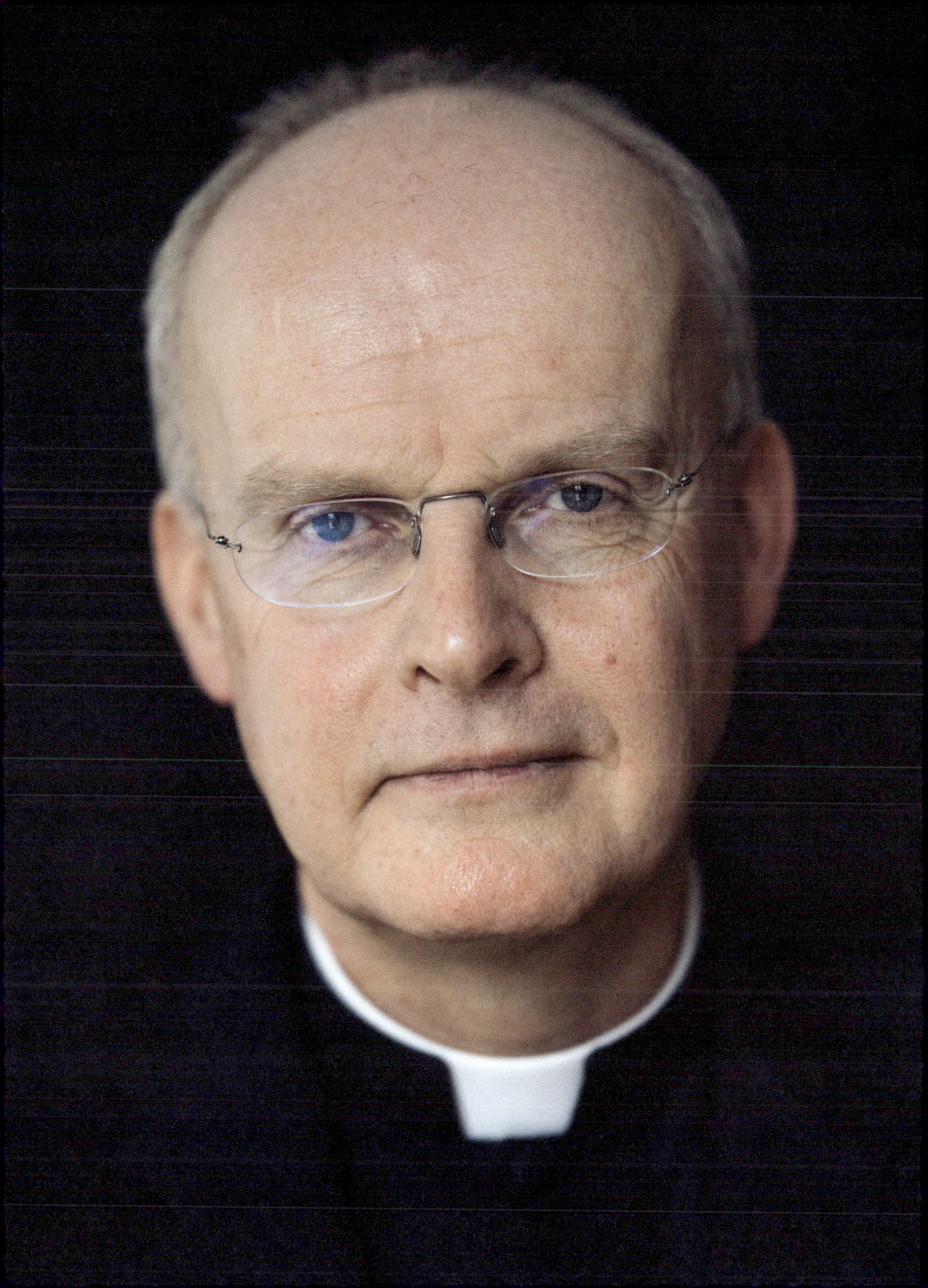

„

Ich bin ein kleiner Rad-Fanatiker. Ich besitze in Dortmund und Berlin vier Räder, dazu noch ein Spinning-Rad in meiner Wohnung, die sind wohl zusammen mehr wert als mein Auto. Mindestens einmal pro Jahr geht es in die Berge mit dem Mountainbike, weg von der Stadt, den Autos, den Straßen. Gerne steil und hoch, ich bin keiner, der ‚hochgondelt', nur um dann runterzufahren. Ich quäle mich gerne, das sind schon Grenzerfahrungen. Aber wenn man da oben auf dem Gipfel steht, ist das ein absolutes Glücksgefühl."

MARCO BÜLOW

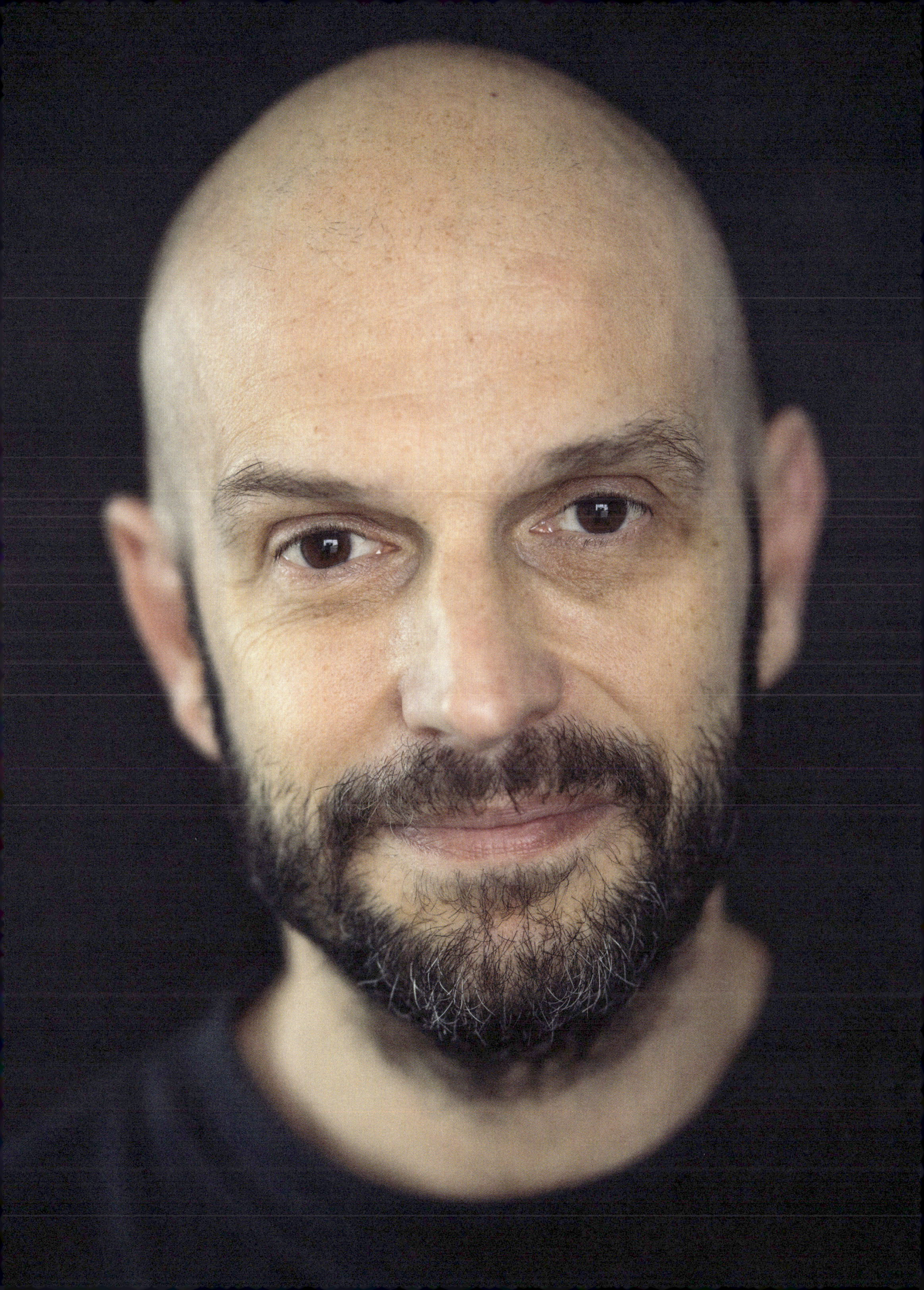

„

Mit Mitte 30 begann ich, in Ozeanen zu tauchen. Damals wie heute hilft es sehr, mal untertauchen zu können und dabei die Vielseitigkeit von Leben in dieser Welt, Wasser und Sauerstoff noch mal neu betrachten zu können und den eigenen Körper für sich neu zu erfinden. Nicht als Weltflucht, sondern damit die Welt noch größer werden kann. Und spätestens, wenn eine Plastiktüte an dir vorbeischwimmt, wird es auch zum politischen Raum. Es ist auch ein Ort, in dem ich lernen konnte, mit Ängsten umzugehen, weshalb ich das mit einer Ausbildung zum Tauchen mit Haien verfeinert habe. Denn egal was passiert, wenn man da im Blau schwebt, hilft nur eins: Ruhe bewahren, neue Sinnesantennen wuchern lassen, Schönheit genießen und heil wieder auftauchen."

SARAH DIEHL

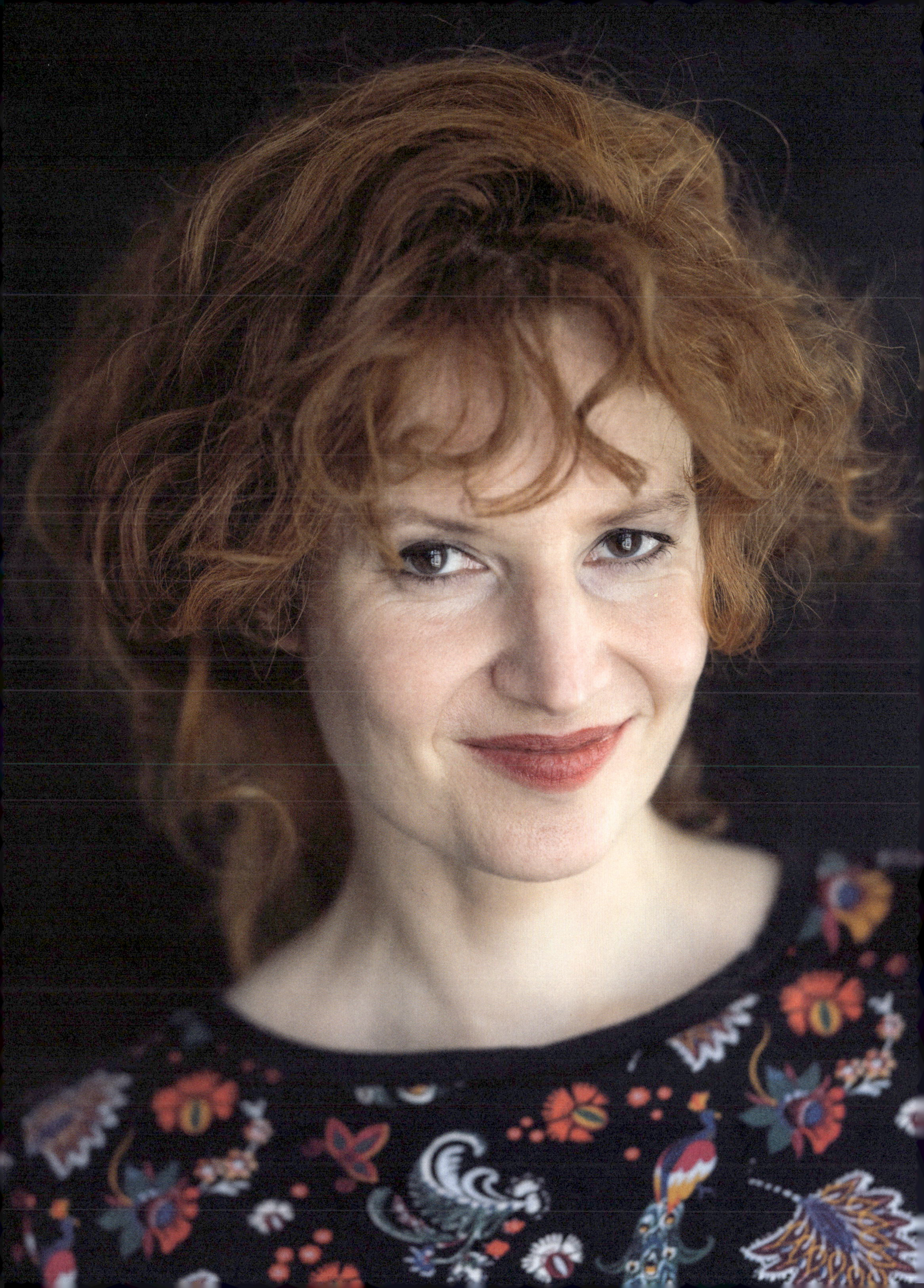

"

Als Kind war ich sehr eigenwillig. Mit neun Jahren bin ich statt zur Mathe-Nachhilfe heimlich ins Kino gegangen. Ich kannte den Kinobetreiber persönlich. Mit meinem Taschengeld konnte ich mir meistens nur die Sondervorstellungen leisten, bei denen man zwei Filme zum Preis von einem sehen konnte. Das erste Kinoerlebnis, das mir in Erinnerung geblieben ist, habe ich aber mit meinem Vater geteilt. Ich war sechs Jahre alt und wir haben zusammen ‚King Kong' gesehen. Wie der Riesenaffe Jessica Lange in seiner Felsenhöhle beschützt, hat mich besonders beeindruckt. Als ich vor einiger Zeit meinen Eltern die heimlichen Kinobesuche von damals gestand, lachten sie und meinten: ‚Du hast immer das getan, was dich glücklich macht – und das ist gut so!'"

MOHAMMAD FAROKHMANESH

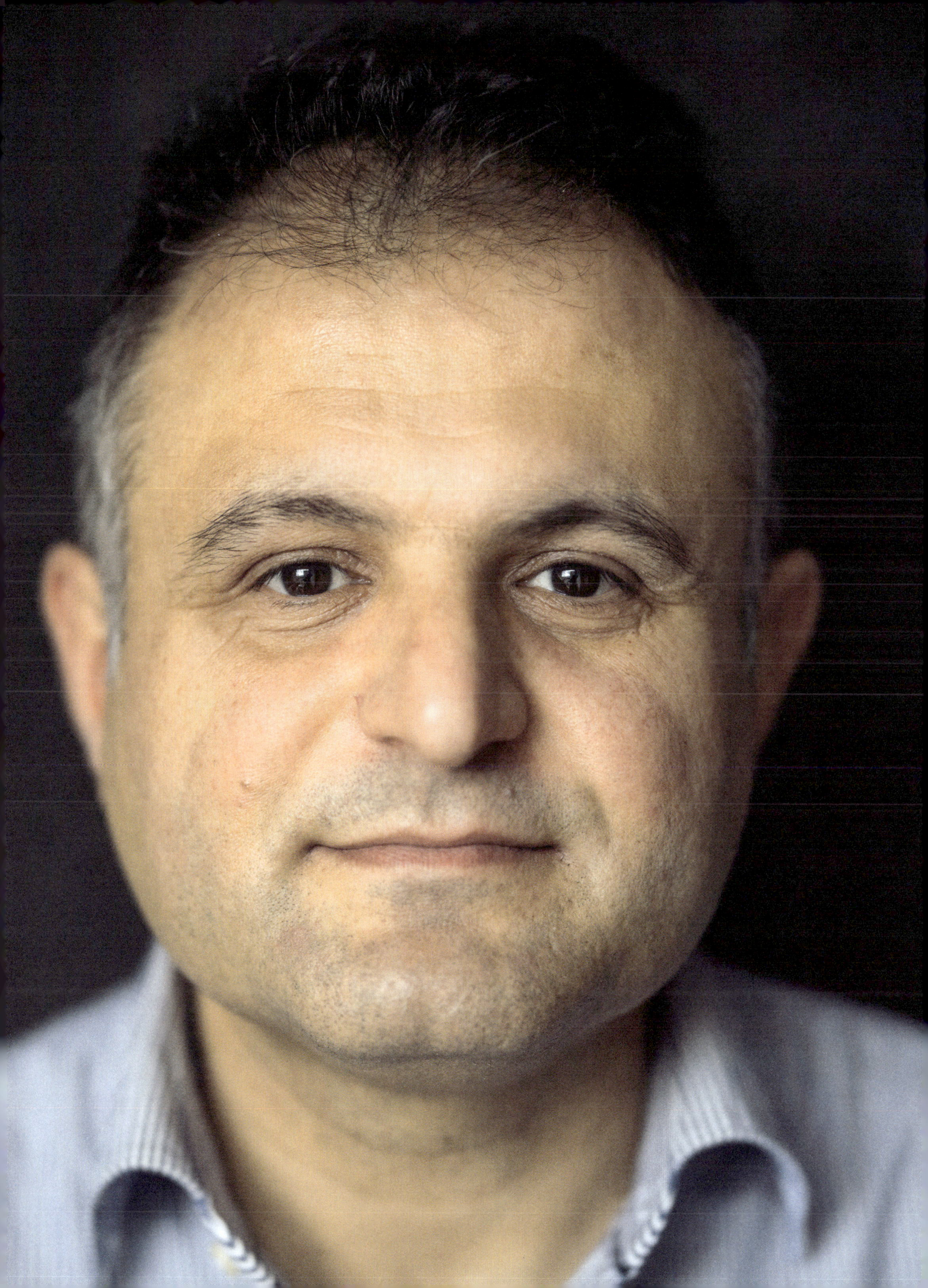

„

Mein Guilty Pleasure sind Vorabendserien. Schon in meiner Kindheit habe ich ARD-Schnulzen wie ‚Marienhof' und ‚Verbotene Liebe' geschaut. Jetzt sind die Serien allerdings alle abgesetzt und ich musste Ersatz suchen. Wenn ich eine Dreiviertelstunde den Kopf ausmachen möchte, gucke ich: ‚In aller Freundschaft', ‚Großstadtrevier' oder ‚Um Himmels Willen'."

KEVIN KÜHNERT

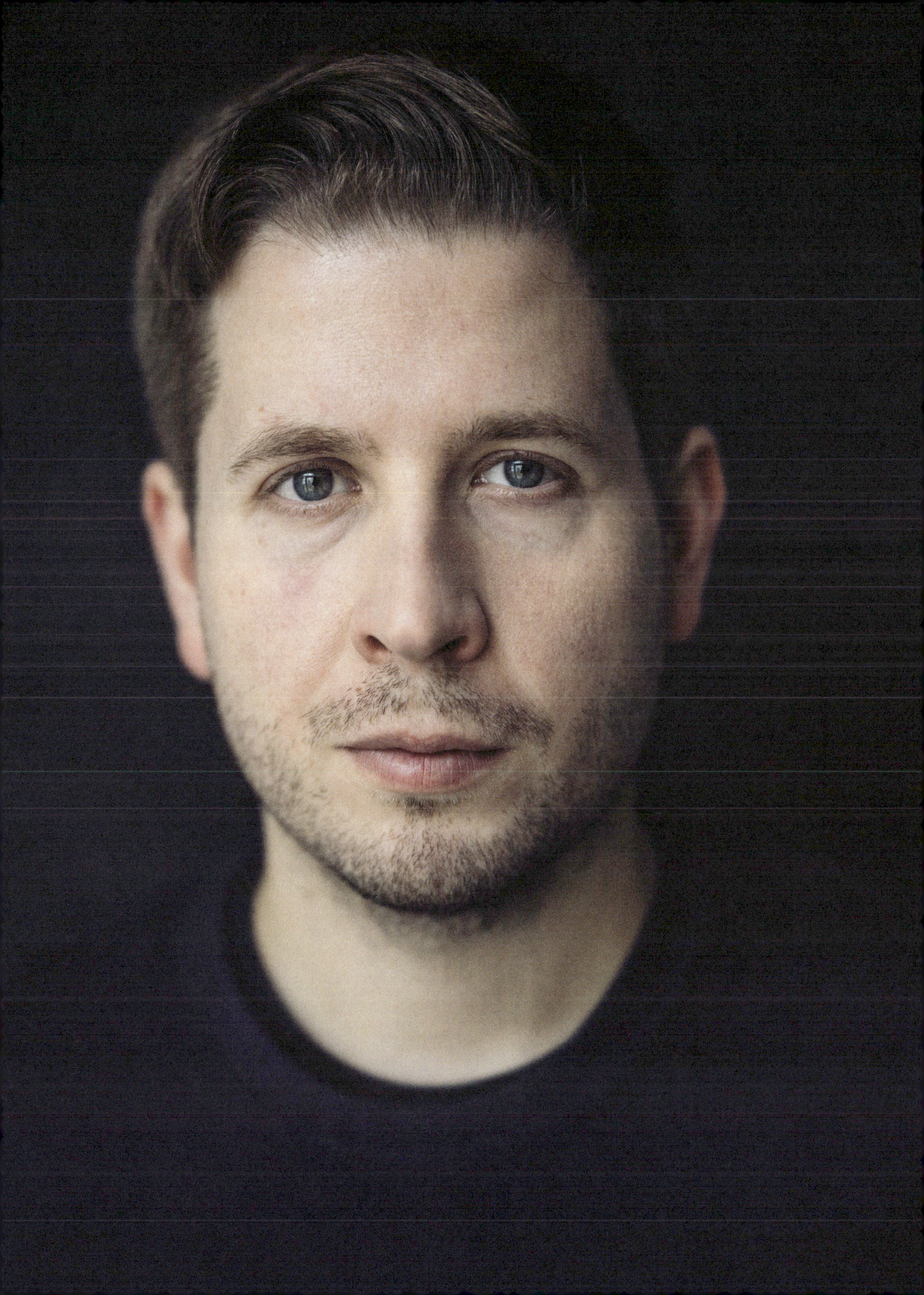

„

Ich halte Brecht für den vielleicht größten deutschen Dichter des 20. Jahrhunderts. Seine Werke begleiten mich seit der Schulzeit. Es ist wie mit einem Lieblingsparfüm. Ich probiere auch immer mal wieder eine neue Sorte aus. Aber am Ende lande ich jedes Mal bei ihm. 35 Brecht-Abende habe ich bisher über die Bühne gebracht, drei davon als CD eingespielt, und für sein Drama ‚Mutter Courage und ihre Kinder' durfte ich das Audio für erblindete Personen einsprechen. Was für eine Ehre!"

GINA PIETSCH

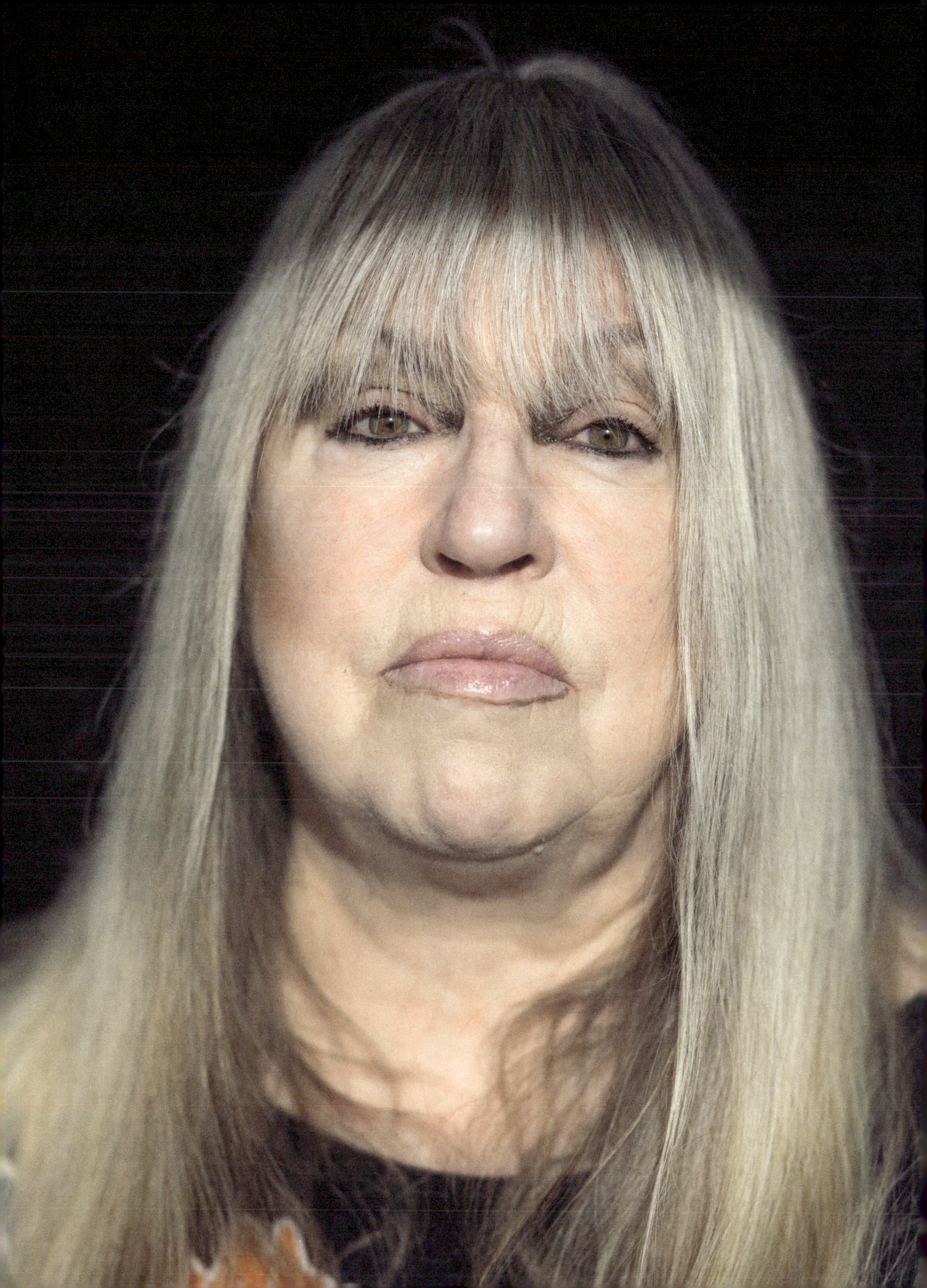

„

Als Studierender habe ich ein Jahr in Russland gelebt. Zusammen mit sechs anderen Austauschstudenten habe ich in einer WG gewohnt, sie kamen aus Finnland, Schweden, Australien, und ich war mittendrin. Als sie das erste Mal meinen Namen hörten, haben sie sich gewundert, dass ich aus Deutschland komme. Ich habe dann erklärt, dass meine Eltern Gastarbeiter aus der Türkei waren. Am Ende haben sie mich gefragt, wo ich mich heimisch fühle. Aber ich konnte das nicht so einfach beantworten. Heimat ist für mich persönlich kein Singular, nicht eine Entweder-oder-Frage, sondern ein Plural."

BELIT ONAY

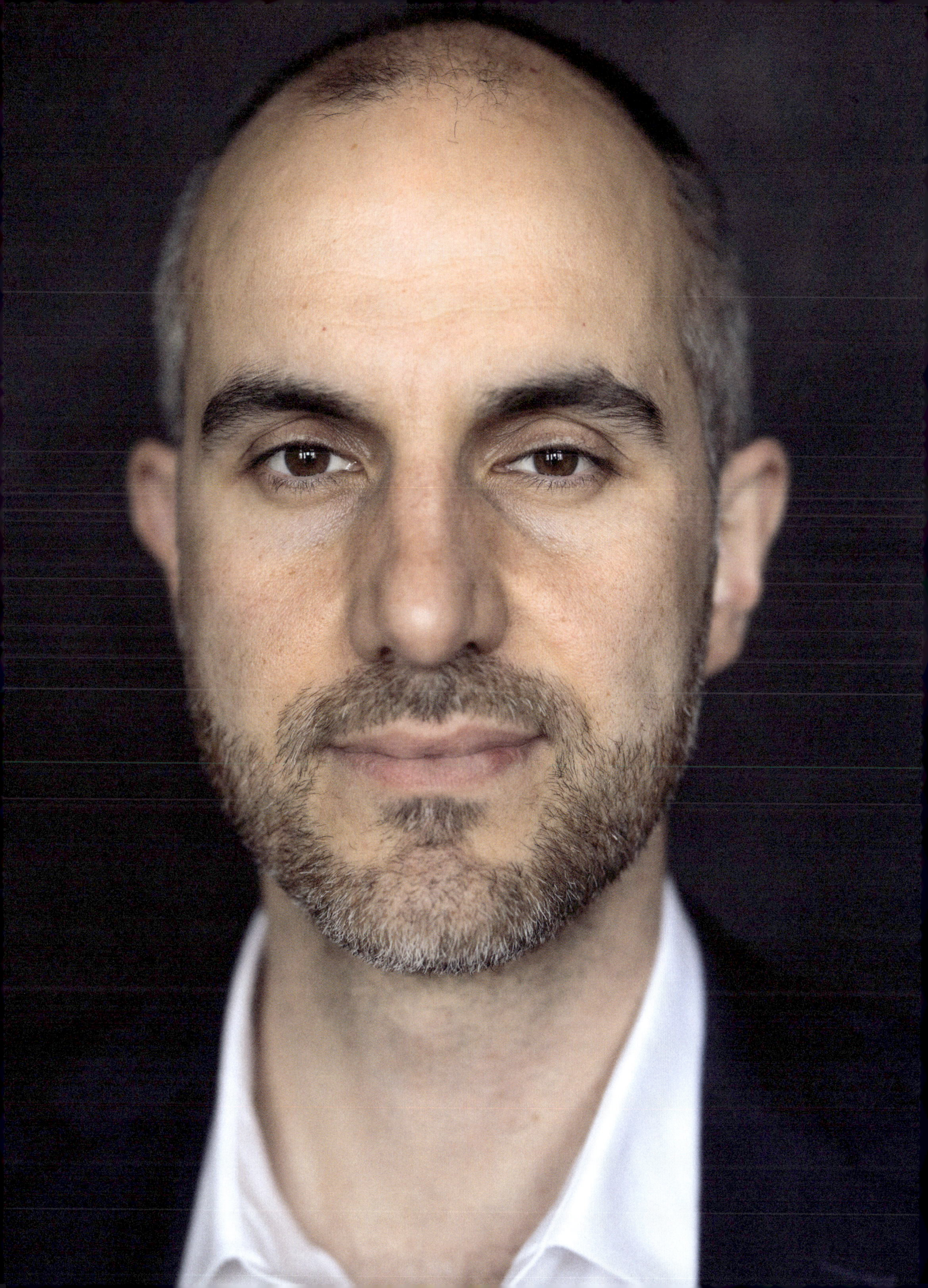

"

Ich liebe unterhaltsame Klassiker wie ‚The Big Lebowski' oder auch die Serie ‚Sick Note' mit dem großartigen Nick Frost. Über reale Verbrechen lese ich im Job schon genug."

JULIAN FELDMANN

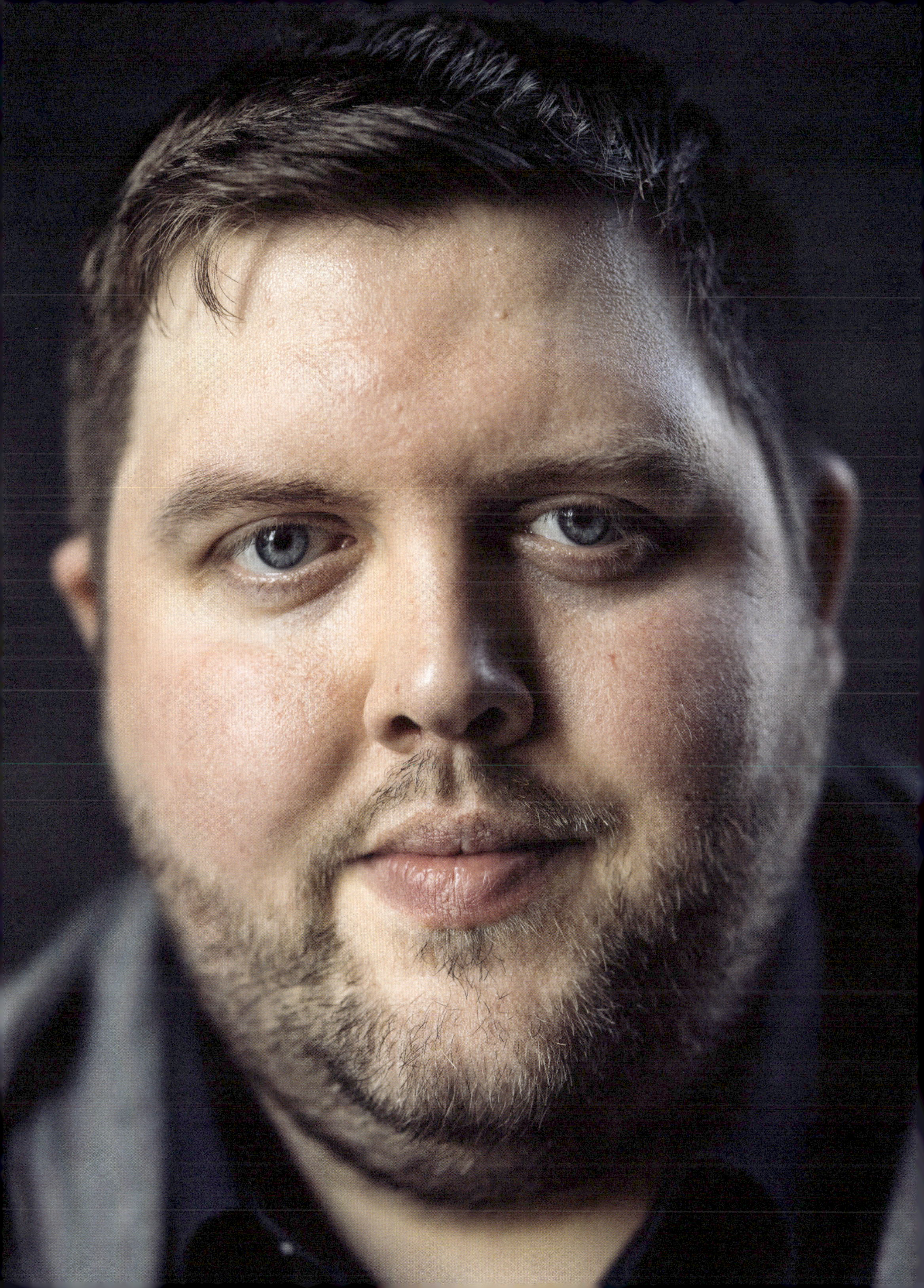

„

Vor zwei Jahren habe ich meinen Eltern einen Kleingarten geschenkt, die genießen das sehr. Jetzt habe ich mich auch für einen beworben und hoffe, dass ich dieses Jahr noch an einen komme. Wenn man viel in Sitzungen ist und vor allem mit dem Kopf arbeitet, ist es schön, auch mal was mit den Händen zu machen. Ich finde, Kochen ist total einfach, wenn man frische Kräuter hat, dann schmeckt es irgendwie immer. Zucchini finde ich auch super, weil sie vielseitig einsetzbar sind und so schnell wachsen. Da hat man schnell ein Erfolgserlebnis, ohne dass man Profi sein muss."

ANNE HELM

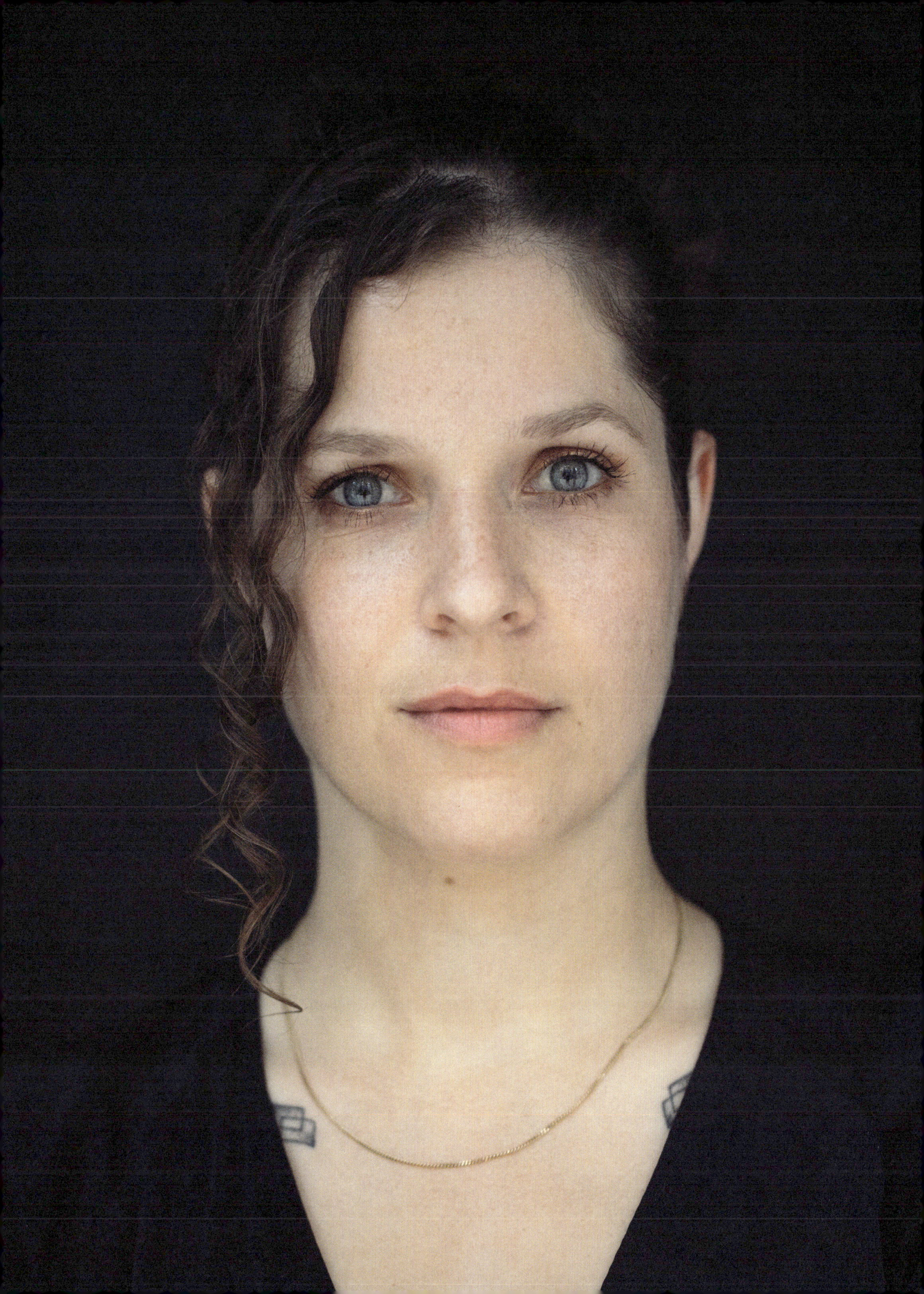

"

Ich bin schon häufiger den Jakobsweg gelaufen, das letzte Mal 2017. In 30 Tagen laufe ich 800 Kilometer. Am Ziel, in der Stadt Santiago, bin ich dann einfach nur glücklich. Ich würde das Gefühl als ‚Legal High' bezeichnen. Mich faszinieren die verschiedenen Sprachen und die Landschaften immer wieder aufs Neue. Gerade die Wiederholung ist für mich spannend. Meine Frau sieht das anders. Ihr hat einmal Jakobsweg gereicht."

HARALD NOACK

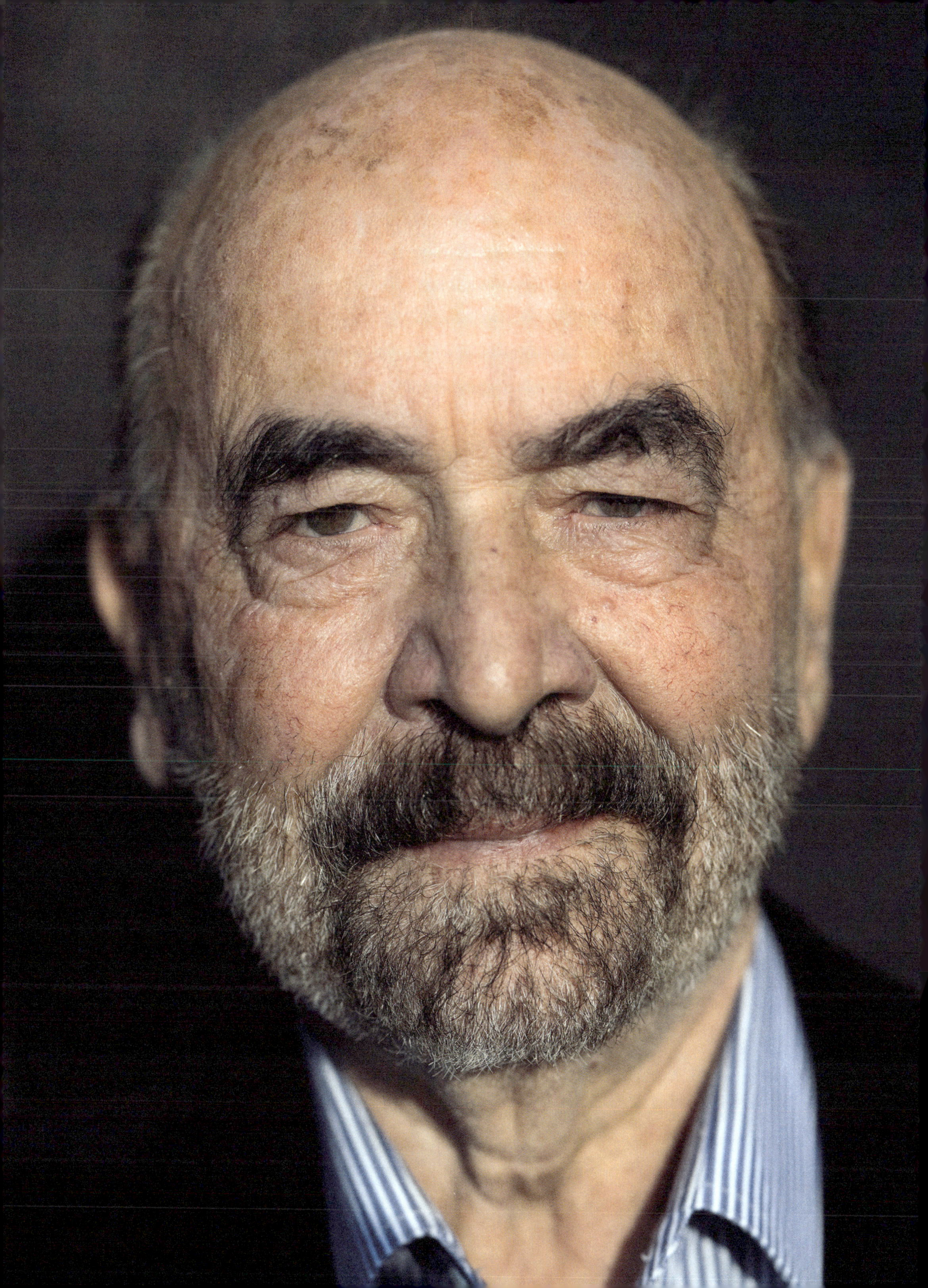

„

Im Jahr lese ich ungefähr 40 Bücher, ich muss schließlich wissen, was ich in meiner Buchhandlung Leporello empfehle. Manchmal bin ich aber auch nach einer 50-Stunden-Woche zum Lesen zu müde. Dann ist mal Fernsehen angesagt und ich hänge einfach ab. Spätestens am Sonntag aber, wenn ich ausschlafen konnte, habe ich wieder Muße und Zeit zum Lesen, dann beginne ich oft ein neues Buch. Mein Lieblingsbuch ist übrigens immer noch das Jugendbuch ‚Kundschafter am St.-Lorenz-Strom' von Hans-Otto Meissner über den französischen Entdecker Samuel de Champlain. Nachdem ich das gelesen hatte, wollte ich nach Kanada auswandern."

HEINZ OSTERMANN

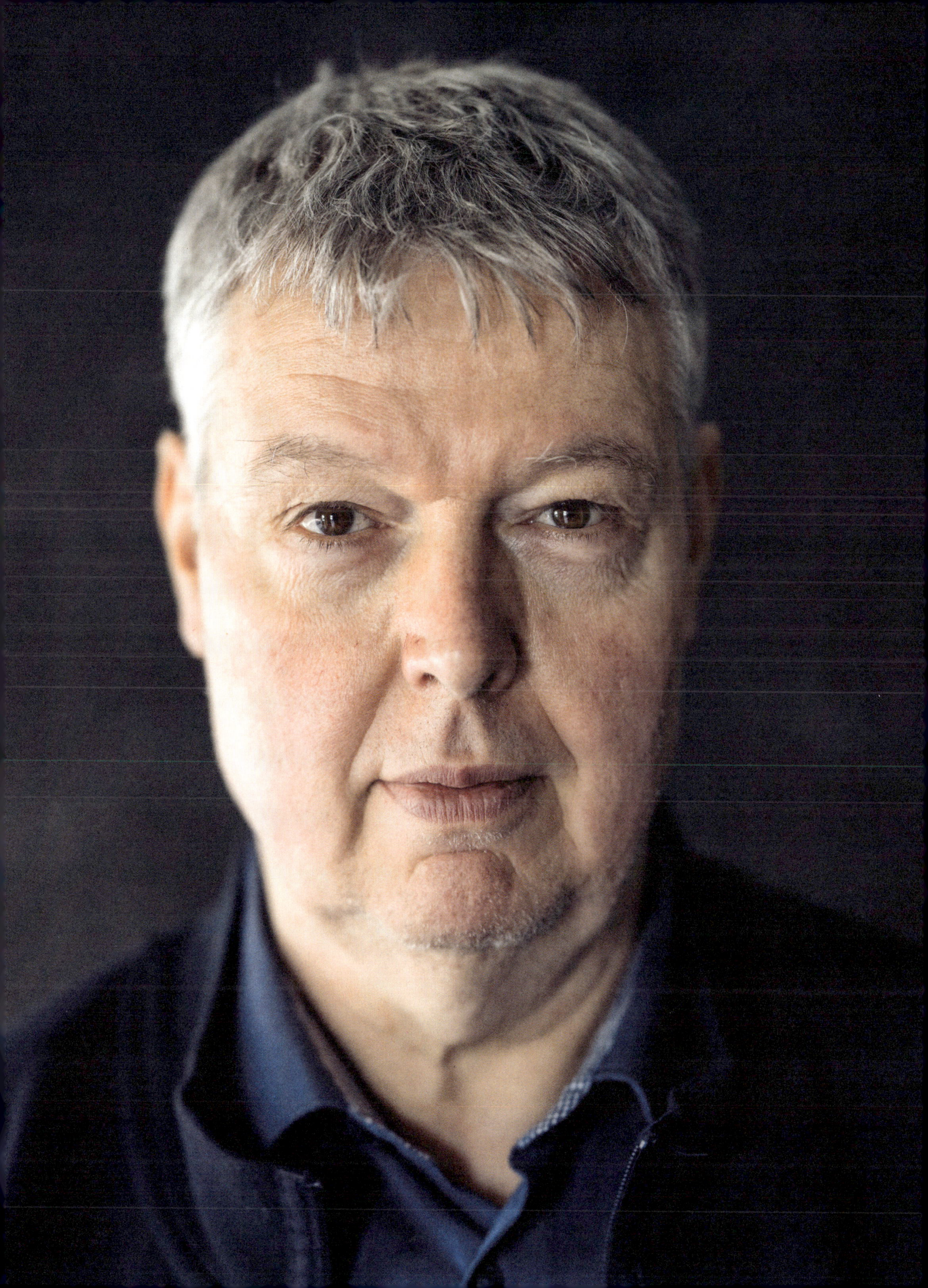

„

Als Schülerin habe ich in Flugzeugen Toiletten geputzt, um meine Familie finanziell mit zu unterstützen. Schnell habe ich verstanden, wie wichtig es ist, zusammenzuhalten. Die Arbeitsbedingungen waren hundsmiserabel, wir wurden ständig gehetzt, um schneller fertig zu werden. Am Ende haben wir uns organisiert, um uns zu wehren und für unsere Rechte zu kämpfen. Diese ersten wichtigen Erfahrungen von gegenseitiger Unterstützung und Solidarität sind prägend bis heute, wie auch das dazu passende Gedicht von Nâzım Hikmet: ‚Leben wie ein Baum, einzeln und frei, und brüderlich wie ein Wald, das ist unsere Sehnsucht.'"

SEVIM DAĞDELEN

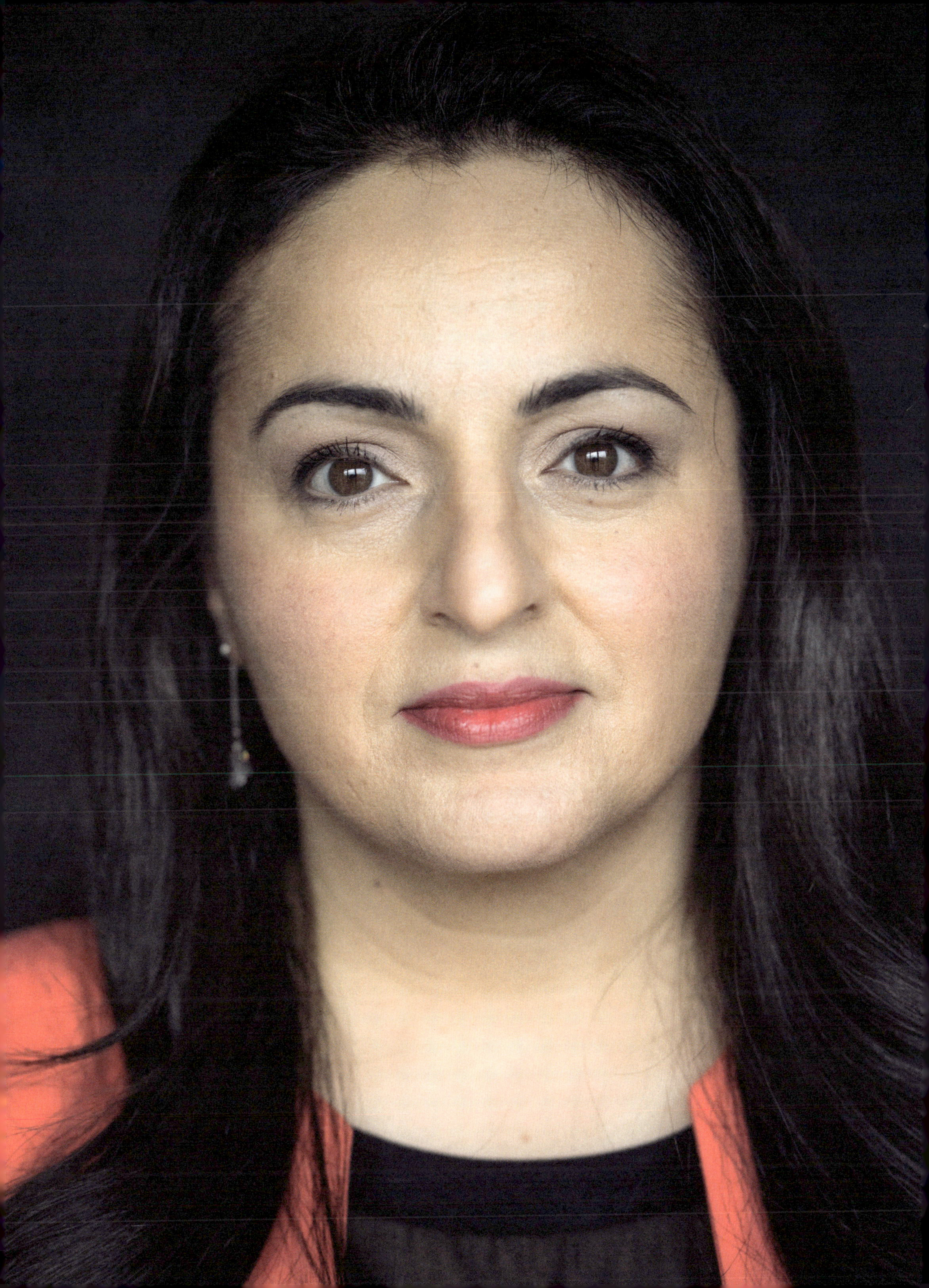

„

Tauchen kann gewaltig sein. Einmal bin ich einem Hai begegnet, er schwebte plötzlich ein paar Meter vor mir. Mir fiel ein, dass ich in einer Tauchzeitschrift gelesen hatte: Haien soll man in die Augen schauen und dann langsam auf sie zutauchen. In der Theorie weichen sie dann aus. Ich habe das versucht, ganz nach der Regel. Der Hai ist mir aber nicht ausgewichen. Ich musste abdrehen und dem riesigen Tier meinen Rücken zuwenden. Das war echt unangenehm. Ich hatte keine Kontrolle mehr – zum Glück ist aber nichts passiert."

ALFRED DENZINGER

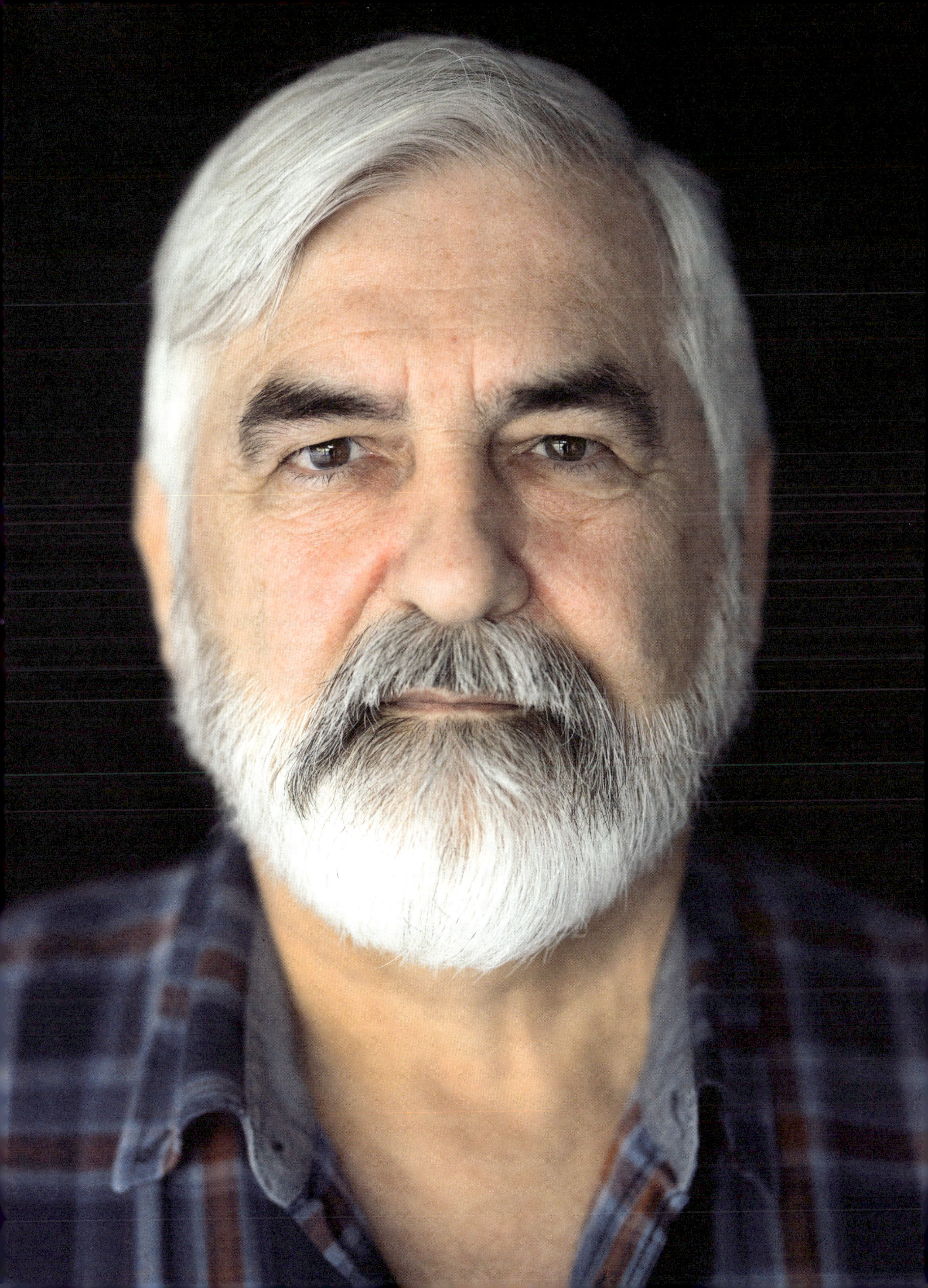

„

Mein Vater ist Holländer, meine Mutter ist Deutsche, geboren bin ich in Brasilien. Als ich im Alter von sechs Jahren mit meiner Familie in das 70er-Jahre-Deutschland zog, hatte ich einen richtigen Kulturschock. Mir fehlte die Wärme, in jeder Hinsicht. In Brasilien konnte ich als Kind einfach so zu den Nachbarn gehen, um deren Kinder zu treffen. In Deutschland war das nicht üblich, da musste man sich vorher anmelden. Die Menschen waren eher auf Abstand bedacht."

DANIEL BAX

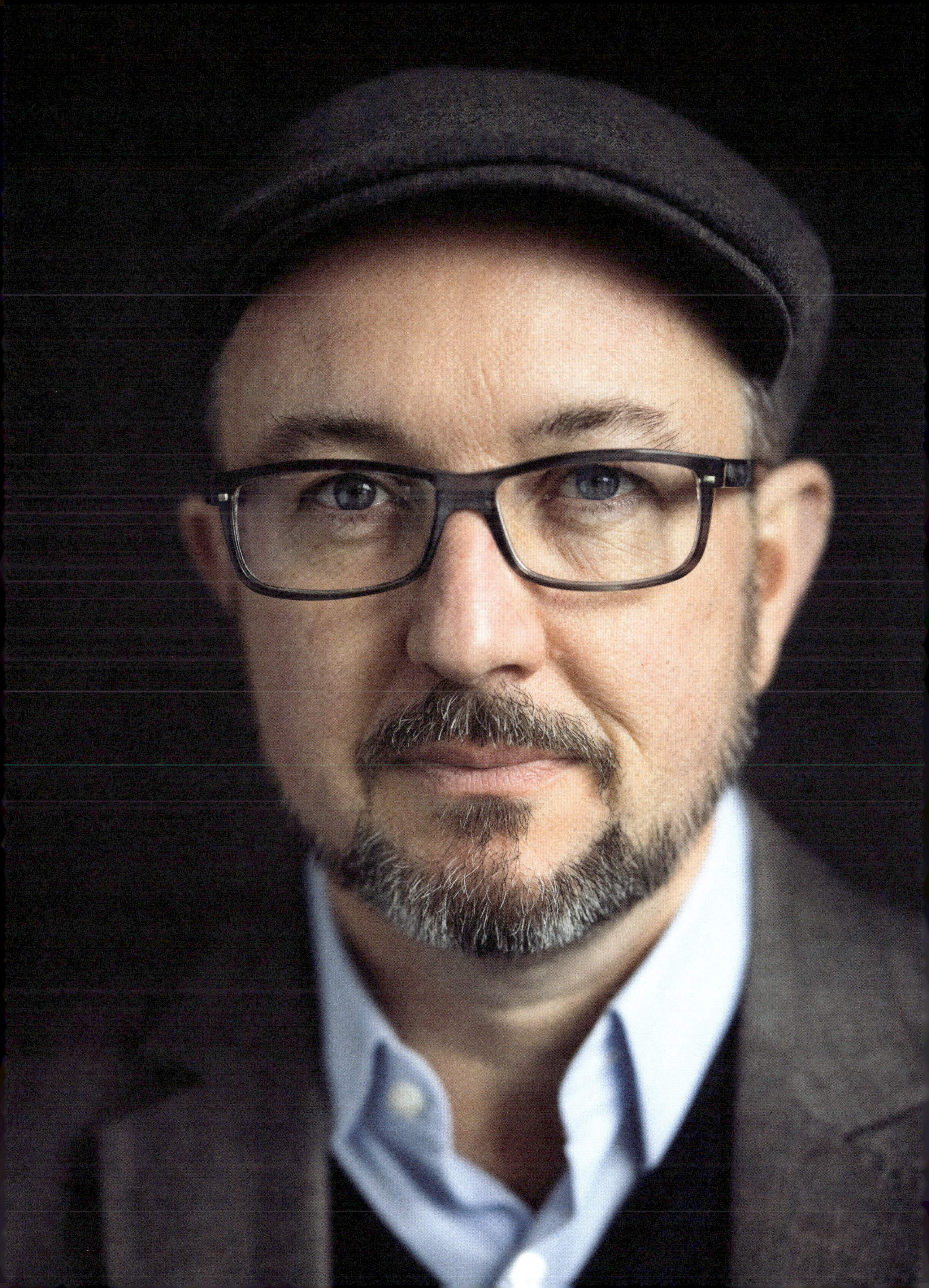

Das kann im Umgang mit Feindeslisten helfen

von Sophia Stahl und Alexander Roth

Wer sich gegen Rechtsextremismus engagiert, muss damit rechnen, dass er oder sie in das Visier der Verfassungsfeinde gerät. Wir haben hier ein paar Tipps gesammelt, wie man mit Bedrohungen umgehen kann.

Wie finde ich heraus, ob ich auf einer Liste stehe?

Die meisten Ermittlungsbehörden weigern sich immer noch, Betroffene aktiv zu informieren. Eine Informationspflicht gibt es nicht, das heißt: Oft wissen Personen gar nicht, dass sie auf einer Feindesliste stehen. Das Bundeskriminalamt hat keine zentrale Stelle, die Listen herausgeben, veröffentlichen oder Betroffene informieren muss.

Allerdings kann in einigen Bundesländern wie Bayern bei der Polizei nachgefragt werden, ob man auf einer Liste steht. In Hamburg können sich Betroffene bei der Polizei über Feindeslisten informieren, wenn sie zuvor einen Hinweis darauf erhalten haben, auf solch einer Liste zu stehen. Viele Betroffene werden allerdings nicht proaktiv informiert, wenn keine konkrete Gefährdungslage vorliegt. Ob eine Information stattfindet, hängt vor allem von den Polizeibehörden der Länder und deren Einschätzung ab.

Das Datenmaterial für eine der umfangreichsten Feindeslisten der rechtsextremen Szene stammt aus einem Hack eines Duisburger Punk-Versandhandels aus dem Jahr 2015. Ob die eigenen Daten durch einen Hack geklaut wurden und dadurch auf einer Feindesliste gelandet sein könnten, kann durch ein kostenfreies Tool des Hasso-Plattner-Instituts herausgefunden werden. Der HPI Identity Leak Checker vergleicht die eigene E-Mail-Adresse mit den Inhalten großer Hacks und Datendiebstähle, auch mit dem Hack des Punk-Versandhandels.

Außerdem gibt es Online-Pranger wie „Nürnberg 2.0", „Wikimania" und die „Galerie des Grauens". Hierauf kann jeder zugreifen. Die genauen Adressen kann man auch bei Beratungsstellen anfragen. Viele andere Online-Pranger sind schon gesperrt, durch Internetarchive wie die „Wayback-Machine" können alte Daten angezeigt werden. Auch hier können Beratungsstellen die Namen der Pranger herausgeben.

Hinzu kommen „interne Feindeslisten", die unter den Mitgliedern der rechten Gruppen getauscht und weitergegeben werden. Sie sind nicht ohne Weiteres öffentlich zugänglich. Drohschreiben, die einen regelmäßig erreichen, können hier auf eine bestehende Feindesliste hinweisen.

Was kann ich selber tun, wenn ich auf einer Liste stehe?

Wer seinen Namen auf einer Feindesliste entdeckt oder in anderer Form bedroht wird, der kann sich Hilfe bei lokalen Beratungsstellen holen. Eine Liste gibt es auf der Webseite des Verbandes der Beratungsstellen für Betroffene rechter, rassistischer und antisemitischer Gewalt (VBRG).

Darüber hinaus gibt es die Möglichkeit, selbst ein paar Sicherheitsvorkehrungen zu treffen: Ist die Mailadresse öffentlich geworden? Dann kann es sinnvoll sein, diese zu wechseln oder bestehende Passwörter regelmäßig zu ändern.

Auch außerhalb des digitalen Raums gibt es Möglichkeiten. Falls zu den Namen zusätzlich Bilder wie Porträts veröffentlicht werden, kann hier auch das Recht am eigenen Bild durchgesetzt werden. Betroffene können das private Umfeld informieren, für die Bedrohungslage sensibilisieren, Absprachen mit Freunden treffen, wie sich wer verhalten soll, wenn er etwas bemerkt – und sie können eine Auskunftssperre beantragen.

Eine Auskunftssperre nach § 51 Bundesmeldegesetz verhindert, dass Meldebehörden die Privatadresse von Menschen herausgeben. Solange sie besteht, muss die betroffene Person außerdem immer informiert werden, wenn jemand über die Behörde eine Auskunft bekommen möchte. Diese Sperre kann beantragt werden oder von Amts wegen erfolgen. Absatz 1 des Paragrafs regelt die Rahmenbedingungen:

1. Es müssen „Tatsachen" vorliegen, „die die Annahme rechtfertigen, dass der betroffenen oder einer anderen Person durch eine Melderegisterauskunft eine Gefahr für Leben, Gesundheit, persönliche Freiheit oder ähnliche schutzwürdige Interessen erwachsen kann [...]".

2. „Ein ähnliches schutzwürdiges Interesse ist insbesondere der Schutz der betroffenen oder einer anderen Person vor Bedrohungen, Beleidigungen sowie unbefugten Nachstellungen."

3. Bei der Frage, ob „Tatsachen" vorliegen, ist „zu berücksichtigen, ob die betroffene oder eine andere Person einem Personenkreis angehört, der sich auf Grund seiner beruflichen oder ehrenamtlich ausgeübten Tätigkeit allgemein in

verstärktem Maße Anfeindungen oder sonstigen Angriffen ausgesetzt sieht".

In der Regel bedeutet das: Zuallererst muss man nachweisen, dass man potenziell gefährdet ist. Die Erfahrungen der Beratungsstellen sowie die von Journalistinnen und Journalisten zeigen, dass diese Nachweise von Bundesland zu Bundesland, teilweise sogar von Kommune zu Kommune unterschiedliche Anforderungen erfüllen müssen.

Muss eine schriftliche Drohung vorliegen? Muss eine Drohung polizeilich erfasst sein? Reicht die Zugehörigkeit zu einer bestimmten Gruppe? Oder die Tatsache, dass man auf einer Feindesliste steht? Hierauf gibt es offenbar keine einheitlich gültige Antwort.

Dazu kommt, dass eine Auskunftssperre nach zwei Jahren ausläuft. Sie kann verlängert werden, entweder auf einen erneuten Antrag hin oder von Amts wegen. Und auch hier stellen sich Fragen: Müssen neue „Tatsachen" vorliegen? Reicht es, dass die alten noch bestehen? Und wie muss das nachgewiesen werden?

Die Beratungsstellen kritisieren die uneinheitliche Verfahrensweise seit Längerem – und fordern eine automatisierte Auskunftssperre für Menschen auf Feindeslisten.

Die Idee: Sobald die Strafverfolgungsbehörden einen Namen auf einer dieser Listen entdecken, soll die Sperre von Amts wegen veranlasst werden. Diese Möglichkeit sei auch jetzt schon im Bundesmeldegesetz vorgesehen, spiele in der Praxis aber kaum eine Rolle, schrieb der VBRG 2019 in einer Pressemitteilung.

Ein großer Vorteil wäre: Die Betroffenen müssten dann nicht mehr selbst nachweisen, dass eine Bedrohungssituation vorliegt.

Besteht der Verdacht, dass Mitarbeitende staatlicher Behörden persönliche Daten weitergegeben haben, zum Beispiel, wenn trotz Auskunftssperre persönliche Daten auf Feindeslisten auftauchen, kann es sinnvoll sein, Strafanzeige und Strafantrag gegen Unbekannt zu stellen und sich die Unterstützung eines Anwalts zu suchen.

Mehr Infos:
https://verband-brg.de/

Wie Menschen unterstützt werden können, wenn sie von rechter Gewalt betroffen sind – und warum ihre Perspektive wichtig ist

von Alexander Roth

Rechte Gewalt ist ein Problem, das häufig von der Täterperspektive ausgehend verhandelt wird. Wer sind die Täter? Begründen sie ihre Tat – falls ja, wie? Wie haben sie sich radikalisiert? Gibt es Verbindungen zu vorigen Taten? Sind sie Teil einer Szene, eines Netzwerks?

Hinter diesen und anderen Fragen verschwindet eine andere Perspektive oftmals aus dem Bewusstsein der Öffentlichkeit: die Frage, wie es für die Betroffenen nach diesem gewaltsamen Eingriff in ihr Leben weitergeht. Oder für ihre Angehörigen.

Alena Kraut arbeitet bei der Beratungsstelle „Leuchtlinie" in Stuttgart. „Wir unterstützen Menschen, die von rechter, rassistischer und antisemitischer Gewalt betroffen sind – aus ganz Baden-Württemberg", beschreibt sie die Aufgabe ihrer Organisation. „Wir sind auch Ansprechpartner für Angehörige, Freundinnen und Freunde, Zeuginnen und Zeugen von Angriffen sowie für Institutionen."

Die Beratungsstelle Leuchtlinie wurde im Jahr 2015 ins Leben gerufen. „Vor fünf Jahren hatten wir es vor allem mit Angriffen auf Geflüchtete zu tun", erinnert sich Alena Kraut im Gespräch. Dass die Türkische Gemeinde Baden-Württemberg, eine migrantische Organisation also, die Trägerschaft der Beratungsstelle übernahm, war damals ein Novum – und ist noch heute ein Alleinstellungsmerkmal.

„Die allermeisten Menschen, die zu uns kommen, sind von Rassismus betroffen", sagt Kraut. „Im letzten Jahr haben wir außerdem vermehrt antisemitische Vorfälle registriert." Die Zahl der Ratsuchenden sei 2020 erstmals auf über 100 angestiegen. „Wenn es darum geht, welche Art von Unterstützung wir anbieten können, waren wir in den ersten fünf Jahren schlechter ausgestattet als Beratungsstellen in anderen Bundesländern, deren jeweilige Landesregierungen mehr Personalstellen finanziert haben. Das ändert sich jetzt zum Glück auch in Baden-Württemberg."

Wie groß das reale Ausmaß rechter Gewalt ist, lässt sich anhand der folgenden Zahlen immerhin erahnen.

In der Jahresbilanz für 2020 registrierte der Bundesverband der Beratungsstellen für Betroffene rechter, rassistischer und antisemitischer Gewalt (VBRG) in acht Bundesländern insgesamt 1.322 rechts-, rassistisch und antisemitisch motivierte Angriffe.

Damit wurden in der Hälfte aller Bundesländer täglich mindestens drei bis vier Menschen Opfer rechter Gewalt – „trotz Ausgangsbeschränkungen in der Pandemie". Von den 1.922 direkt von diesen Taten Betroffenen seien fast ein Fünftel besonders schutzbedürftige Kinder und Jugendliche, hieß es in der dazugehörigen Pressemitteilung.

Neun Menschen seien 2020 durch Rassismus und Rechtsterrorismus, zwei Menschen durch homosexuellenfeindliche Gewalt gestorben.

„Wir veröffentlichen jährlich ein eigenes, unabhängiges Monitoring zu der Frage: Wie groß ist das tatsächliche Ausmaß rechter Gewalt?", sagt Heike Kleffner, Geschäftsführerin des VBRG. „Unser unabhängiges Monitoring wird von zahlreichen staatlichen und internationalen Institutionen genutzt – von der Bundesintegrationsbeauftragten ebenso wie von der Europäischen Grundrechteagentur oder der OSZE."

„Das unabhängige Monitoring ist auch deshalb so wichtig, weil die Landeskriminalämter und das Bundeskriminalamt die Dimension rechter Gewalt in den Zahlen zur politisch motivierten Kriminalität eben nur in einem Ausschnitt erfassen – trotz aller Reformen bei den Strafverfolgungsbehörden –, das zeigt sich unter anderem in einer BKA-Studie zu Viktimisierungserfahrungen aus dem Jahr 2017", so Kleffner. „Einen Überblick über das Ausmaß rechter Gewalt ist deshalb so wichtig, damit effektive Maßnahmen durch Justiz, Polizei und Politik auf den Weg gebracht werden und nicht nur Sonntagsreden."

Beraterinnen wie Alena Kraut begleiten die Betroffenen bei der Bewältigung der materiellen und psychischen Angriffsfolgen. Dabei geht es beispielsweise darum, die Betroffenen über ihre Rechte als Gewaltopfer in Strafverfahren zu informieren oder zu Gerichtsprozessen zu begleiten. „Bei vielen geht es auch darum, dass sie nach den Angriffen ihr Sicherheitsgefühl im Alltag verloren haben", sagt Kraut. „Das äußert sich zum Beispiel darin, dass man die Tatorte meidet, an denen die Gewalttat stattfand."

An diesem Punkt setzen die Beratenden an: Was kann die betroffene Person tun, um das Sicherheitsgefühl wiederherzustellen? Wie sehen die Betroffenen selbst das Risiko? Was würde helfen?

Wie diese Fragen beantwortet werden, hänge von den individuellen Wünschen und Voraussetzungen ab, sagt Alena Kraut.

Betroffenen helfe es, wenn das private Umfeld sich solidarisiere. „Viele Menschen, die zu uns kommen, erleben große Unterstützung. Überhaupt nicht hilfreich ist es, wenn den Betroffenen von Familien und Freunden noch vorgeworfen wird, selbst an allem schuld zu sein." Auch der Austausch mit anderen Betroffenen könne helfen.

In vielen Fällen erfüllen Beratungsstellen wie die „Leuchtlinie" zudem eine Vermittlungsfunktion. „Uns erreichen Wünsche nach der Vermittlung von Anwältinnen und Therapeutinnen bis hin zur Unterstützung bei der Frage: Wie mache ich meine Erfahrungen öffentlich, ohne dass ich mich wieder in Gefahr begebe oder negative Erfahrungen mache?"

In bestimmten Fällen ist Öffentlichkeit das Problem, mit dem alles anfängt. Nämlich dann, wenn Menschen von Rechten als Feinde markiert werden.

„Gerade in der Pandemie wächst neben den bekannten Betroffenengruppen auch die Gruppe der als politische Gegner markierten Menschen", sagt Heike Kleffner. „Rechte Gewalt und Bedrohungen treffen Menschen in der Kommunalpolitik, im Journalismus und in der Wissenschaft sowie Ehrenamtliche aus Bürgerinitiativen", sagt Kleffner. „Aber beispielsweise auch Pädagogen und Pädagoginnen, die in einen Shitstorm der AfD geraten, weil sie zum Beispiel über die sogenannten ‚Meldeportale' gemeldet werden und sich dann oft sehr unvorbereitet vor Ort in einem Shitstorm wiederfinden."

Derartige Fälle werden von den Strafverfolgungsbehörden bislang nicht ausreichend verfolgt, sagt Kleffner. „Entweder weil sie nicht ernst genommen oder weil die Möglichkeiten, die es bei Gewalt und Bedrohungen im Netz gibt, nicht ausgeschöpft werden." Dies gelte auch für die Verbreitung von Morddrohungen und Gewaltaufrufen in Telegram-Gruppen beispielsweise der Coronaleugner-Netzwerke.

In dem Maß, in dem soziale Medien dazu genutzt würden, relativ konsequenzlos Menschen zu markieren, sei auch die Bedrohung von Betroffenen – im Netz und vor Ort – gewachsen, sagt Heike Kleffner.

Eine besondere Form der Markierung findet mittels sogenannter „Feindeslisten" statt. Die Ersteller, Neonazis ebenso wie Coronaleugner, sammeln Namen und Adressen von politischen Gegnern. In manchen Fällen werden Informationen zu Wohnorten oder Arbeitgebern auch mit Ausspähnotizen ergänzt. Eine der bekanntesten ist die sogenannte „10.000er-Liste" des NSU.

Der Bundesregierung sind aktuell 24 solcher Feindeslisten bekannt. Das geht aus einer Antwort auf eine Kleine Anfrage mehrerer Politiker sowie der FDP-Fraktion im Bundestag hervor. Die meisten davon seien im Netz abrufbar, heißt es darin. Und das, wie sich bei Recherchen immer wieder zeigt, nicht sonderlich versteckt. Wer danach sucht, stößt relativ schnell auf Online-Pranger oder Listen angeblicher Antifa-Mitglieder in Coronaleugner-Chatgruppen.

„Immer wieder melden sich Menschen bei der ‚Leuchtlinie', die auf Feindeslisten stehen", sagt Alena Kraut. Wenn neue Listen auftauchen oder ältere gerade wieder vermehrt verbreitet oder in Telegram-Gruppen verteilt werden, mache sich das in der Stuttgarter Beratungsstelle bemerkbar. Das Gefährliche an diesen Listen ist, dass Personen zum Ziel werden können, die von den Behörden nicht darüber informiert wurden, dass ihre Adressen von Neonazis gesammelt und verbreitet wurden.

Ein Beispiel: Bei Mitgliedern des rechtsextremen Nordkreuz-Netzwerks wurde eine Feindesliste mit über 25.000 Datensätzen gefunden. Die Daten stammten aus einem Hackerangriff auf die Kundendatenbank eines Punk-Versandhandels.

Auf der Liste, die schon in verschiedenen Kontexten als Feindesliste verbreitet wurde und immer noch wird, fanden sich demnach Menschen, die dort – teilweise einmalig – zum Beispiel T-Shirts oder Kosmetikartikel bestellt hatten.

Gerade im Fall der Nordkreuz-Liste hätte es eine „absolute Verunsicherung" bei den Menschen gegeben, sagt Alena Kraut. „Stehe ich drauf?", hätten viele gefragt. Die Polizei habe die Betroffenen nicht informiert und öffentlich abgewiegelt. Aus Krauts Sicht ein Fehler.

„Einfach nicht darüber zu reden, bedeutet für die Betroffenen, keine Möglichkeit zu haben, sich zu entscheiden – bin ich vorsichtiger, wenn ich das Haus verlasse? Sag ich das jetzt meiner Familie oder nicht? Da gibt es sehr viel Unmut darüber, dass sie nicht informiert wurden."

„Behörden müssen das ernst nehmen", sagt Heike Kleffner vom VBRG. Ungefährliche Sammlungen persönlicher Daten durch Rechtsextreme gebe es nicht. „Wir fordern deshalb eine vollständige Informationspflicht, die nur in begründeten Einzelfällen eingeschränkt werden darf."

Dabei müssten ausnahmslos alle Informationen weitergegeben werden, die zur Einschätzung des Gefahrenpotenzials notwendig und verfügbar seien. „Das Entscheidende ist, dass Strafverfolgungsbehörden, wenn sie auf die Information stoßen, nach dem Bundesmeldegesetz die Möglichkeit haben, eine Sperrung der Meldeadressen der Betroffenen zu veranlassen." Ein großer Vorteil: Die Betroffenen müssten nicht selbst glaubhaft machen, dass eine Bedrohungslage vorliegt.

„Die gesetzliche Grundlage dafür existiert – insbesondere seitdem im März 2021 mit einem neuen Paragrafen 126a StGB das Erstellen und Verbreiten von Feindeslisten unter Strafe gestellt ist und das Meldegesetz explizit erweitert wurde", sagt Kleffner. „Allerdings sind wichtige Gesetzesänderungen nur dann wirklich effektiv, wenn Justiz und Verwaltung in den Ländern, die für die Umsetzung zuständig sind, die entsprechende Praxis auch anpassen." Und weiter: „Spätestens seit dem Mord an Walter Lübcke, der in Feindeslisten von Neonazis und durch Gewaltandrohungen im Netz markiert war, gibt es keine Rechtfertigung mehr, Feindeslisten nicht ernst zu nehmen."

Was die Behörden nicht leisten, versuchen die Beratungsstellen aufzufangen.

„Wenn wir von Feindeslisten erfahren, gibt es

einen sehr verantwortungsvollen Umgang damit", so Kleffner. „Betroffene werden durch unsere Mitgliedsorganisationen angeschrieben und ihnen wird ein Hilfsangebot unterbreitet."

Alena Kraut hat bei ihrer Arbeit in der Stuttgarter Beratungsstelle „Leuchtlinie" immer wieder mit Menschen zu tun, die schlechte Erfahrungen mit Polizei oder Justiz gemacht haben. „Da haben sich Leute überwunden, sind zur Polizei gegangen und wurden dann nicht ernst genommen. Das macht es für die Betroffenen besonders schwer, damit umzugehen."

Dazu komme der Vertrauensverlust durch Fälle von Rechtsextremismus bei der Polizei, die mittlerweile in erschreckender Regelmäßigkeit öffentlich werden. Heike Kleffner hat mit dem Journalisten Matthias Meisner ein Buch herausgegeben, das sich mit diesem Problem befasst: „Extreme Sicherheit". Sie sagt: „Betroffene, die erfahren, dass ihre Daten aus widerrechtlichen Abfragen aus Polizeicomputern an rechtsextreme Netzwerke weitergegeben werden, erleben selbstverständlich einen hohen Vertrauensverlust." Dieser weite sich auch auf das Umfeld der Betroffenen aus.

Von Einzelfällen könne man in dieser Hinsicht längst nicht mehr sprechen, sagt Kleffner. „Wenn man sich einen ungefähren Überblick verschafft, muss man einfach sagen: Das passiert in jedem Bundesland und führt dazu, dass Menschen, die eigentlich ein hohes Maß an Vertrauen in die Polizei hatten, dieses Vertrauen verlieren."

Dass die Verantwortlichen das Problem kleinredeten, sei ein Fehler – und verstärke den Vertrauensverlust noch. „Wenn das Problem klar benannt wird und Konsequenzen folgen, sind die allermeisten Betroffenen bereit zu differenzieren", sagt sie.

Nicht nur auf der Polizeiwache, auch vor Gericht würden Betroffene schlechte Erfahrungen machen, sagt Alena Kraut. „Wenn Gerichtsprozesse zu Fällen von rechter Gewalt stattfinden, das menschenverachtende Tatmotiv aber gar nicht benannt und die Tat entpolitisiert wird, ist das für die Angegriffenen eine krasse Erfahrung."

Dass es dazu komme, liege auch daran, dass rechte Gewalt immer noch „klassischen Neonazis" zugeschrieben werde. „Jemand, der keine Hakenkreuzfahne im Zimmer hängen hat, kann trotzdem ein rechter oder rassistisch motivierter Gewalttäter sein."

Es müsse endlich eine ehrliche Auseinandersetzung mit der Problematik geben, sagt Alena Kraut. Die Perspektive der Betroffenen stärker wahrzunehmen, wäre ein Anfang.

„Es geht beim Thema rechte Gewalt immer stark um Täterinnen und Täter und um Prävention – was sicher wichtig ist", sagt sie. „Aber nach den rassistischen Morden des NSU oder rechtsterroristischen Anschlägen wurde den Menschen, die ihre Angehörigen verloren hatten, oft nicht zugehört."

Umso bewundernswerter und wichtiger, wenn sie sich dennoch Gehör verschaffen.

Nach dem rassistischen Anschlag von Hanau riefen Angehörige, Familien und Freunde der Ermordeten und Verletzten die „Initiative 19. Februar Hanau" ins Leben. „Wir werden nicht zulassen, dass der 19. Februar 2020 unter den Teppich gekehrt wird – so wie die unzähligen rechten Morde zuvor", heißt es in deren Gründungstext. Und auch nicht, dass erneut Täter geschützt und ihre Gewalttaten verharmlost würden.

Seitdem halten sie die Erinnerung an die Tat und die Verstorbenen wach, recherchieren zu den Hintergründen, konfrontieren Politik und Sicherheitsbehörden. „Es ist eigentlich nicht ihre Aufgabe, nachdem ihnen so was passiert ist", sagt Alena Kraut. „Aber sie tun es, und sie haben damit viele andere Betroffene rechter, rassistischer und antisemitischer Gewalt ermutigt."

6-7 antisemitische Straftaten in Deutschland pro Tag.

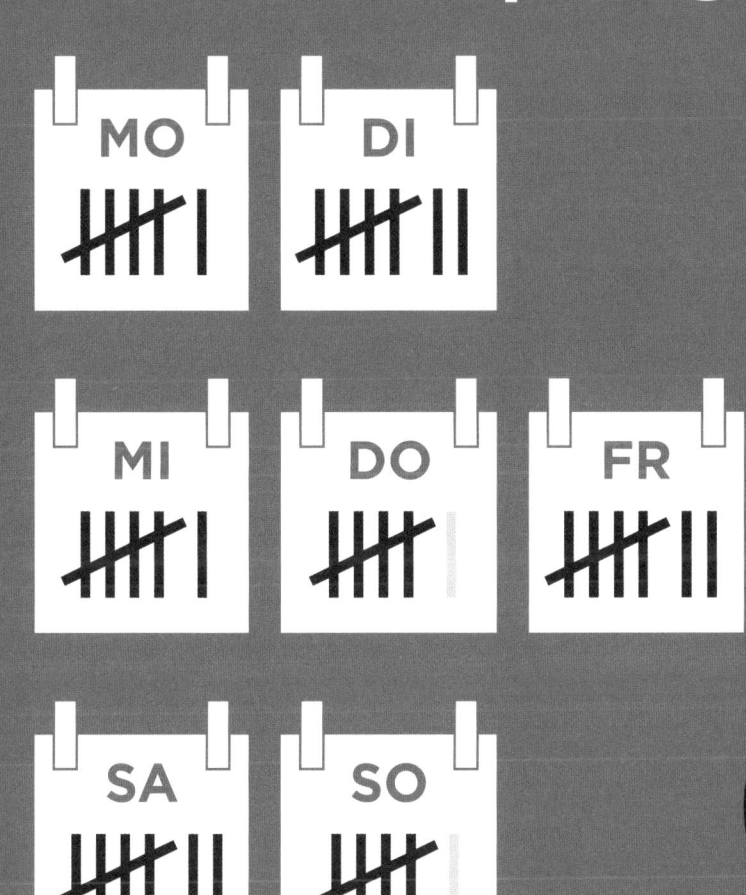

MO	DI

MI	DO	FR

SA	SO

95%
davon sind rechts-motiviert.

Hinweis: Wenn der oder die Täter nicht ermittelt werden können, werden antisemitische Straftaten als „rechts" eingestuft. Das kann die Statistik etwas verzerren, da mögliche andere Tätergruppen nicht berücksichtigt werden.

Quelle: BKA: Politisch motivierte Kriminalität 2020

Wenn der Schwanz mit dem Hund wackelt – der NSU und das Drama des nicht aufgearbeiteten Rechtsterrorismus in Deutschland

von Irene Mihalic und Konstantin von Notz

Der 4. November 2011 hat sich tief eingebrannt in die jüngere Geschichte unseres Landes. An diesem Tag enttarnte sich das Terror-Trio des „Nationalsozialistischen Untergrunds" – kurz NSU – selbst. In Folge konnten zehn bis dahin unaufgeklärte Morde sowie drei Sprengstoffattentate und diverse Raubüberfälle den seit 1998 untergetauchten Rechtsextremisten Uwe Böhnhardt, Uwe Mundlos und Beate Zschäpe zugeordnet werden. In einem widerwärtig zynischen Bekennervideo führt die Zeichentrickfigur „Paulchen Panther" durch das rechtsterroristische und rassistische Mordgeschehen der vergangenen 13 Jahre.

Das Land war zutiefst geschockt von dieser Serie rechtsextremen Terrors, der sich mehr als ein Jahrzehnt scheinbar völlig unentdeckt und unbehelligt vollziehen konnte. Die Sicherheitsbehörden standen massiv in der Kritik und unter einem immensen medialen und öffentlichen Druck. Anfang 2012 wurde der erste Untersuchungsausschuss im Bundestag eingesetzt – insgesamt zwölf weitere versuchten in den darauf folgenden Jahren in Bund und Ländern, dem verworrenen und vielfach unschlüssigen Sachverhalt auf den Grund zu gehen. Die Bundeskanzlerin versprach in der von Regierung, Bundestag, Bundesrat und Verfassungsgericht ausgerichteten zentralen Gedenkveranstaltung zur Erinnerung an die Opfer „vollständige Aufklärung".

Dieses Versprechen wurde bis heute nicht erfüllt. Im Gegenteil: Regierungen und Sicherheitsbehörden haben die parlamentarische Aufklärung vorsätzlich erheblich erschwert und zum Teil sogar unverhohlen blockiert. Akten wurden wiederholt zu spät, unvollständig, umfassend geschwärzt oder gleich gar nicht übermittelt. Ganze Bereiche, unter anderem zu geführten Quellen, wurden in Gänze ausgenommen. Auch das Vernehmen von Zeugen wurde immer wieder bewusst erschwert bis verunmöglicht. Das Bewahren von Staatsgeheimnissen und der Informanten- und Quellenschutz wurden und werden über die Aufklärung gestellt – ungeachtet der Schwere der Taten und der enormen politischen Brisanz der beispiellosen rassistischen Mordserie. Aufklärung wird systematisch verhindert, wo es um Komplexe geht, die über die Schnipsel des Bekennervideos hinausgehen. Damit entspricht man genau der Strategie der Ersteller des Videos, und das, obwohl bereits in diesem Video in zynischer, aber völlig unzweideutiger Weise vor den „neuen Streichen" des NSU gewarnt wird.

Der 4. November 2011 und spätestens das Schreddern von einschlägigen Akten im Bundesamt für Verfassungsschutz (BfV) Tage und Wochen später hätte eine Zäsur für den Umgang der Sicherheitsbehörden mit der – weiterhin bestehenden – rechtsterroristischen Bedrohung sein müssen. Dafür hätte es einer behördeneigenen kritischen Aufarbeitung, einer Analyse und einer Transparenz der Fehler und selbstbestimmter, proaktiver Konsequenzen bedurft. All das ist nicht erfolgt. Im Gegenteil: Die Behörden, aber auch die Bundesregierung und diverse Landesregierungen in unterschiedlichsten Koalitionen gefielen sich darin, platt auf Geheimhaltung, Quellenschutz und Kernbereich zu verweisen. Dieses ignorante

„business as usual" der Exekutive hat öffentlich sehr viel Vertrauen gekostet.

Es brauchte die unermüdliche Arbeit einer Vielzahl kritischer Journalisten und diverser parlamentarischer Untersuchungsausschüsse, um zumindest herauszuarbeiten, dass Mundlos, Böhnhardt und Zschäpe nur eine Zelle in einem offensichtlich sehr viel größeren rechtsterroristischen Netz waren. Ein Netz mit einer klaren Strategie: „Taten statt Worte" in kleinen Zellen des „führerlosen Widerstandes", basierend auf Zugängen zur Infrastruktur der organisierten Kriminalität.

Dieser äußerst anpassungsfähige Ansatz verfestigte sich in den rechtsextremen Kameradschaftsstrukturen der 90er Jahre. Die Sicherheitsbehörden reagierten, ohne die Folgen zu reflektieren, mit einem Instrument, das die Strategie der Rechtsterroristen eher unterstützte, statt sie zu durchkreuzen: Mit der massiven Expansion des V-Leute-Systems stärkte man letztlich sogar die Strukturen, die man eigentlich bekämpfen wollte. Führende Rechtsextremisten wurden als Quellen vor Strafverfolgung geschützt und mit Geld für ihre Informationen bezahlt, das wiederum – zumindest teilweise – nachweislich in den Ausbau rechtsextremer Netzwerke floss.

Der gesamte Bereich der Informationsgewinnung der Behörden durch menschliche Quellen ist der parlamentarischen Kontrolle praktisch vollständig entzogen. Weder in der Anwerbungsphase noch während die Quelle geführt wird noch nach ihrer Abschaltung findet eine irgendwie geartete parlamentarische Kontrolle statt. Selbst den verfassungsrechtlich grundsätzlich stark aufgestellten Untersuchungsausschüssen werden regelmäßig die Quellen selbst als Zeugen, deren V-Personenführer und fast alle Akten aus diesem Bereich vorenthalten. Nach Wahrnehmung der Unterzeichnenden dieses Textes ist auch die Rechts- und Fachaufsicht aufseiten der Exekutive ein Totalausfall. All das führt dazu, dass der gesamte Bereich der Informationsgewinnung durch Quellenführung in Deutschland höchst fehleranfällig und damit auch überaus risikoreich ist. Das zeigte sich zuletzt auch in einem anderen Phänomenbereich, dem islamistischen Terrorismus, beim Anschlag auf dem Breitscheidplatz im Dezember 2016.

Die systematische Vernichtung von NSU-Akten beim BfV, MAD und diversen Landesbehörden nach der Selbstenttarnung zeigte eindrücklich, dass man sich in den Behörden durchaus bewusst war, dass ein Bekanntwerden von Details der V-Mann-Einsätze sehr schwerwiegende Fragen aufwerfen würde. Diesen Diskussionen wollte man sich bewusst entziehen.

Wer jedoch die dringend notwendige Aufklärung blockiert, lässt nicht nur einen Mangel an rechtsstaatlicher Verantwortung erkennen, sondern sorgt dafür, dass wir den Bedrohungen des Rechtsterrorismus weiterhin nicht angemessen begegnen können. Die offenkundigen Widersprüche und Leerstellen der NSU-Aufklärung halten bis zum heutigen Tag eine schwelende Wunde in unserem Rechtsstaat offen – mit gravierenden Folgen. Das hat uns der Mord an Walter Lübcke, genau wie der Anschlag von Hanau oder die rechtsextremistischen Morddrohungen „NSU 2.0", noch einmal deutlich vor Augen geführt. Immer wieder stehen Bezüge zum Umfeld des Trios im Fokus. Diese Bezüge erlangen ihre Bedeutung nicht allein durch die Frage, wie unmittelbar sich Verbindungen zu Mundlos, Böhnhardt oder Zschäpe ziehen lassen. Vielmehr geht es um die hinter dem NSU stehenden Strukturen. Es geht um Figuren im organisierten Rechtsterrorismus, die in den letzten Jahrzehnten die Strippen gezogen haben und es bis heute tun. Genau deshalb dürfen wir die Aufklärung nicht zu den Akten legen, sondern müssen – ganz im Gegenteil – alle Akten der Aufklärung vollständig und ungeschwärzt zugänglich machen.

Es scheint aus heutiger Perspektive unausweichlich: Wir müssen noch einmal tief in die vielen offenen Fragen des NSU hineingehen. Wir müssen uns sehr genau das Entstehen rechtsterroristischer Strukturen in den 90er Jahren ansehen und Kontinuitäten bis hin zum Oktoberfestattentat verstehen. Wir müssen ermitteln, wie tief V-Leute von Verfassungsschutz und Polizei in terroristische Planungen und Taten involviert waren. Wir müssen ermitteln, wie nah Sicherheitsbehörden auf Grundlage welcher Erkenntnisse dem NSU in den 13 Jahren des Untertauchens wirklich waren. Wir sollten uns noch einmal genau ansehen, wie es Mundlos, Böhnhardt und Zschäpe in Chemnitz, Zwickau und gegebenenfalls andernorts gelingen konnte, nahezu unbehelligt zu leben. Auf welche Strukturen konnten sie bauen? Und es gilt die Bezüge dieser Strukturen zur organisierten Kriminalität aufzudecken. Im Verständnis der Schnittstelle von Terror und organisierter Kriminalität steckt ein wesentlicher Schlüssel der Analyse. Auch müssen wir wissen, wie die kameradschaftlichen Strukturen bundesweit miteinander verknüpft waren und welche Auswirkungen das auf die Tatortauswahl des Trios hatte. Warum war Bayern und ganz speziell Nürnberg ein solcher Schwerpunkt? In welche Strategie passte der Mord an der Polizistin Michèle Kiesewetter? Welche Bedeutung hatte die enge Verknüpfung der Naziszene in Dortmund und Kassel bei den zeitnahen Morden an Mehmet Kubaşık und Halit Yozgat? Und überhaupt Kassel: Welche Rolle spielt der ehemalige Mitarbeiter des Landesverfassungsschutzes Andreas Temme, der pikanterweise später im Landratsamt Walter Lübckes arbeitete, wirklich? Es wäre der König aller Zufälle, wenn sich Temme just in dem Internetcafé aufhielt, in dem während seines Aufenthalts oder Millisekunden später der Mord an Yozgat begangen wurde. Weiterhin stellt sich die Frage, wie weit rechtsterroristische Bestrebungen in Sicherheitsbehörden unseres Landes reichten und reichen.

All diese Fragen und noch viele mehr verlangen nach umfassender Aufklärung. Und wir sind der Auffassung, dass das zentrale Aufklärungsversprechen der Bundeskanzlerin im Jahr 2012 im Namen von Regierung, Bundesrat, Bundestag und Bundesverfassungsgericht endlich konsequent umgesetzt werden muss. Um das zu erreichen, braucht es eine breite Kooperation von Bund und Ländern und endlich die proaktive Unterstützung der Sicherheitsbehörden bei der „vollständigen Aufklärung".

Dass es sich der Gesetzgeber und kontrollverantwortliche Deutsche Bundestag bis zum heutigen Tag bieten lässt, in diesem für die Sicherheit zentralen Bereich als Bittsteller bei den Behörden außen vor gehalten zu werden, selbst wenn drastischste Skandale die Öffentlichkeit erschüttern, ist ein Trauerspiel, das die erste Gewalt beenden kann, wenn sie es will. Die Legislative muss die vollständige Aufklärung durchsetzen, die die Bundeskanzlerin der deutschen Öffentlichkeit versprochen hat. Dass Angela Merkel in dieser Frage wortbrüchig geworden ist, wird als schwerer Makel ihrer Amtszeit bleiben. Solange die Exekutive die Aufklärung verhindert, die sie selbst versprochen hat, während sich das Parlament in die Schranken weisen lässt und die parlamentarische Kontrolle leerläuft, wackelt der Schwanz mit dem Hund.

Die Aufklärung des NSU-Komplexes darf nicht durch eine Blockade der Bundesbehörden und in den Verästelungen der Bundesländer stecken bleiben, es braucht eine umfassende Herausgabe aller relevanten Akten an eine zentrale Stelle. Eine neue parlamentarische Untersuchung auf Bundesebene muss den Fokus auf die Entstehung rechtsterroristischer Strukturen legen und die Rolle des V-Leute-Systems für Selbige umfassend untersuchen. Der Ausschuss muss klären, welche Personen zentral waren für die Vernetzung der Strategie „Taten statt Worte" und welche es (bis) heute sind. Es müssen die Verbindungen der Rechtsterroristen zu Strukturen organisierter Kriminalität aufgeklärt werden. Und es ist herauszuarbeiten, ob und wie NSU-Strukturen Verbindungen zu Sicherheitsbehörden aufbauen konnten. Diese Frage ist auch von höchster Brisanz angesichts immer mehr aktuell aufgedeckter rechtsextremer Chats, Aktivitäten, Personen und Gruppierungen bei Verfassungsschutz, Polizei und Bundeswehr. Die demokratisch Verantwortlichen in einem Rechtsstaat dürfen es eben nicht zulassen, dass am Umsturz des demokratischen Systems arbeitende Rechtsextremisten strukturelle Zugänge zu Waffen, Sprengstoff und Behördenwissen haben.

Wir dürfen es nicht hinnehmen, dass die Aufklärung des NSU weiter strukturell unterlaufen wird durch eine Haltung, die vorgibt, ein vermeintliches Staatswohl zu schützen, während die Bürgerinnen und Bürger dieses Staates rechtsextremem, rassistischem und antisemitischem Terror ausgesetzt sind. Dem Staatswohl kann nur dadurch Rechnung getragen werden, dass die Bedrohungen durch den Rechtsterrorismus und die entsprechenden Schwachstellen der Sicherheitsarchitektur endlich umfassend analysiert werden, ohne Scheuklappen und den verzerrenden Blick von Partei- und Koalitionsbrillen. Transparenz ist die Grundlage für Aufklärung. Aufklärung die Basis für Aufarbeitung. Und Aufarbeitung die Voraussetzung für Veränderung und die Bewältigung der bestehenden Sicherheitsprobleme – zum Schutz unserer Demokratie und der Bürgerinnen und Bürger.

Irene Mihalic war Mitglied des 2. NSU-Untersuchungsausschusses im Deutschen Bundestag und ist innenpolitische Sprecherin der grünen Bundestagsfraktion.

Konstantin von Notz ist stellvertretender Vorsitzender der grünen Bundestagsfraktion und stellvertretender Vorsitzender des Parlamentarischen Kontrollgremiums (PKGr) des Deutschen Bundestags.

Was muss passieren, damit wir uns sicher fühlen können? Übernehmt endlich Verantwortung!

von Christina Feist

Christina Feist zählt zu den Menschen, die am 9. Oktober 2019 den rechtsterroristischen Anschlag in Halle überlebten. Sie ist 30, promoviert in Geschichte und Philosophie und lebt heute in Paris. In diesem Essay erhebt sie Anklage gegen die schweigende Mehrheit in Deutschland – und ruft sie zu echter Solidarität auf.

Dieser Text richtet sich an diejenigen, die mich immer wieder fragen, warum ich mir ein Leben in Deutschland nicht mehr vorstellen kann.

Im März 2019, sieben Monate vor dem Attentat auf die Synagoge in Halle, zog ich im Rahmen meiner Promotion für einen ursprünglich einjährigen Auslandsaufenthalt von Berlin nach Paris. Ein Jahr später und fünf Monate nach dem Attentat in Halle kämpfte ich in Paris nach wie vor mit Symptomen des erlebten Traumas.

Ich hatte Alb- und Angstträume, erschrak bei jedem plötzlichen, lauten Geräusch und hatte Schwierigkeiten, durch den Tag zu kommen. Das Attentat begleitete mich auf Schritt und Tritt. Ein Umzug – ganz egal wohin – war unvorstellbar.

Auch jetzt, anderthalb Jahre später, wird mir beim Gedanken, nach Deutschland zurückziehen zu müssen, immer noch schlecht. Und das sorgt für Irritationen.

Warum ich mir ein Leben in Deutschland nicht mehr vorstellen könne, fragt Ihr mich bestürzt. In Deutschland bewege ich mich in der Angst, antisemitisch angegriffen zu werden. Und gleichzeitig in der Gewissheit, damit gegebenenfalls alleine dazustehen: Werde ich auf der Straße angegriffen, wie es Freunde und Freundinnen von mir in Deutschland regelmäßig passiert, ist darauf Verlass, dass von den Umstehenden niemand eingreift. Falls überhaupt jemand stehen bleibt.

Von der Polizei ist statt Hilfe im besten Fall noch Gleichgültigkeit zu erwarten. Im schlimmsten Fall begegnet Betroffenen dort erneut Antisemitismus, Rassismus, Trans- oder Homofeindlichkeit.

Die Politik bedient derweil beharrlich das Narrativ vom bedauerlichen Einzelfall. Lasst mich Euch also eine Gegenfrage stellen: Wie entbehrlich sind Euer Sicherheitsgefühl und Vertrauen in den Staat, in dem Ihr lebt?

Diese Antwort gefällt vielen von Euch nicht. Trotzdem begegnet Ihr mir ungläubig, ungeduldig und wütend. Das könne ja alles gar nicht sein, Deutschland habe schließlich aus seiner Geschichte gelernt. Ein Problem mit gesellschaftlich tief verankertem Antisemitismus und Rassismus könne es also gar nicht geben. Ich frage Euch: Wo ist diese angeblich solidarische Mehrheit, die Zivilcourage und Menschlichkeit beweist? Wo ist sie, wenn Freunde an Yom Kippur auf der Straße antisemitisch beschimpft werden? Wenn Mitstipendiaten die Kippa vom Kopf gerissen wird und sie körperlich angegriffen werden?

Der Antisemitismus marschiert in Form der Querdenker ungehindert durch Deutschlands Straßen. Während diese die Shoah verharmlosen und antisemitische Parolen skandieren, ist diese angeblich solidarische Mehrheit, als Teil derer Ihr Euch begreift, damit beschäftigt, die Perspektive der Betroffenen infrage zu stellen. Ihr relativiert und bagatellisiert unsere Erfahrungen mit antisemitischen und rassistischen Angriffen. Anstatt Verantwortung zu übernehmen und an Veränderung zu arbeiten, stellt Ihr infrage, was wir, die Überlebenden und Hinterbliebenen, schon lange wissen: Deutschland hat ein Antisemitismus- und Rassismusproblem.

Antisemitische und rassistische Anfeindungen – online wie offline – sind schon lange Teil unseres Alltags. Gehört werden wir, die Betroffenen, aber erst, wenn es zu Terrorakten wie 2019 in Halle oder 2020 in Hanau kommt. Dann ruft Ihr reflexartig „Nie wieder" und „Einzeltäter". Und verliert bald wieder das Interesse. Aber antisemitische und rassistische Angriffe sind keine Einzelfälle, sondern Teil eines tief verwurzelten Netzwerks rechtsextremer Ideologie.

Auch ich, als Betroffene eines rechtsextrem und neonazistisch motivierten Terroranschlags, bin keine Einzelerscheinung. Ich bin Teil einer ganzen Reihe von Menschen, die allesamt Opfer und Betroffene rechter Gewalt- und Terrorakte sind und deren Zahl stetig und mit erschreckender Geschwindigkeit wächst. Die Menge derer, die auch nach dem ersten „Nie wieder"-Hype noch neben uns, den Betroffenen, stehen, ist hingegen überschaubar gering. Einige davon durfte ich während des Prozesses gegen den Täter von Halle kennenlernen. Jeden Prozesstag standen sie im und vor dem Gerichtsgebäude, gaben mir Kraft und Halt. Diese Menschen sind Teil einer couragierten, solidarischen Minderheit in einer überwiegend schweigenden Mehrheit.

Dieses ohrenbetäubende Schweigen einer Mehrheit, die von sich behauptet, weder antisemitisch noch rassistisch zu sein, übertönt oft die vereinzelten solidarischen Zwischenrufe. Zu einsam und leise sind auch die Stimmen der Betroffenen, die sich nicht abspeisen lassen, sondern unentwegt mahnen, warnen und fordern. Sie versanden in der Gleichgültigkeit ebendieser schweigenden Mehrheit.

Was sich denn ändern muss, fragt Ihr mich. Fangen wir damit an, was sich seit Oktober 2019 für mich geändert hat: Ich lebe nach wie vor in Paris. Meine Berufsaussichten mit einer deutschsprachigen Dissertation im nicht deutschsprachigen Ausland sind begrenzt. Und trotzdem werde ich nicht nach Deutschland zurückkehren.

Getrieben von der Angst vor Eurem eigenen schlechten Gewissen, hakt Ihr nach. Ich schaue Euch in die Augen und antworte:

Ihr stellt Euch nicht neben uns, wenn Juden und Jüdinnen auf Deutschlands Straßen beschimpft werden. Wenn wir um Hilfe rufen, hört Ihr weg. Stattdessen winkt Ihr mit Israel-Flaggen, weil Ihr jüdische Menschen nicht von Israel unterscheiden könnt, setzt Euch eine Kippa auf und ruft empört „Nie wieder". Dann suhlt Ihr Euch in Selbstzufriedenheit und nennt das „Solidarität".

Eure Empathie reicht genau bis zum Ende Eurer Komfortzone.

Und Ihr gebt Bestürzung vor und fragt mich, warum ich nicht in Deutschland leben will?

Die Anbindung rechtsextremer Narrative und Einstellungen reicht bis in die Mitte der Gesellschaft
Angaben in Prozent der Befragten

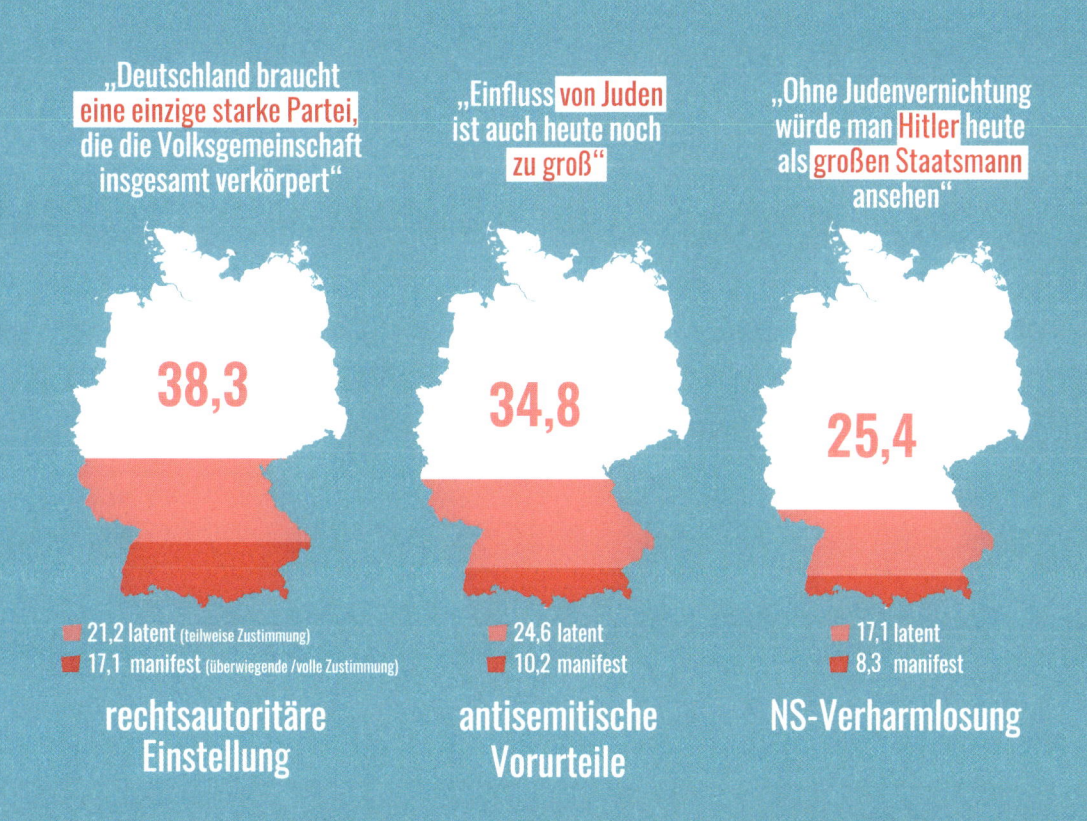

„Deutschland braucht eine einzige starke Partei, die die Volksgemeinschaft insgesamt verkörpert"

38,3

- 21,2 latent (teilweise Zustimmung)
- 17,1 manifest (überwiegende/volle Zustimmung)

rechtsautoritäre Einstellung

„Einfluss von Juden ist auch heute noch zu groß"

34,8

- 24,6 latent
- 10,2 manifest

antisemitische Vorurteile

„Ohne Judenvernichtung würde man Hitler heute als großen Staatsmann ansehen"

25,4

- 17,1 latent
- 8,3 manifest

NS-Verharmlosung

Quelle: Leipziger Autoritarismus-Studie 2020, 2.503 Befragte

Im Gedenken an ...

- Dieter Klaus Klein
- Andreas Götz
- Hans-Joachim Sbrzesny
- Gerd Himmstädt
- Emil Wendland
- Marwa el-Sherbini
- Ruth K.
- Karl-Heinz Lietz
- Ruth Zillenbiller
- Daniela Peyerl
- Horst Zillenbiller
- Gerhard Fischhöder
- Alberto Adriano
- Karl-Heinz L.
- Boris Morawek
- Waltraud Scheffler
- Timo Kählke
- Marinus Schöberl
- Hans-Peter Zarse
- Malte Lerch
- Antonio Melis
- Farid Gouendoul
- Abdurrahim Özüdoğru
- Karl-Hans Rohn
- M. S.
- Yvonne Hachtkemper
- Thomas Goretzky
- Matthias Larisch-von-Woitowitz
- Josef Anton Gera
- Carlos Fernando
- Sven Beuter

- Karl Sidon
- Theodoros Boulgarides
- Dragomir Christinel
- Martin Kemming
- Rick Langenstein
- Unbekannt
- Dagmar Kohlmann
- Agostinho Comboio
- Wolfgang Auch
- Olaf Schmidke
- Chris Danneil
- Doris Botts
- Konstantin Moljanov
- Klaus-Peter Kühn
- Egon Effertz
- Eugeniu Botnari
- Gustav Schneeclaus
- Waldemar Ickert
- Viktor Filimonov
- Aleksander Schleicher
- Mike Zerna
- Werner Weickum
- Ingo Finnern
- Daniel Ernst
- Samuel Kofi Yeboah
- Oleg Valgar
- Andreas Oertel
- Silvio Meier
- Eberhard Arnold
- Horst Gens
- Mohammed Belhadj
- Bernd Köhler

- Dijamant Zabergja
- Armela Segashi
- Sabina Sulaj
- Sevda Dag
- Can Leyla
- Selçuk Kiliç
- Guiliano Josef Kollmann
- Janos Roberto Rafael
- Hüseyin Dayicik
- Ayse Yilmaz
- Bahide Arslan
- Yeliz Arslan
- Stefan Grage
- Beate Fischer
- Karl-Heinz Teichmann
- Achmed Bachir
- Charles Werabe
- Mathias Scheydt
- Erich Fisk
- Nguyen Van Tu
- Matthias Lüders
- Frank Bönisch
- Marcel Wisser
- Klaus-Dieter Gerecke
- Kamal Kilade
- Michéle Kiesewetter
- Mehmet Turgut
- Hartmut Balzke
- Peter T.
- Dieter Eich
- Willi Worg
- Amadeu Antonio Kiowa

Eckhard Rütz	Bernd Schmidt	Klaus-Dieter Harms
Peter Siebert	Falko Lüdtke	Ahmet Sarlak
Jan Wnenczak	Jorge Gomondai	Jürgen Seifert
Jeff Dominiak	Erich Bosse	İsmail Yaşar
André K.	Mehmet Kubaşik	Torsten Lamprecht
Jana G.	Nuno Lourenço	Mustafa Demiral
Tim Maier	Helmut Leja	Enver Şimşek
Sahin Calisir	Kajrat Batesov	Fatih Saraçoğlu
Norbert Plath	Thomas K.	Ferhat Unvar
Süleyman Taşköprü	Eberhart Tennstedt	Gökhan Gültekin
Andrea B.	Horst Pulter	Hamza Kurtović
Nihad Yusufoglu	Horst Hennersdorf	Kaloyan Velkov
Hans-Georg Jakobson	Ingo Binsch	Mercedes Kierpacz
Klaus R.	Halit Yozgat	Sedat Gürbüz
Thomas Schulz	Andreas Pietrzak	Nesar Hashemi
Helmut Sackers	Kurt Schneider	Vili Viorel Păun
Günter Schwannecke	Kolong Jamba	Jana Lange
Habil Kiliç	Rolf Schulze	Kevin Schwarze
Jörg Danek	Andrzej Fratczak	Walter Lübcke
Saime Genç	Mechthild Bucksteeg	Christopher W.
Hatice Genç	Hartmut Nickel	Philip W.
Hülya Genç	Alia Nickel	Christian Sonnemann
Gürsün İnce	Klaus-Peter Beer	Alexandra Rousi
Gülüstan Öztürk	Frank Böttcher	Friedrich Maßling
Enrico Schreiber	Sadri Berisha	Rolf Baginski
Ireneusz Szyderski	Matthias Knabe	Drei unbekannte Opfer
Patricia Wright	Belaid Baylal	aus Sri Lanka
Patrick Thürmer	Bernd Grigol	
Martin Görges	Augustin Blotzki	
Alexander Selchow	Hans-Werner Gärtner	
Lothar Fischer	Peter Deutschmann	
Phan Van Toau	Dieter Manzke	

SAIME & HÜLYA GENÇ † 29.05.1993

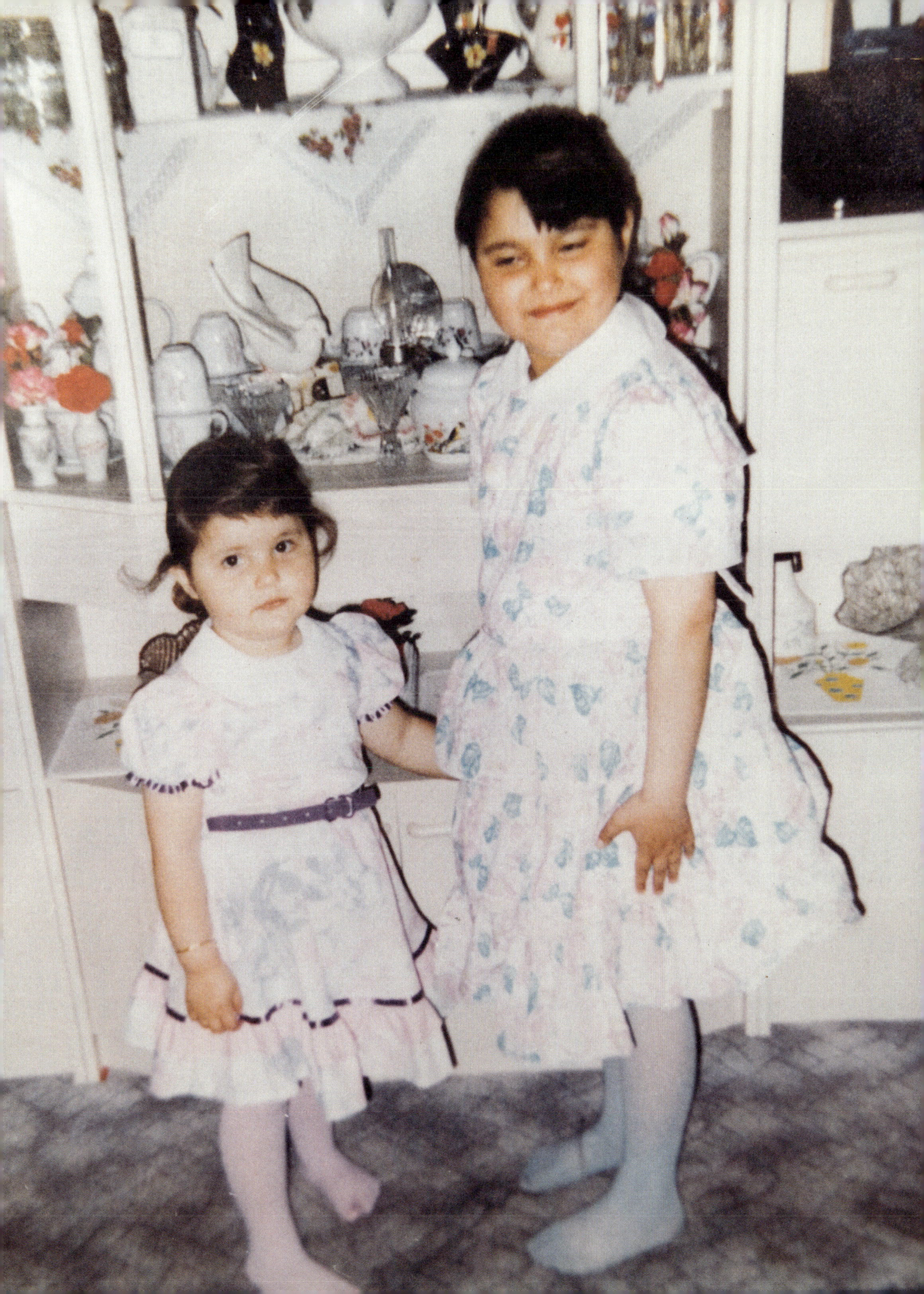

MEHMET KUBAŞIK † 04.04.2006

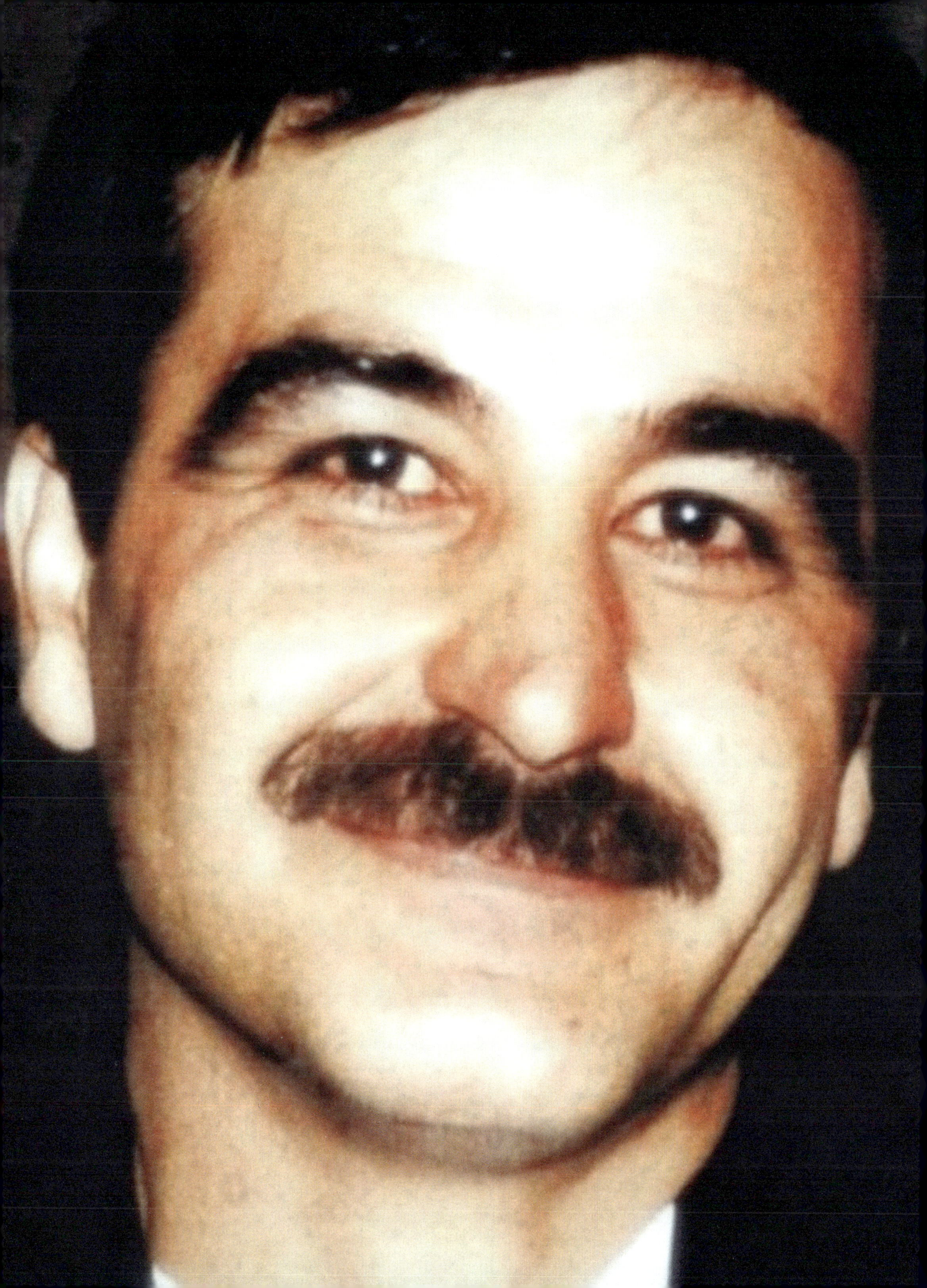

CORRECTIV

Danksagung

Ein so großes Projekt wie dieses steht nie für sich alleine. Wir haben unsere Arbeit nur mithilfe von vielen Menschen bewältigen können, die uns unterstützt haben.

Wir wollen diesen Menschen hier danken. Einigen mit Namen; anderen nur mit dem Wissen, dass sie in unseren Herzen sind.

Wir danken:

Carsten Ilius, Elif Kubaşık, der Familie Genç, Carol Schaeffer, Jonathan Sachse, Pia Siber, Heike Kleffner, Frank Jansen, Serpil Temiz Unvar, der „Bildungsinitiative Ferhat Unvar" und der „Initiative 19. Februar Hanau", Benjamin Fredrich, der Leuchtlinie Stuttgart, Luise Stich, Hanna Wollmeiner, Timo Büchner, Fabian Virchow, Michael Blume, Pia Lamberty, Josef Holnburger, den Menschen in den Ordnungsämtern, die unsere Ausstellung auf öffentlichen Plätzen möglich machen, der Polizei, die unsere Arbeit schützt, den Open Society Foundations, Selmin Çalışkan, dem Progressiven Zentrum, Johannes Filter, Bianca Klose & dem MBR Berlin, Natalie Meinert, unseren Familien, Freunden und Kollegen.

Und ganz besonders möchten wir auch den Menschen danken, die unsere Arbeit durch eine Spende über ein Crowdfunding für das Projekt „Akte NSU" erst möglich gemacht haben. Es hat lange gedauert, aber diese initiale Unterstützung hat alles erst möglich gemacht. DANKE!

Jenny Warnecke, Wolfgang Weidtmann, Christian Kratzert, Martina Dankof, Michael Mayer sowie weitere 81 Menschen.

Menschen – Im Fadenkreuz des rechten Terrors

Wir danken allen, die sich am Projekt beteiligt haben. Sich den Drohungen zu stellen erfordert Mut. Sich weiter für eine offene Gesellschaft einzusetzen gibt Hoffnung. Wir stehen zusammen. Danke.

Aiman A. Mazyek, Vorsitzender vom Zentralrat der Muslime

Aki Alexandra Nofftz, Informatikerin, Feministin, Aktivistin

Alfred Denzinger, Journalist

Amira El Ahl, Journalistin, Moderatorin

Andrea Dernbach, Journalistin

Andreas Geisel, Abgeordneter, Innensenator und stellv. Parteivorsitzender der SPD Berlin

Anetta Kahane, Vorsitzende der Amadeu Antonio Stiftung, Autorin, Journalistin

Anne Helm, Mitglied des Abgeordnetenhauses von Berlin, Fraktionsvorsitzende (DIE LINKE), Synchronsprecherin

Belit Onay, Oberbürgermeister von Hannover (Bündnis 90/Die Grünen)

Dr. Bertold Höcker, Superintendent Berlin

Cem Özdemir, Mitglied des Bundestages (Bündnis 90/Die Grünen)

Daniel Bax, Kommunikationsmanager, Autor und Journalist

Ferat Kocak, Kommunalpolitiker (DIE LINKE) Neukölln

Ferda Ataman, Journalistin, Vorsitzende der Neuen deutschen Medienmacher*innen

Filiz Polat, Mitglied des Bundestages (Bündnis 90/Die Grünen)

Dr. Franz-Josef Overbeck, katholischer Bischof von Essen

Gina Pietsch, Sängerin, Schauspielerin

Prof. Dr. Günter Morsch, Historiker

Dr. Harald Noack, Rechtsanwalt, ehemaliges Mitglied im niedersächsischen Landtag, stellvertretender Landrat (CDU)

Heinz Ostermann, Buchhändler

Helge Lindh, Mitglied des Bundestages (SPD)

Helin Evrim Sommer, Mitglied des Bundestages (DIE LINKE), Historikerin, Genderwissenschaftlerin

Ilana Katz, Inhaberin eines Pflegedienstes

Jacinta Nandi, Autorin, Bloggerin, Kolumnistin

Jean Peters, Aktionskünstler, Gründungsmitglied des Peng!-Kollektivs

Joachim Polzer, Koch und Möbelpacker

Joachim Treiber, Hausleitung eines Pflegeheimes

Jochen Ott, Abgeordneter des Landtags Nordrhein-Westfalen, stellvertretender Fraktionsvorsitzender (SPD)

Julian Feldmann, Journalist

June Tomiak, Mitglied des Abgeordnetenhauses von Berlin (Bündnis 90/Die Grünen)

Dr. Karamba Diaby, Mitglied des Bundestages, Integrationsbeauftragter der Fraktion (SPD), Chemiker

Prof. Dr. Karl Lauterbach, Mitglied des Bundestages (SPD), Mediziner

Kevin Kühnert, Ex-Vorsitzender der Jusos, stellvertretender Bundesvorsitzender (SPD)

Kirsten Patzig, Gastronomin

Dr. Lale Akgün, Autorin, Sprecherin der Säkularen Sozialdemokrat_innen, Psychologin

Lasse Petersdotter, Landtagsabgeordneter in Schleswig-Holstein, stellvertretender Fraktionsvorsitzender (Bündnis 90/Die Grünen)

Lutz Eickholz, Notfallsanitäter

Manfred Schade, evangelischer Pfarrer

Marco Bülow, Mitglied des Bundestages (fraktionslos), Mitglied die PARTEI

Marian Offman, Unternehmer, Kommunalpolitiker (SPD), im Vorstand der Jüdischen Gemeinde für München und Oberbayern

Dr. Mehmet Gürcan Daimagüler, Rechtsanwalt, NSU-Opfer-Anwalt, Autor

Michaele Sojka, pensionierte Landrätin (DIE LINKE)

Mohammad Farokhmanesh, Regisseur, Produzent, Autor

Omid Nouripour, Mitglied des Bundestages (Bündnis 90/Die Grünen)

Paul Ziemiak, Mitglied des Bundestages, Generalsekretär (CDU)

Sabine Leutheusser-Schnarrenberger, Antisemitismusbeauftragte des Landes Nordrhein-Westfalen (FDP), ehemalige Bundesministerin der Justiz

Sarah Diehl, Aktivistin, Publizistin, Romanautorin

Sascha Roncevic, Aktivist und Vorsitzender des Vereins SLaM & Friends Moers e.V.

Sebastian Leber, Journalist

Serap Güler, Staatssekretärin für Integration im Ministerium für Kinder, Familie, Flüchtlinge und Integration des Landes Nordrhein-Westfalen (CDU)

Sevim Dağdelen, Mitglied des Bundestages (DIE LINKE), Journalistin

Sigmount A. Königsberg, Antisemitismusbeauftragter

Silke Wagner, Künstlerin

Thomas Dudzak, Autor, ehemaliger Landesgeschäftsführer der sächsischen LINKEN

Till Eckert, Journalist

Prof. Dr. Udo Steinbach, Islamwissenschaftler

Wolfgang Albers, ehemaliger Polizeipräsident Köln, Rechtsanwalt, Lehrbeauftragter

Begriffserklärungen

A

Anti-Antifa(-Arbeit): Rechter Sammelbegriff für die Strategien und Methoden zur Bekämpfung des Antifaschismus und der politischen Gegner, die diesem zugeordnet werden. Dazu gehören die Markierung, das Ausspähen und das Sammeln von Daten der Gegner, die Einschüchterung und Bedrohung sowie physische Gewalt.

Aryans: Rechtsextreme Gruppe mit Mitgliederzahlen im unteren zweistelligen Bereich, die sich auf mehrere Bundesländer verteilen. Sie gelten als gewaltbereit, einige Beobachter sehen „militante Tendenzen". Seit 2019 ermittelt die Bundesanwaltschaft zu den Aryans.

B

Blood & Honour: In den 80ern in Großbritannien gegründetes, mittlerweile internationales Netzwerk der rechtsextremen Musikszene. Nach dem Verbot des deutschen Ablegers im Jahr 2000 gab es mehr als 20 Ermittlungsverfahren wegen Fortführung der Organisation.

Befreiungsausschuss Südtirol: Separatistische Terrororganisation, die in den 50er und 60er Jahren für mehrere Anschläge in Südtirol verantwortlich war. Ziel der Organisation war eine weitreichende Autonomie oder vollständige Abtrennung der Region von Italien.

Bund Deutscher Jugend (BDJ): Antikommunistische Organisation der 50er Jahre. Der BDJ und die Teilorganisation „Technischer Dienst" waren ein Sammelbecken für ehemalige SS- und Wehrmacht-Offiziere. Die Mitglieder bereiteten sich auf einen befürchteten Einmarsch der sowjetischen Armee vor und führten Feindeslisten.

C

Combat 18: Gilt als paramilitärischer Arm des Neonazi-Netzwerks Blood & Honour. Mitglieder von Combat 18 beteiligten sich in der Vergangenheit an schweren Gewalttaten und bekannten sich zu rechtsterroristischen Anschlägen. Seit 2020 ist die Vereinigung in Deutschland verboten.

D

Dritte Weg, Der: Neonazistische Kleinstpartei, die vor allem im Süden und Osten Deutschlands aktiv ist. Mitglieder treten bei Demonstrationen gegen Asylbewerberheime oder NS-Gedenkmärsche in Erscheinung. Die Partei wird vom Verfassungsschutz beobachtet, das Innenministerium bezeichnet sie als „rechtsextremistische, antisemitische und menschenfeindliche Gruppierung".

Deutsche Aktionsgruppen: Rechtsextreme Organisation, die zwischen Februar und August 1980 mehrere Brand- und Sprengstoffanschläge, unter anderem auf Asylunterkünfte, verübte. Kopf der Gruppe war der Rechtsextremist Manfred Roeder.

Deutsche Volksunion (DVU): Rechtsextreme Kleinpartei, die 1987 aus dem gleichnamigen Verein hervorging. Die DVU fusionierte 2011 mit der NPD.

E

Europäische Befreiungsfront (EBF): Rechtsextremes Bündnis der späten 60er und frühen 70er Jahre. Die EBF verstand sich als bewaffnete Kampfgruppe gegen den Kommunismus und plante, eine deutschlandweite Terrororganisation aufzubauen.

F

Feindeslisten: Sammlungen personenbezogener Daten politischer Gegner, die häufig von Rechtsextremisten angelegt oder zusammengetragen werden. Sie dienen der Markierung von Feinden und in manchen Fällen auch der potenzieller Anschlagsziele.

Freie Kameradschaften: Autonome, informell organisierte und untereinander vernetzte Neonazi-Gruppen.

Freie Kameradschaft Dresden: Kriminelle rechtsextremistische Vereinigung, deren Mitglieder in den Jahren 2015 und 2016 Asylbewerberheime angriffen, Polizisten und politische Gegner attackierten und sich an gewalttätigen Ausschreitungen beteiligten.

Freikorps Havelland: Gruppe rechtsextremer Jugendlicher, die zwischen 2003 und 2004 zehn Anschläge auf Imbissbuden, Restaurants und Geschäfte von asiatisch- oder türkischstämmigen Menschen in Brandenburg verübten.

Führerloser Widerstand: Vorherrschende Aktions- und Organisationsform des Rechtsterrorismus im 21. Jahrhundert. Grundidee ist die Durchführung von Anschlägen durch Einzeltäter oder Kleinstgruppen ohne Befehlsstruktur. In Deutschland verfolgte beispielsweise der NSU dieses Prinzip. Der Begriff des führerlosen Widerstands (engl.: leaderless resistance) geht auf einen Aufsatz des ehemaligen Ku-Klux-Klan-Anführers Louis Beam zurück.

G

Gamification of Terror: Kontrovers diskutierter Sammelbegriff für mehrere Entwicklungen des modernen Rechtsterrorismus, die mit PC- und Videospielen in Verbindung gebracht werden. Dazu gehören unter anderem die Verwendung von Begriffen und Videosequenzen aus Spielen im Rahmen von Propaganda und das Livestreaming von Terroranschlägen.

Great Replacment / Der Große Austausch: Verschwörungsideologisches Narrativ, das auf einen Vordenker der Neuen Rechten, den Franzosen Renaud Camus, zurückgeht. Im Kern der daraus resultierenden Verschwörungserzählungen steht die Behauptung, Einwanderer würden gezielt in europäische Länder gebracht, um deren Identität auszulöschen. Dabei werden Rassismus, Islamfeindlichkeit und häufig auch Antisemitismus verbunden.

Gruppe Freital: Bündnis von Rechtsterroristen, die 2015 in Sachsen fünf Sprengstoffanschläge auf Asylunterkünfte und politische Gegner verübten.

Gruppe S.: Zusammenschluss mutmaßlicher Rechtsterroristen, die einen Umsturz des politischen Systems geplant haben sollen, unter anderem durch die massenhafte Tötung von Muslimen. Wenige Monate nach ihrer Gründung wurde die Gruppe im Februar 2020 durch die Verhaftung der mutmaßlichen Mitglieder zerschlagen.

H

Hammerskins: 1986 in den USA gegründetes Neonazi-Netzwerk mit Ablegern in Deutschland und weiteren Ländern. Die Mitglieder verstehen sich als elitäre Bruderschaft und sind besonders in die Veranstaltung von Rechtsrock-Konzerten involviert.

Hepp/Kexel-Gruppe: Rechtsextreme Organisation, die zwischen Oktober und Dezember 1982 mehrere Anschläge auf US-Soldaten im Rhein-Main-Gebiet verübte. Die Gruppe wollte den Abzug der amerikanischen Streitkräfte aus der Bundesrepublik erzwingen.

K

Kameradschaft Süd: Rechtsterroristische Vereinigung, die zum 65. Jahrestag der Reichspogromnacht im November 2003 einen Sprengstoffanschlag auf das damals neu errichtete jüdische Zentrum in München plante.

Kommando Spezialkräfte (KSK): Spezialeinheit der Bundeswehr, die in den letzten Jahren mit rechtsextremistischen Vor- und Verdachtsfällen Schlagzeilen machte.

Ku-Klux-Klan: Rassistischer Geheimbund mit Ursprung in den USA, der für zahlreiche Gewalttaten und Morde verantwortlich ist. Politisches Ziel des Klan ist seit der Gründung im 19. Jahrhundert die Unterdrückung der Schwarzen, Mitglieder hängen bis heute der Idee der white supremacy an. Es gab und gibt auch deutsche Ableger.

N

Nationaldemokratische Partei Deutschlands (NPD): Rechtsextreme Kleinpartei, die 1964 gegründet wurde. Das Bundesverfassungsgericht attestierte der NPD im Rahmen eines Verbotsverfahrens 2017 eine „Wesensverwandtschaft [...] mit dem Nationalsozialismus", Verfassungsfeindlichkeit und Bedeutungslosigkeit.

Nationalistische Front (NF): Rechtsextreme Partei, die 1985 gegründet und 1992 verboten wurde. Die NF nahm kaum an Wahlen teil und schulte stattdessen Neonazi-Kader. Ihre Mitglieder nahmen an Rudolf-Heß-Gedenkmärschen und ähnlichen Veranstaltungen teil.

Nationalsozialistischer Untergrund (NSU): Rechtsterroristische Vereinigung, die von 2000 bis 2007 aus rassistischen Motiven zehn Menschen ermordete, Sprengstoffanschläge verübte und Banken ausraubte. Unter den Opfern waren Menschen türkischer, kurdischer, griechischer und iranischer Herkunft. Das Kerntrio Uwe Böhnhardt, Uwe Mundlos und Beate Zschäpe hatte in dieser Zeit, unterstützt durch ein Helfernetzwerk, im Untergrund gelebt.

Nordkreuz: Rechtsextreme Prepper-Gruppe, die 2017 aufflog. Die Mitglieder, zu denen Polizisten und Soldaten zählten, bereiteten sich auf einen Zusammenbruch des Staats am „Tag X" vor und horteten dafür Waffen. Sie planten die Tötung politischer Gegner, legten Feindeslisten an und hielten Leichensäcke und Ätzkalk bereit.

NSU 2.0: Oberbegriff für eine Serie von Mord- und Anschlagsdrohungen, die ab 2018 überwiegend per Mail versendet wurden. Persönliche Daten der Betroffenen waren nach heutigem Ermittlungsstand zuvor von Polizeicomputern abgerufen worden. „NSU 2.0" bezieht sich auf das Kürzel, mit dem ein Teil der Schreiben unterzeichnet war.

O

Oldschool Society: Neonazistische Terrororganisation, die im Mai 2015 ausgehoben wurde. Die Mitglieder planten Anschläge auf Moscheen, Kirchen, Kindergärten, Asylunterkünfte und Behindertenheime, die sie später Linken und Muslimen in die Schuhe schieben wollten.

P

Prepper: Menschen, die sich auf Katastrophenszenarien vorbereiten, indem sie beispielsweise Trainings absolvieren, Lebensmittel horten oder Schutzräume errichten. Der Begriff leitet sich vom englischen to be prepared (auf etwas vorbereitet sein) ab.

Q

QAnon: Verschwörungsideologische Bewegung aus den USA, die eine große Anhängerschaft in Deutschland hat. Im Zentrum steht eine Figur namens „Q", die angeblich über geheimes Wissen aus dem innersten Kreis der US-Regierung verfügt und sich in Form von kryptischen Beiträgen mitteilt. Im Namen von Q wurden in den USA bereits schwere Verbrechen verübt.

Querdenken: Initiative von Coronaleugnern und -verharmlosern, die sich während der Coronakrise 2020 in Stuttgart gründete und in der Pandemie gegen die Maßnahmen zur Eindämmung des Virus protestierte. Es existieren deutschlandweit Ableger, die wegen ihrer demokratiefeindlichen Ideologie teilweise vom Bundesamt und in mehreren Bundesländern vom jeweiligen Landesamt für Verfassungsschutz beobachtet werden.

R

Rechtsrock: Wissenschaftlich geprägter Sammelbegriff, der grundsätzlich Musik mit rechtsextremem Inhalt bezeichnet.

Republikaner, Die: Rechte Kleinpartei, die 1983 von ehemaligen CSU-Mitgliedern gegründet wurde. Die Partei wurde von 1992 bis 2006 vom Bundesamt für Verfassungsschutz überwacht, seit 2001 ist sie nur noch auf kommunaler Ebene aktiv.

S

Schutzstaffel (SS): Rechtsextremistische Organisation zu Zeiten der Weimarer Republik und des Nationalsozialismus. Gegründet als persönliche Leibgarde Adolf Hitlers wurde sie im Zuge der Machtergreifung zum Herrschafts- und Unterdrückungsinstrument. Die SS war maßgeblich an der Planung und Durchführung des Holocaust beteiligt.

T

Technischer Dienst: Teilorganisation des „Bundes Deutscher Jugend" in den 50er Jahren.

Telegram: Messengerdienst aus Russland, der vor allem auf Smartphones genutzt wird. Telegram spielt eine wichtige Rolle bei der Verbreitung von Verschwörungserzählungen und rechten Inhalten.

Thule-Netz(werk): Computernetzwerk auf Mailbox-Basis, das in den 90er-Jahren zur Vernetzung von und dem Austausch zwischen Rechtsextremisten diente.

V

Verschwörungserzählung: Unbelegte Erzählungen über Einzelpersonen oder eine Gruppe von Menschen, denen die Macht zugeschrieben wird, wichtige Ereignisse in der Welt zu beeinflussen. Der Verschwörungserzählung zufolge nutzen diese Menschen diese Macht aus, um mit verborgenen Absichten der Bevölkerung zu schaden. Solche Erzählungen spielen in der rechten und rechtsextremen Ideologie eine wichtige Rolle.

W

Wehrsportgruppe Hoffmann (WSG): Rechtsextreme Organisation, die von 1973 bis 1982 bestand und zeitweise über 400 Mitglieder hatte. Die WSG war eine Art Privatarmee ihres Gründers Karl-Heinz Hoffmann, die in den fränkischen Wäldern paramilitärische Übungen durchführte. Sie gilt als Vorbild und Kaderschmiede für zahlreiche Rechtsterroristen.

White Supremacy: Oberbegriff für rassistische Ideologien, die von einer Vorherrschaft oder Überlegenheit der „weißen Rasse" ausgehen. Darunter fällt zum Beispiel die nationalsozialistische Rassenlehre.

Autorinnen und Autoren

Okan Bellikli zitiert gerne aus Serien und liebt es, Stimmen und Dialekte nachzumachen.

Jonathan Dehn ist Kartenfreak und liebt Schriften. Er möchte am liebsten alles gestalten, sodass die Welt ein bisschen schöner wird.

Till Eckert lernt wahnsinnig gern neue Menschen kennen und bringt sie dann mit anderen zusammen. Freunde sagen deshalb, er funktioniere wie ein „Kleber".

Jens Eumann beleuchtet seit der Selbstenttarnung des NSU 2011 das Terrornetzwerk samt seiner Szene- und Geheimdienstverflechtung. Zu seinen Interessen zählt der Amazonas-Urwald, den er 2005 über 300 Kilometer zu Fuß mit Machete und per Floß erkundet hat.

Christina Feist hasst Plastikverpackungen, flucht am liebsten auf Wienerisch und träumt vom Leben in der Sonne.

Thorsten Franke arbeitet als Creative Director, sonst betreibt er mit ein paar Freunden und mit viel Herzblut einen kleinen Kiosk und einen Kaffeewagen auf dem Wochenmarkt seiner Heimatstadt.

Elke Graßer-Reitzner ist Profilautorin der Nürnberger Nachrichten und recherchiert über Rechtsextremismus in der Metropolregion Nürnberg. Gelegentlich jagt sie aber einem dicken Fisch weltweit hinterher, der in der Szene nur „The Boss" genannt wird. Für Bruce Springsteen ist ihr kein Stadion zu weit und keine Anreise zu beschwerlich. Never too old for Rock'n' Roll.

Tobias Großekemper fischt gerne mit der Fliegenrute, leidet meistenteils mit dem VfL Bochum, kann bei guten Texten nach wie vor eine Gänsehaut bekommen und findet ansonsten, dass die Beatles eine der meistüberschätzten Bands des vergangenen Jahrhunderts sind.

Sebastian Haupt glaubt, dass komplexe Informationen auch in populistischen Zeiten die breite Öffentlichkeit erreichen – wenn sie gut aufbereitet sind.

Lena Heising spielt gerne bis spät in die Nacht Klavier, liebt das Meer und die Berge.

Aiko Kempen arbeitet als Journalist, weil man dabei ständig etwas Neues herausfinden kann – auch wenn das nicht immer gute Laune macht. Dafür weigert er sich konstant, „erwachsen" zu werden, und spielt noch immer bevorzugt mit Freunden schrammelige Songs in kleinen Kellern.

Karsten Krogmann spielt am liebsten Klavier (klassisch) und Bass (Heavy Metal). Wenn es still ist, recherchiert und schreibt er: zunächst lange für Zeitungen, mittlerweile überwiegend für den WEISSEN RING.

Sebastian Leber behauptet meistens, dass er aus Hamburg kommt, weil das cooler klingt als Meckenheim bei Bonn. Liebt Nick Cave, Tel Aviv und Karneval. Hat Judo gemacht bis kurz vorm gelben Gurt.

Jonah Lemm kann Tage damit verbringen, an seinen Gitarren oder Synthesizern herumzubasteln. Manchmal macht er damit aber auch einfach Musik.

Matthias Lohr ist am liebsten in Laufschuhen und auf dem Rennrad unterwegs und der unausstehlichste Mensch der Welt, wenn er sich nicht bewegen kann. Bittet seine Liebsten deswegen immer wieder um Verzeihung.

CORRECTIV

Ivo Mayr reiste für die Porträts dieses Buches durch die ganze Republik und hatte viele schöne Begegnungen. Er kann sich keinen angenehmeren Job vorstellen, als Fotograf zu sein. In seiner Freizeit backt er leidenschaftlich gerne Pizza für seine Liebsten im selbst gemauerten Steinofen.

Jonas Miller beschäftigt sich in seiner Arbeit meist mit eher unschönen Dingen, deswegen geht er zum Ausgleich am liebsten in den Alpen wandern, erkundet andere Städte oder sitzt mit einem Glas Weißwein an der Isar.

Anna Neifer liebt Recherchen und Abenteuer, deswegen ist sie am liebsten im Zug oder auf dem Berg.

Nathan Niedermeier entdeckt die Welt neben ausgiebigen Recherchen am liebsten auf zwei Rädern, mit Zelt und ausreichend Keksen im Gepäck.

Alexander Roth ist Ehemann, Vater und Lokaljournalist. Er fühlt sich umgeben von Büchern und Weinbergen zu Hause. Sein Traum: ein eigenes Cottage an der Westküste Irlands.

David Schraven geht gerne angeln und trinkt gerne Kaffee. Leider geht beides nur selten gleichzeitig. Dann schreibt er.

Sophia Stahl wird von ihren Schulfreunden immer noch Soso genannt, gemeinsam mit ihnen fährt sie jedes Jahr über Silvester nach Holland. Das Raclette ist dabei die größte Herausforderung.

Thomas Thiel ist leider genau so dem BVB verfallen, wie es das Klischee eines Dortmunders verlangt. Darüber hinaus liebt er Geschichte (einmal Historiker, immer Historiker) und gute Tresengespräche.

Verena Willing ist meistens mit ihrem Hund Bowie unterwegs. Sie liebt gutes Essen und entspannte Sommerabende mit Freunden.

Simon Wörpel ist leidenschaftlicher Leak-Bibliothekar. Er sammelt, strukturiert und archiviert alle Daten und Dokumente, die er online und offline zu fassen kriegt. Wäre er in seinem anderen Leben auch nur ansatzweise so ordentlich, wäre es weniger stressig, aber dafür ganz schön langweilig.

Literaturtipps:

Sie interessieren sich für die Entwicklungen am rechten Rand in Deutschland? Hier können Sie mehr erfahren. Wir haben eine Liste mit den wichtigsten Büchern zum Thema zusammengestellt.

Aiko Kempen: **Auf dem rechten Weg? Rassisten und Neonazis in der deutschen Polizei.** (2021)

Annette Ramelsberger u.a.: **Der NSU-Prozess. Das Protokoll.** (2018)

Kemal Bozay, Bahar Aslan, Orhan Mangitay, Funda Özfirat: **Die haben gedacht, wir waren das. MigrantInnen über rechten Terror und Rassismus.** (2016)

Christian Fuchs, Paul Middelhoff: **Das Netzwerk der Neuen Rechten. Wer sie lenkt, wer sie finanziert und wie sie die Gesellschaft verändern.** (2019)

David Schraven, Jan Feindt: **Weisse Wölfe - eine grafische Reportage über rechten Terror.** (2015)

Dirk Laabs: **Staatsfeinde in Uniform. Wie militante Rechte unsere Institutionen unterwandern.** (2021)

Dirk Laabs, Stefan Aust: **Heimatschutz: Der Staat und die Mordserie des NSU.** (2014)

Fabian Virchow: **Nicht nur der NSU. Eine kleine Geschichte des Rechtsterrorismus in Deutschland.** (2016)

Frederik Obermaier, Tanjev Schultz: **Kapuzenmänner. Der Ku-Klux-Klan in Deutschland.** (2017)

Gisela Friedrichsen: **Der Prozess: Der Staat gegen Beate Zschäpe u.a.** (2019)

Heike Kleffner, Matthias Meisner (Hrsg.): **Fehlender Mindestabstand. Die Coronakrise und die Netzwerke der Demokratiefeinde.** (2021)

Ingrid Brodnig: **Einspruch! Verschwörungsmythen und Fake News kontern - in der Familie, im Freundeskreis und online.** (2021)

Jan Skudlarek: **Wahrheit und Verschwörung. Wie wir erkennen, was echt und wirklich ist.** (2019)

Julia Ebner: **Radikalisierungsmaschinen. Wie Extremisten die neuen Technologien nutzen und uns manipulieren.** (2019)

Karolin Schwarz: **Hasskrieger. Der neue globale Rechtsextremismus.** (2020)

Katharina Nocun, Pia Lamberty: **Fake Facts. Wie Verschwörungstheorien unser Denken bestimmen.** (2020)

Katja Bauer, Maria Fiedler: **Die Methode AfD. Der Kampf der Rechten im Parlament, auf der Straße - und gegen sich selbst.** (2021)

Matthias Meisner, Heike Kleffner (Hrsg.): **Extreme Sicherheit. Rechtsradikale in Polizei, Verfassungsschutz, Bundeswehr und Justiz.** (2019)

Martin Steinhagen: **Rechter Terror. Der Mord an Walter Lübcke und die Strategie der Gewalt.** (2021)

Michael Blume: **Warum der Antisemitismus uns alle bedroht. Wie neue Medien alte Verschwörungsmythen befeuern.** (2019)

Michael Blume: **Verschwörungsmythen. Woher sie kommen, was sie anrichten, wie wir ihnen begegnen können.** (2020)

NSU-Watch: **Aufklären und einmischen: Der NSU-Komplex und der Münchner Prozess.** (2020)

Olaf Sundermeyer: **Rechter Terror in Deutschland. Eine Geschichte der Gewalt.** (2012)

Patrick Stegemann, Sören Musyal: **Die rechte Mobilmachung. Wie radikale Netzaktivisten die Demokratie angreifen.** (2020)

Robert Claus: **Ihr Kampf. Wie Europas extreme Rechte für den Umsturz trainiert.** (2020)

Ronen Steinke: **Terror gegen Juden. Wie antisemitische Gewalt erstarkt und der Staat versagt.** (2020)

Tanjev Schultz: NSU: **Der Terror von rechts und das Versagen des Staates.** (2018)

Timo Büchner: **Rechtsrock. Business, Ideologie & militante Netzwerke.** (2021)

Tobias Ginsburg: **Die Reise ins Reich. Unter Reichsbürgern.** (2018)

Wir danken allen Partnern

Für dieses kooperative Projekt trafen sich unter der Leitung von CORRECTIV über Monate mehr als 15 Journalistinnen und Journalisten unterschiedlicher lokaler Medien. Es entstanden gemeinsame Ideen für die Recherchen, Formate und Grafiken, die jetzt in unserem Buch gebündelt zu lesen und sehen sind. In der Zwischenzeit reiste unser Fotograf Ivo Mayr durch die Bundesrepublik, um die Porträts der „Menschen im Fadenkreuz des rechten Terrors" zu machen, die das Herzstück des Projekts bilden. Ergänzend zum Buch publizieren auch unsere Partnermedien, die auf dieser Seite zu sehen sind, Recherchen und Artikel zum Themenschwerpunkt Rechtsterrorismus.

CORRECTIV.Lokal

Diese Form der Zusammenarbeit ist eine Kernidee von CORRECTIV.Lokal. Über das Netzwerk stoßen wir Recherchen an zu Themen, die eine nationale Bedeutung haben und gleichzeitig vor Ort für die Bürgerinnen und Bürger relevant sind. Dabei arbeiten wir in einem landesweiten Netzwerk mit Lokaljournalistinnen und -journalisten zusammen. Und mit weiteren Menschen, die Journalismus mit ihrer Expertise unterstützen. Neben der Möglichkeit, sich zu vernetzen und gemeinsam zu recherchieren, bietet CORRECTIV.Lokal zudem Fortbildungen an. Die Mitgliedschaft im Netzwerk ist kostenlos. Gemeinsam stärken wir lokale Recherchen und fördern somit die Demokratie. Weitere Informationen finden Sie unter **correctiv.org/lokal**

CORRECTIV

Recherchen für die Gesellschaft

CORRECTIV ist das erste spendenfinanzierte Recherchezentrum in Deutschland. Als vielfach ausgezeichnetes Medium stehen wir für investigativen Journalismus. Wir lösen öffentliche Debatten aus, beteiligen Bürgerinnen und Bürger an unseren Recherchen und fördern Medienkompetenz mit unseren Bildungsprogrammen. Mit unserer Arbeit stehen wir für eine offene und demokratische Gesellschaft ein.

Rechten Netzwerken auf der Spur

Es ist wichtig für unsere Demokratie, Neue Rechte in Deutschland sowie die gesellschaftlichen Auswirkungen rechter Strömungen journalistisch im Blick zu behalten – unsere Reporter helfen mit unserem Newsletter beim regelmäßigen Hinschauen.

→ **Jetzt abonnieren: correctiv.org/newsletter**

CORRECTIV
Recherchen für die Gesellschaft

Für eine starke Demokratie

Gesellschaftliche Missstände wie rechter Terror dürfen nicht im Verborgenen bleiben. Das gefährdet demokratische Spielregeln oder setzt diese sogar außer Kraft. Erst wenn strukturelle Probleme ans Licht kommen, können sie behoben werden.

Sie unterstützen investigativen Journalismus.

Investigative Recherchearbeit braucht unseren Mut und Hartnäckigkeit, um auch unliebsame Informationen zu veröffentlichen. Für mehr Aufklärung und Faktentreue.

Sie verteidigen journalistische Unabhängigkeit.

Niemand sagt uns, was wir schreiben sollen. Wir sind unabhängig von Klickzahlen, Abos oder reichen Verlegern. Wir verlassen uns lieber auf die Unterstützung von Tausenden Leserinnen und Lesern.

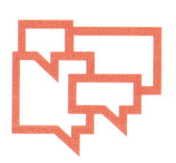

Sie schaffen Fakten für alle.

Jeder Cent dient unserer gemeinnützigen Organisation. Erst Ihre Solidarität ermöglicht guten Journalismus für noch mehr Menschen. Unsere Recherchen sind für jede und jeden kostenfrei.

Unterstützen Sie uns
→ correctiv.org/unterstuetzen

Spendenkonto
CORRECTIV – Recherchen für die Gesellschaft gGmbH
IBAN DE57 3702 0500 0001 3702 01 | Bank für Sozialwirtschaft

CORRECTIV

Impressum

Menschen – Im Fadenkreuz des rechten Terrors

1. Auflage Juli 2021

ISBN: 978-3-948013-13-4

Gedruckt in Lettland / Livonia Print / Riga

Fotos: Ivo Mayr

Autorinnen und Autoren: Anna Neifer, Aiko Kempen, Okan Bellikli, Sebastian Leber, Nathan Niedermeier, Sophia Stahl, David Schraven, Ivo Mayr, Jens Eumann, Verena Willing, Jonas Miller, Elke Graßer-Reitzner, Jonah Lemm, Alexander Roth, Lena Heising, Till Eckert, Matthias Lohr, Thomas Thiel, Tobias Großekemper, Simon Wörpel, Christina Feist, Sebastian Haupt, Jonathan Dehn

Gastbeiträge: Irene Mihalic, Konstantin von Notz

Herausgeber: David Schraven
Chef vom Dienst: Till Eckert
Layout: Thorsten Franke
Covergestaltung: Ivo Mayr
Grafiken: Jonathan Dehn &
Sebastian Haupt (beide Katapult)

www.correctiv.org

Kontakt: info@correctiv.org

Büro Essen: Huyssenallee 11, 45128 Essen
Büro Berlin: Singerstr. 109, 10179 Berlin

Copyright © 2021

CORRECTIV – Verlag und Vertrieb für die Gesellschaft UG (haftungsbeschränkt)
Huyssenallee 11, 45128 Essen
Handelsregister Essen, HRB 26115

Geschäftsführer:
David Schraven & Simon Kretschmer